U0866954

系列丛书

中学化学学科考试命题与评价

黄冬芳　李伏刚 等/著

TEST DEVELOPMENT AND STUDENT ASSESSMENT FOR CHEMISTRY

北京师范大学出版集团
BEIJING NORMAL UNIVERSITY PUBLISHING GROUP
北京师范大学出版社

图书在版编目(CIP)数据

中学化学学科考试命题与评价/黄冬芳等著. —北京：北京师范大学出版社，2025.1

(学业水平考试命题方法系列丛书)

ISBN 978-7-303-28196-1

Ⅰ. ①中… Ⅱ. ①黄… Ⅲ. ①中学化学课－考试－命题－研究②中学化学课－考试－试卷－评价－研究 Ⅳ. ①G633

中国版本图书馆 CIP 数据核字(2022)第 191005 号

ZHONGXUE HUAXUE XUEKE KAOSHI MINGTI YU PINGJIA

出版发行：北京师范大学出版社 https://www.bnupg.com
北京市西城区新街口外大街 12-3 号
邮政编码：100088

印　　刷：北京天泽润科贸有限公司
经　　销：全国新华书店
开　　本：730 mm×980 mm　1/16
印　　张：15
字　　数：250 千字
版　　次：2025 年 1 月第 1 版
印　　次：2025 年 1 月第 1 次印刷
定　　价：69.00 元

策划编辑：何　琳　　　　责任编辑：宋　星
美术编辑：焦　丽　　　　装帧设计：焦　丽
责任校对：陈　荟　　　　责任印制：马　洁

学业水平考试命题方法系列丛书

总项目组成员（按姓氏笔画排序）

王家祺　田　一　李美娟　何光峰　张咏梅

郝　懿　胡　进　贾美华　郭立军

化学组成员

黄冬芳　李伏刚　张　旌　贾同改　陈瑞雪

李向红　李春红　商晓绪　赵志国　刘春凤

赵瑞玲

序 言

提升教师评价素养，是教师专业发展的重要内容。2013年印发的《教育部关于推进中小学教育质量综合评价改革的意见》提出“逐步培养和建设一支具有先进评价理念、掌握评价专业技术、专兼职相结合的专业化评价队伍”。2020年10月，中共中央、国务院印发了《深化新时代教育评价改革总体方案》，再一次明确提出，要“加强教师教育评价能力建设，支持有条件的高校设立教育评价、教育测量等相关学科专业，培养教育评价专门人才”。

教师评价素养包括四个方面的内容：一是具备先进的教育评价理念，正确理解教育评价的育人功能和价值；二是能够掌握校外评价和校内日常评价的技术与方法；三是能够掌握基础数据的分析和解读方法；四是能够将评价数据和结果应用于教学改进中，逐步提升教学质量。

为了了解教师评价素养的现状，北京教育科学研究院组织研究团队在长期开展评价研究的基础上，研制了调研方案与指标体系，通过访谈和问卷调查，对北京市各区教研员和中小学学科带头人、骨干教师的评价素养现状与培训需求进行了调研。调研结果表明，教师较普遍地在评价理念、专业概念方面存在一些误区，缺少评价任务(尤其是表现性评价任务)的开发经验，对完整科学的命题流程了解较少，不能正确解读测试数据，不能将评价数据运用于教学改进中。为了解决教师的困惑和问题，北京教育科学研究院成立了由教育评价专家与学科教学专家组成的培训团队，针对教师评价素养发展的需求，开发了系列教育评价培训课程，先后在各区举办了十多个专题培训班。并在每次培训后，依据参训教师的意见和建议，不断修订、完善培训课程，最终将形成的成果体现在了“学业水平考试命题方法系列丛书”这套书中。可以说，这套书是长期的理论研究与实践探索充分结合的成果，具有以下几个鲜明的特点。

第一，突出了对学生核心素养的评价。随着《中国学生发展核心素养》

的颁布及落实，如何通过评价，引领教学关注复杂思维能力的培养，是当前的热点问题。书中在设计评价内容时，特别设计了针对高阶思维能力的表现性评价、可体现学生认知过程的主观题的评价、可促进学生核心素养培养的档案袋评价等内容。通过表现性评价，展示学生解决问题的过程；通过主观题的评价，了解学生的高阶思维的特点；通过档案袋评价，关注学生学习的状态和过程，引导学生自主学习。只有帮助教师掌握这些评价方法，才能切实地引导教师在教育教学过程中关注核心素养的培养。

第二，体现了教育评价理论与评价实践能力的结合。书中既介绍了教育评价的基本理念、基本理论，也介绍了教育评价的基本方法。介绍每一种方法时，都是将理论、原理与案例相结合。在讲解理论和原理的同时，增加了鲜活的案例作为理论的支撑。评价理论和原理由评价专家进行撰写，案例部分由学科教研员撰写。理论和原理统领案例，案例为理论和原理提供支持，既能帮助教师理解理论和原理，又能使教师在案例中学会具体的操作方法和技术。

第三，涵盖了教育评价实施的全流程。强调教、学、评一体化，重在以学习为中心，促进教、学、评的良性互动，教与评为学习服务，学在教与评的作用下不断精进。评价已成为教学设计和教学实施的重要组成部分，其功能不再局限于“鉴别、筛选”，更多的是“引导、反馈、改进”。在此理念的指导下，书中对评价全流程的内容进行了介绍，包括评价蓝图的设计、评价工具的开发、评价数据的解读、基于评价数据的教学改进等，能够系统、完整地支持教师开展评价工作，进而改进教学。

第四，跟进了国际教育评价研究的最新进展。近二十年来，教育评价理论、方法与技术正全方位地发生变化，本套书反映了这些最新进展，并结合实践阐述了基于经典测量理论与现代测量理论的评价工具质量分析方法、增值评价方法、在线评价任务开发等内容，有鲜明的时代性与创新性。

2021 年 7 月，中共中央办公厅、国务院办公厅印发了《关于进一步减轻义务教育阶段学生作业负担和校外培训负担的意见》，强调“坚持学生为本、回应关切，遵循教育规律，着眼学生身心健康成长，保障学生休息权利，整体提升学校教育教学质量”。落实“双减”要求，提升教育质量，既要求教师能够实施形成性评价，开发评价任务，提高课堂教学质量；又要求教师在终结性评价方面，能够科学把控，聚焦核心素养，防止出现偏题、怪题、难题，减轻学生的学习负担。这对教师专业素养的提升提出了新的要求和更高的标准，因而教师迫切需要相应的、务实的支持与指导。本套书是第一套由教育评价专家与学科教学专家合作完成的教育评价方面的著作，将国际上最新的教育测评理念、理论、方法与技术，以系列书稿的方式呈现给广大教师，期待本套书在国家“双减”教育大背景下，能够助力教师科学评价，精准诊断教学中的问题，促进教育质量全面提升。

方中雄

北京教育科学研究院

前　言

考试评价是基础教育课程改革和实施的重要环节，我国在考试评价改革中逐渐形成了具有中国特色的学业水平考试制度。关于学业水平考试命题与评价的研究随着课程改革的深化而不断推进，新的课程理念特别要求提高学科考试命题和评价的质量。

化学作为我国基础教育课程体系中的重要学科，对其考试命题与评价的研究也是化学课程改革和教学研究的重要组成部分。近年来，化学学科考试命题与学科核心素养发展、中高考改革等密切关联，化学考试命题与评价的研究广泛采取教育测量评价理论和方法，取得了丰硕的成果。本书在整理、借鉴已有研究成果的基础上，主要结合北京市初、高中学业水平考试的经验和案例，从一线化学教育教学工作者实际应用的角度出发，强调实际操作性，旨在为广大一线教研员和教师提供学业水平考试从规划、命题、质量分析到学习诊断、教学改进的全过程指南。

本书将学业水平考试实施的主要过程分成四部分：第一部分，化学学业水平考试概述及主要理论基础，包括第一、第二章，主要介绍相关的概念及国内外著名的学业水平考试；第二部分，化学学业水平考试的命题，包括第三、第四章，主要介绍学业水平考试命题的设计及考试试题的编制方法；第三部分，学业水平考试的质量评价，包括第五、第六章，主要介绍学业水平考试试卷的质量分析方法；第四部分，基于学业水平考试结果的教学诊断和改进，包括第七、第八章，主要介绍学业水平考试后的学习诊断和教学改进策略及案例。以上编写顺序更便于读者阅读和按步骤开展实际工作。

本书的主要作者是来自北京教育科学研究院基础教育教学研究中心的化学教研员，具有近20年大规模学业水平考试命题、审题和试题评价的经验。本书的其他作者也均是北京市各区化学教研员，多年参与化学学科的考试命题工作。本书的撰写基于北京教育科学研究院关于考试评价的研究项目，既借鉴大量考试命题与评价的一般性理论和方法，又充分体现化学学科的特色和教研工作基础。

由于著者的水平有限，本书可能存在不足之处，希望读者能提出宝贵的意见和建议。

著者

2024 年 12 月于北京

目　　录

Contents

第一章　化学学业水平考试概述

2014年9月，我国颁布了《国务院关于深化考试招生制度改革的实施意见》，就深化考试招生制度改革做出了系统设计和全面部署；随后又出台了《教育部关于普通高中学业水平考试的实施意见》《教育部关于进一步推进高中阶段学校考试招生制度改革的指导意见》等配套性文件。至此，学业水平考试正式被确立为一项基础教育课程改革中的重要评价制度。

化学学科是初中和高中学业水平考试的重要科目之一，相关名词的概念、国内外的研究成果及其主要测量理论等需要引起重视。

第一节　学业水平考试的相关概念

学业水平考试是教育测量的方式之一。回顾教育测量的发展历史，我国在西周时期就建立了“考校”制度，它是考试的起源；之后教育测量陆续经历了西方的教育测验运动、学生评价、标准化考试等发展阶段。如今，教育测量已经成为较为成熟的研究领域。

学业水平考试在21世纪课程改革深入推进的过程中应运而生，既要遵循教育测量的研究发展规律和应用方法，又要体现课程改革新阶段的特征和变化。

为了较准确地理解学业水平考试，有必要了解它与教育测量、教育评价等的关系。本节参考了一些文献，对相关名词进行了解释和说明。

一、教育测量

教育测量是根据教育目标的要求，按照一定的规则对教育活动的效果加以数量化测定的过程。[①] 与物理测量相比，教育测量的对象是复杂的人。

---

① 朱德全、宋乃庆：《教育统计与测评技术》，157页，重庆，西南师范大学出版社，1998。

教育测量无法直接测量，只能通过心理现象的外显行为或外在表现特征来推知个体的心理能力和个性特点等。教育测量学研究的主要内容就是测验的编制和使用，以及对测验结果的评价。

化学教育测量是在化学课程实施过程中，采用一定的测量工具，对化学教学与学习效果进行分析和评价的过程。

总之，教育测量具有定量化、间接性、多元性等特点。

二、 教育评价

教育评价是根据一定的教育价值观或教育目标，运用可行的科学手段，通过系统地收集信息、分析解释，对教育现象进行价值判断，从而为不断优化教育和教育决策提供依据的过程。化学教育评价是运用系统的方法，全面收集和处理化学教育教学活动中的各种信息，从而做出价值判断和改进教育决策的过程。化学教育评价是一种特殊的评价活动，其评价范围主要是化学教育领域，其评价对象和内容具有鲜明的化学学科特征。因此，化学教育评价在遵循教育评价的基本方式、方法和基本规律的同时，又具有自身的内在特殊性。①

在概念的内涵方面，测量指向对学生学习结果的定量描述；评价则是在测量提供的定量描述的基础上，进一步收集、综合其他相关信息，对学生的学习行为、学习过程进行判断及指导。评价包含收集学生学习资料的全部方法和对学习进步的价值判断。在互为关系方面，教育测量是教育评价的基础和手段，为教育评价提供价值判断的依据；教育评价是教育测量的目的和结果，教育测量只有通过教育评价才能获得实际意义。

三、 学业水平考试

学业水平考试又称学业成就水平测验，隶属标准参照测验的范畴。具体来说，就是依据国家课程标准，通过研制测量工具，对关键年级的学生实施测试，从而得出学生个体或群体的学业成就或质量达到课程标准的程

① 王后雄、李佳：《化学教育测量与评价》，19 页，北京，北京大学出版社，2013。

度。因此，学业水平考试是教育评价的重要组成部分，是教育测量的一种重要方式。

以 2014 年颁布的《国务院关于深化考试招生制度改革的实施意见》为标志，中国开始正式建立学业水平考试制度。

近年来，我国进行的全国级、省级或地市级的学业水平考试，可根据主要考试功能分成三类：偏重高等学校招生选拔功能的考试，如高考中的语文、数学、英语，更注重对学生依据学科知识和技能解决问题能力的考查；偏重评估学生学业水平的考试，如高中学业水平合格考试，更注重对学生对学科课程标准的学习内容的掌握程度的考查；以上两种功能兼有的考试，如初中学业水平考试是“两考合一”。

除了大规模的学业水平考试之外，学校和教师最常应用的是日常学业水平测试，如单元考试、期中考试和期末考试等。这些基于学校班级的学业水平考试，是对某一段时间或某一单元学习内容学业成就的评估和考查，是及时了解学生的学习情况、反映教学效果、改进教学的重要参考，更凸显了考试对学习和教学的诊断功能。

学业水平考试有不同的实施对象、分数使用等。例如，北京市高中学业水平合格性考试的实施对象是普通高中全体学生，分数主要被用于评估学生高中化学必修课程的学业水平，60 分以上为合格，60 分以下为不合格。

根据对考试分数使用与解释的差异，考试可分为常模参照考试和标准参照考试。一般来说，常模参照考试常常由那些能够最大限度地区分学生能力的试题组成；标准参照考试则由按照具体目标或者能力标准来命制的试题组成，强调试卷对测查领域的代表性。明确这两种考试的性质差异对于理解、解释其分数结果具有重大意义。

此外，是否将考试分数应用于高风险和低风险决策也是考虑要点，其中风险的高低主要针对个人来说。高风险的决策将影响考生能否顺利升学、得到某类证书，而低风险的决策往往与考生个人的利益关系不大，如教育质量监测、日常教学诊断测试等。由于考试分数应用的风险性不同，考试开发者可能会在命题和实施的标准化、严格化要求方面有所不同。考试的风险性程度越高，相对应的标准化要求、严格化要求就越高。

第二节 国内外著名的学业水平考试

除了我们熟悉的各学段的学业水平考试之外，国内外还有一些大规模的学业水平考试项目，这些项目主要用于教育教学质量的监测。

一、中国的义务教育质量监测

2015 年，国务院教育督导委员会办公室印发了《国家义务教育质量监测方案》，规定从 2015 年起在全国开展义务教育质量监测工作。

国家义务教育质量监测的目的是客观反映学生的学习质量和身心健康状况，深入探究影响学生发展的相关因素，为政府转变教育管理方式、学校改进教育教学提供依据和参考。确定语文、数学、科学、体育、艺术、德育作为监测的学科领域，以义务教育阶段四、八年级学生为监测对象。每三年为一个监测周期，每年监测两个学科领域。其中第一年度监测数学和体育，第二年度监测语文和艺术，第三年度监测科学和德育。参照义务教育阶段各学科领域课程标准的相关要求，监测内容着重测查学生的综合运用知识能力和解决问题能力。根据课程标准和学生答题的实际表现，按照一定的程序对学生学业水平进行等级划分和具体描述，以反映学生达到课程标准及相关要求的程度。具体是将学生在相关学科领域上的表现分别划分为水平Ⅰ、水平Ⅱ、水平Ⅲ、水平Ⅳ。国家义务教育质量监测对于推动政府提高决策的科学性和管理的有效性，指导学校改进教育教学，实施素质教育，不断提升义务教育质量具有十分重要的意义。

二、国际学生评估项目

国际学生评估项目(Programme for International Student Assessment，PISA)是经济合作与发展组织(Organization for Economic Cooperation and Development，OECD)发起的国际比较研究，测评在即将完成义务教育时，学生在多大程度上掌握了全面参与社会所需要的终身学习能力，聚焦在阅读、数学和科学等关键的素养上。PISA 是指向学生适应未来的素养测试，不是基于课程内容的学业成绩评估。自2000年开始，每三年进行一次，每次从阅读、数学、科学中选择一个作为主要领域，另外两个作为次要领域。

2012年，PISA首次引入了基于计算机的问题解决测试。领域测试时间一般为2小时。学生对PISA测试无须特别准备，只需要理解基本概念，灵活运用他们已经掌握的知识和能力。除了测试，PISA还有问卷，包括学生问卷和校长问卷。学生问卷的测试时间为30～35分钟，内容主要涉及学生的家庭社会经济背景、对学校的态度、学习兴趣及学习策略；校长问卷的测试时间为30分钟，内容主要涉及学校资源状况、学校课程，以及教学、教师质量和学校管理。

PISA的评价内容、评价对象和评价目的不同于学业选拔考试，主要表现为：关注学生应用知识和技能解决实际问题的能力，而不是考核学生对课程内容的掌握情况；以抽样的方法对教育系统进行整体评价，不针对学生个体和单个学校；研究教育系统、学校、家庭、学生的个人特征等方面对成绩的影响，为教育决策提供依据，而不只是对成绩进行统计分析。

2015年，我国四省市(北京、上海、江苏、广东)参加了PISA测试，主要测试领域是科学领域，并发布了新的测试框架。PISA 2015将科学素养界定为3种能力[①]：科学地解释现象；设计和评价科学探究；科学地阐释数据和证据。PISA将科学素养界定为一种核心能力，并分别从情境、能力、知识、态度4个方面来构架对科学素养的测评(见图1-1)。

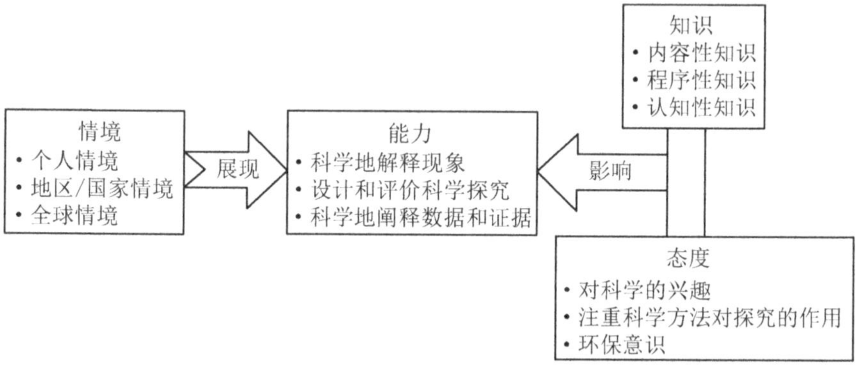

图1-1　PISA 2015科学素养的内涵

① 张莉娜：《PISA 2015科学素养测评对我国中小学科学教学与评价的启示》，载《全球教育展望》，2016(3)。

三、国际数学和科学学习趋势

“第三次国际数学和科学研究”(Third International Mathematics and Science Study，TIMSS)是国际教育成就评价协会(International Association for the Evaluation of Educational Achievement，IEA)从1995年开始实施的一个大型国际比较研究项目，项目每4年实施1次，主要通过测试和问卷测量国际上学生的数学和科学成绩的状况，了解影响成绩的不同因素。该项目是自20世纪60代以来组织的历次教育评价研究中，影响面较广、受关注程度较高的数学教育评价项目，它对世界上多个国家和地区的教育均产生了重要影响。1995年，IEA对45个国家的5个年级的学生实施了数学和科学测试，同时对参加测试的各个国家的课程进行了分析，并利用学校、教师和学生问卷收集了影响学生学业成绩的背景信息。在此之前，IEA分别进行过两次数学和科学研究，因此1995年IEA将数学和科学结合起来的第三次研究命名为TIMSS。TIMSS的主要目标是了解各国计划课程的实现程度，因此其在数学和科学内容的选择以各国的课程为依据，在编制测评框架之前要对各国的数学和科学课程内容进行调查。

TIMSS测试通过测试和问卷来了解学生的数学和科学学业水平以及学习环境等信息。它的评估出发点是课程，即学生在正规学校教育中参加了什么样的课程，学生能从参与的课程中掌握多少知识。因此，TIMSS创立了课程评价的三个层次：准备的课程(the intended curriculum)、实施的课程(the implemented curriculum)、掌握的课程(the achieved curriculum)，从而了解学生学业水平的情况。[①] TIMSS评估框架第一版出版于1995年，随后每4年会更新1次。

四、国家教育进展评估

国家教育进展评估(National Assessment of Educational Progress，NAEP)是美国具有全国性、持续性、计划性的基础教育质量评估项目。NAEP通过设置多种评估项目，对国家、州和学区三个有代表性的学生样

① 孙莹：《TIMSS、PISA、NAEP试题中生物学试题设计与案例研究》，硕士学位论文，重庆师范大学，2014。

本分别进行测试，以监测全美基础教育的质量现状及发展趋势，并发布不同形式的监测报告。NAEP 包括主评估、长期趋势评估和专项研究 3 种类型。主评估具体分为全国性评估、州评估、试验性学区评估，对应了解全国层面、州层面、学区层面的基础教育质量现状。以全国性评估为例，其监测目标在于了解全国层面的基础教育质量现状，评估对象为 4、8、12 年级学生群体。评估科目共有 12 科，分别为阅读、数学、科学、写作、艺术、公民学、经济学、外语、地理、技术与工程素养、美国历史、世界历史。其中，阅读、数学、科学、写作 4 科是评估的核心学科，其他的是非核心学科。该项评估每年进行 1 次，评估时间在 1 月到 3 月，每两年一循环。

NAEP 作为美国学生的学业水平测试，主要关注美国学生的科学素养水平达到了何种程度，考查学生科学科目的知识和技能水平。同时，由于测试的连续性，它也为美国教育当局提供了连续的学生科学学业水平变化的分析，以使其了解美国学生当前的学业水平状况和未来发展趋势。

NAEP 在框架的理论设计上主要根据《美国国家科学课程标准》和《科学素养的基准》。由于该标准和基准强调了理解科学本质和科学实践的重要性，因此，NAEP 也强调了理解科学本质和科学实践的重要性。在框架设计上，NAEP 评估了学生识别并使用科学原理的能力、进行科学探究和技术设计的能力。学生通过对科学课程内容的学习和实践，在科学学科的每个领域都有“要知道的科学”和“要做的科学”以及“使用科学来解决实际问题”的成就表现。这一成就表现是学生在评估中所期望的知识和能力的表现，它指导 NAEP 试题的编制。另外，NAEP 框架对学生科学能力的考查从学生的认知着手，编制试题时从问题解决的认知需求出发，通过对试题和学生回答问题的认知需求的分析来了解学生在科学方面的知识和能力。

第二章　学业水平考试的主要理论基础

学业水平考试属于教育测量与评价的一种形态，其主要理论基础是教育测量与评价的理论体系。化学学业水平考试的基础是评价标准的建立，被广泛应用的理论基础是布卢姆教育目标分类学，其对认知行为的分类被应用于界定化学课程标准中的内容标准和水平。此外，高中化学课程改革提出了高中化学学科核心素养，它是界定高中化学学业质量的重要依据。

第一节　布卢姆教育目标分类学及其基本应用

学业水平考试依据学科课程标准中的内容标准进行命题。[①] 尽管各国和各学科课程标准的内容不相同，但基本都有两个特征：第一，都以条目的形式出现，每一条目都规定学生应该学习什么知识，如何学习该知识或学习到什么程度；第二，条目表述的基本形式是“动词”加“名词”，“动词”表述的是学习知识所要求的认知操作或学习的深度要求，“名词”表述的是需要学习的知识。《布卢姆教育目标分类学（修订版）》对于统一认识和界定各种内容标准“动词”的内涵有着非常实用的意义和价值。因此，学业水平考试的主要理论基础之一是布卢姆教育目标分类学。

根据《布卢姆教育目标分类学（修订版）》的主要作者安德森的介绍，布卢姆教育目标分类学研究的启动源于1948年在美国波士顿召开的一次非正式会议。参加这次会议的是一些来自高校的考试负责人，这些人在各自的学校里负责本科课程的考试命题、测试实施、阅卷以及结果报告，结合各自的经验尤其是为了能够节省命题的人力投入成本，他们认为应该确定标准术语，以清楚地表明考试意图。他们认为这套预期中的术语体系是将预期的学生学习结果分类的标准框架，可以促进关于考试试题、考试步骤以

① 雷新勇：《基于标准的考试命题技术（一）》，载《考试研究》，2011(1)。

及考试理念的交流。这套分类体系最初只开发了认知领域的框架，在 1964 年开发了情感领域框架。

布卢姆教育目标分类体系一经提出，就受到了广泛应用和积极评价，之后被翻译成多种文字，成为考试设计和课程开发的依据。但是随着时代的发展、社会的变化以及学界对学生学习、教师教学、评价等方面的深入理解，安德森等人认为应该对使用了几十年的教育目标分类学进行一次修订。因此，在 1995 年，修订小组召开了第一次会议，着手讨论修订事宜，经过数年的努力在 1999 年完成了这一工作。

一、《布卢姆教育目标分类学(修订版)》的基本内容

《布卢姆教育目标分类学(修订版)》首先明晰了“教育目标”的概念，即“在教学时，我们希望学生通过教学活动获得相应的学习结果。这个结果就是我们的预期目标”。根据安德森等人在其著作中的说明，美国学生的学习目标细致且条目众多，教师面对如此多的目标往往难以准确把握。在这种情况下，教师需要一个整体性的框架来建构对这些目标的理解，教育目标分类学就适度地解决了这个问题。在安德森的《布卢姆教育目标分类学(修订版)》的框架下，教育目标被表述为“一个目标的陈述中包含一个动词和一个名词，动词通常描述预期的认知过程，名词通常描述我们期望学生将要习得或建构的知识”。例如，“学生将学会区分(认知过程)联邦制和中央集权政府体制(知识)”。教育目标分类学是在此目标定义方式的基础上进行表述的。

知识维度的分类在被解释时受到学科内容的影响更大，而认知过程的复杂性在各个学科中具有普遍适用性，且在当前教育宏观思路的引导下，本书所主要讨论的教育评价环节更加强调对能力的测查与评价，而能力在一定程度上是以认知过程的复杂性进行解释的，因此，以下着重对认知过程维度进行介绍与说明。

在认知维度上，六个层级水平被认为是一个体现认知复杂性的连续体，分别被称为记忆/回忆、理解、应用、分析、评价和创造。它们所体现的具体认知过程分别为：

- 记忆/回忆：从长时记忆中提取相关的知识。
- 理解：从口头、书面和图像等交流形式的教学信息中构建意义。
- 应用：在给定的情境中执行或使用。
- 分析：将材料分解为它的组成部分，确定部分之间的相互关系，以

及各部分与总体结构或总目的之间的关系。

• 评价：基于准则和标准做出判断。

• 创造：将要素组成内在一致的整体或功能性整体；将要素重新组织成新的模型或结构。

这六个认知层级水平的典型动词可以结合不同的学科知识情境通过其他动词进行解释，或用表示相近含义的动词替代使用。详见表 2-1。

表 2-1 认知维度典型动词一览表

类别 & 认知过程	同义词	定义及其例子
1. 记忆/回忆(remember)——从长时记忆中提取相关的知识		
1. 1 识别 (recognizing)	辨认(identifying)	从长时记忆中查找与呈现材料相吻合的知识(例如，识别美国历史中重要事件的日期)
1. 2 回忆 (recalling)	提取(retrieving)	从长时记忆中提取相关知识(例如，回忆美国历史中重要事件的日期)
2. 理解(understand)——从口头、书面和图像等交流形式的教学信息中构建意义		
2. 1 解释 (interpreting)	澄清(clarifying) 释义(paraphrasing) 描述(representing) 转化(translating)	将信息从一种表示形式(如数字的)转变为另一种表示形式(如文字的)(例如，阐释重要讲演和文献的意义)
2. 2 举例 (exemplifying)	示例(illustrating) 实例化(instantiating)	找到概念和原理的具体例子或例证(例如，列举各种绘画艺术风格)
2. 3 分类 (classifying)	归类(categorizing) 归入(subsuming)	确定某物某事属于某种类别(如概念或类别)(例如，将观察到的或描述过的精神疾病案例分类)
2. 4 总结 (summarizing)	概括(abstracting) 归纳(generalizing)	概括总主题或要点(例如，书写录像带所放映的事件的简介)
2. 5 推断 (inferring)	断定(concluding) 外推(extrapolating) 内推(interpolating) 预测(predicting)	从呈现的信息中推断出合乎逻辑的结论(例如，学习外语时从例子中推断语法规则)
2. 6 比较 (comparing)	对比(contrasting) 对应(mapping) 配对(matching)	发现两种观点、两个对象等之间的对应关系(例如，将历史事件与当代的情形进行比较)
2. 7 说明 (explaining)	建模(constructing models)	建构一个系统的因果关系(例如，说明法国 18 世纪重要事件的发生原因)

续表

类别 & 认知过程	同义词	定义及其例子
3. 应用(apply)——在给定的情境中执行或使用		
3.1 执行 (executing)	实行(carrying out)	将程序应用于熟悉的任务中(例如，两个多位数的整数相除)
3.2 实施 (implementing)	使用，运用(using)	将程序应用于不熟悉的任务中(例如，在牛顿第二定律适用的问题情境中运用该定律)
4. 分析(analyze)——将材料分解为它的组成部分，确定部分之间的相互关系，以及各部分与总体结构或总目的之间的关系		
4.1 区别 (differentiating)	辨别(discriminating) 区分(distinguishing) 聚焦(focusing) 选择(selecting)	区分呈现材料的相关与无关部分或重要与次要部分(例如，区分一道数学文字题中的相关数字与无关数字)
4.2 组织 (organizing)	发现连贯性(finding coherence) 整合(integrating) 概述(outlining) 分解(parsing) 构成(structuring)	确定要素在一个结构中的合适位置或作用(例如，将历史描述组织起来，形成赞同或否定某一历史解释的证据)
4.3 归因 (attributing)	解构(deconstructing)	确定呈现材料背后的观点、倾向、价值或意图(例如，依据其政治观来确定该作者的立场)
5. 评价(evaluate)——基于准则和标准做出判断		
5.1 检查 (checking)	协调(coordinating) 查明(detecting) 监控(monitoring) 检验(testing)	发现一个过程或产品内部的矛盾和谬误；确定一个过程或产品是否具有内部一致性；查明程序实施的有效性(例如，确定科学家的结论是否与观察数据相吻合)
5.2 评论 (critiquing)	判断(judging)	发现一个产品与外部准则之间的矛盾；确定一个产品是否具有外部一致性；查明程序对一个给定问题的恰当性(例如，判断解决某个问题的两种方法中哪一种更好)
6. 创造(create)——将要素组成内在一致的整体或功能性整体；将要素重新组织成新的模型或结构		
6.1 产生 (generating)	假设(hypothesizing)	基于准则提出相异假设(例如，提出解释观察的现象的假设)

续表

类别 & 认知过程	同义词	定义及其例子
6.2 计划(planning)	设计(designing)	为完成某一任务设计程序(例如，计划关于特定历史主题的研究报告)
6.3 生成(producing)	建构(constructing)	生产一个产品(例如，有目的地建立某些物种的栖息地)

二、 化学课程中的认知性学习目标的分类

我国课程标准中的教学目标研制主要参考了布卢姆教育目标分类学的框架，其对课程内容的具体表述采用“认知过程＋知识维度”的方式。《义务教育化学课程标准(2011 年版)》就是这方面的应用实例。例如，“说出空气的主要成分”。其中“说出”为认知过程，属于表 2-1 中“回忆”的行为动词；“空气的主要成分”为知识维度。

《义务教育化学课程标准(2011 年版)》将认知性学习目标从低到高分为以下三个水平。

①知道、记住、说出、列举、找到。

②认识、了解、看懂、识别、能表示、懂得。

③理解、解释、说明、区分、判断、简单计算。

此外，该标准还将技能性学习目标从低到高分为以下两个水平。

①模仿操作、初步学习。

②独立操作、初步学会。

北京市教研部门研制的初中化学学科学业标准参考物理、生物、初中科学的认知能力行为动词，结合考试评价的特点和要求，综合认知性学习目标和技能性学习目标，提出了以下认知能力目标层次及行为动词，见表 2-2。

表 2-2 北京市初中化学学科学业标准中的认知能力目标层次及行为动词

一级层次	一级层次水平的界定	同水平行为动词举例及界定
了解	能说出知识的要点或事物的基本特征，并在有关的问题中识别它们。	说出：能用言语表达出知识的要点或事物的基本特征。
		列举：能一个一个举出知识的要点或事物的基本特征。
		举例(说出)：能举出反映知识要点或事物基本特征的例子。
		识别：能辨别知识的要点或事物的基本特征，并在有关的问题中识别它们。

续表

一级层次	一级层次水平的界定	同水平行为动词举例及界定
理解	能阐述知识的内涵，把握其内在逻辑关系，能用知识解释简单现象或进行简单计算。	说明：能解释、明白知识的内涵，把握其内在逻辑关系。
		举例说明：能通过举出例子，解释知识的内涵，把握其内在逻辑关系。
		会(操作、进行、计算、表示、记录、观察等)：表示基本技能的掌握情况(化学基本技能包括实验操作、化学用语使用、化学计算、观察、记录、用图表和文字表示等)。
应用	能将知识运用在新情境中，与已有知识建立联系，分析有关现象或提出解决问题的途径和方法。	运用(判断、选择、解释、提出、设计等)：能根据事物的特性将知识运用在新情境中，与已有知识建立联系，解释有关现象，提出或设计解决问题的途径和方法。
		推导：能根据已知的现象、规律等，经过逻辑推理得出新的结论。
		评估：能根据已有认识，对他人的方案、做法进行衡量或判断。

在北京市 2018、2019 年中考考试说明中，化学学科考试要求将知识与技能的目标分成知道、认识和理解三个层次，分别用“★”“★★”“★★★”表示。较高层次包括较低层次的要求。其内涵和相关行为动词如下。

(一)知道层次(★)

能够记住所学的化学知识。以下词语是对这一层次考试要求的描述：知道、记住、说出、列举、找到。

(二)认识层次(★★)

对所学的化学知识要点，能够正确辨识和直接使用，能够根据提供的材料识别是什么，能够领会所学化学概念和原理的基本含义及其适用条件。以下词语是对这一层次考试要求的描述：认识、了解、看懂、识别、能表示、懂得。

(三)理解层次(★★★)

能够通过阅读、观察、实验等方法获取信息，能够运用所学化学知识解释和说明有关化学现象和问题，能够化学用语进行表述。以下词语是对这一层次考试要求的描述：理解、解释、说明、区分、判断、简单计算。

北京师范大学教育研究团队于 2016 年开发研制的学科能力体系，也是基于布卢姆目标分类学的学科化和具体化的体系①。该研究将学科的认识

① 王磊：《学科能力构成及其表现研究——基于学习理解、应用实践与迁移创新导向的多维整合模型》，载《教育研究》，2016(9)。

活动和问题解决活动概括为三个方面。一是知识和经验的输入——学习理解活动，学习理解活动的关键心理操作要素有辨识、记忆，概括、关联，说明、论证。二是知识和经验的输出——应用实践活动，其中的关键心理操作要素有分析、解释，推论、预测，设计、证明。三是知识和经验的高级输出——迁移创新活动，包括复杂推理（如综合问题解决）、系统探究（如问题假设、系统设计实施、建立模型）、创新思维（如批判性思考、评价、反思，想象、创意、发现远联系等）。由此，可以提出学科的学习理解能力、应用实践能力和迁移创新能力及其表现的概念框架。

图 2-1 是化学学科能力结构层次及其与素养的转化模型，将化学学科能力划分为“3×3”共 9 个层次。

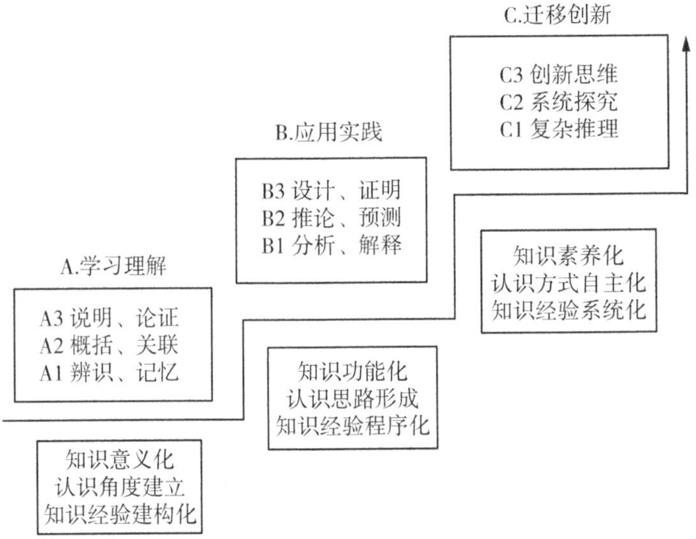

图 2-1　化学学科能力结构层次及其与素养的转化模型

三、 教育目标分类学的基本应用

仔细阅读其他国家的课程内容标准可以发现，一些内容标准条目中对学习要求的表述所用动词与介绍的布卢姆教育目标分类学中的“动词”并不完全一致，所以也许有些研究者会认为布卢姆教育目标分类学已经过时了。其实不然，尽管一些课程内容标准条目所用动词与该目标分类学中的

“动词”不完全一致，但其内涵基本是一致的。有专家认为，百分之九十多的内容标准采用的动词的内涵没有超过布卢姆教育目标分类学中概括的动词的内涵。因此，修订的布卢姆教育目标分类学对于统一认识和界定各种内容标准中“动词”的内涵，提高试题考查的认知要求与内容标准的一致性意义重大。

学业水平考试作为一种重要的教学评价(其评价工具即常说的测试卷中的题目)，就是通过学科知识体现认知过程的。在开发一个测试时，往往基于布卢姆教育目标分类学对考试的整体结构、试题的具体情况进行设计。以下通过一些示例建立初步的认识，通过试题理解教育目标分类中的“记忆/回忆”“理解”“应用”，这是我国学业水平考试的主要考查水平。

(一)旨在考查“记忆/回忆”的试题

记忆/回忆是指学生从长时记忆中获取相关的知识。如果教学的目标是促使学生记住教学呈现的相同或相似的材料，则认知过程就是记忆。任何复杂的任务解决都要用到知识，记忆知识是有意义学习和问题解决的基础。考查考生对知识的记忆能力的关键是向考生提供需要辨认或回忆的任务(试题)，任务(试题)的材料与考生学习的材料要非常类似，几乎不做或很少做扩展或改动。记忆的认知过程有两个子类型——辨认和回忆。

1. 旨在考查“辨认”的试题

辨认是指从长时记忆中获取相关知识，将其与呈现的信息进行对比。考查考生的知识辨认能力的关键是提供给考生辨认的信息应该与考生学习过的材料一致或非常类似。提供的信息既可以是事实性知识，也可以是概念性知识、方法性知识和元认知知识，但多数情况下是事实性知识，其次是概念性知识，方法性知识和元认知知识较少。

考查知识辨认能力可以采用三种题型：判断题、匹配题和选择题。

试题示例1：判断下列陈述的正误，若陈述正确，在试题后的括号中填“T”，否则填“F”。

(1)金刚石、石墨都是由碳元素组成的单质，但它们的碳原子的排列方式不同。(　　)

(2)在空气的成分中，氧气的体积分数约占78%。(　　)

试题示例 2：补齐连线，见表 1。

表 1

物质	用途	物质	主要成分
干冰	冷藏食品	天然气	甲烷
碳酸钙	改良酸性土壤	生石灰	氯化钠
熟石灰	补钙剂	食盐	氧化钙

试题示例 3：补齐连线，见表 2。

表 2

物质	用途
乙烯	漂白剂
液氨	植物生长调节剂
次氯酸钠	工业制冷剂
葡萄糖	营养物质

试题示例 4：选择题。

决定元素种类的是(　　)。

A. 质子数　　B. 中子数　　C. 电子数　　D. 最外层电子数

试题示例 5：选择题。

下列气体的颜色为黄绿色的是(　　)。

A. 氢气　　B. 氮气　　C. 氨气　　D. 氯气

试题示例 6：选择题。

下列关于氯气性质的描述，不正确的是(　　)。

A. 黄绿色气体　　B. 能溶于水

C. 相同条件下密度比空气的小　　D. 能与氢气反应

试题示例 7：选择题。

当光束通过下列分散系时，能观察到丁达尔效应的是(　　)。

A. NaCl 溶液　　B. 蔗糖溶液

C. $CuSO_4$ 溶液　　D. AgI 胶体

2. 旨在考查“回忆”的试题

回忆是指学生在面对问题时，从长时记忆中获取相关的知识。回忆的思维过程是学生从长时记忆中寻找信息，并将该信息放置到工作记忆系统中对其进行加工。

考查“回忆”的试题与考查“辨认”的试题的主要区别在于前者不提供信

息让考生进行辨认，而要求考生从长时记忆中获取相关的知识，并使之与试题相匹配。

考查“回忆”的试题一般采用填空题，少数情况下采用主观题。

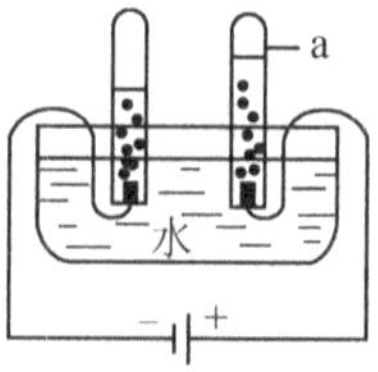

图 1

试题示例 1：填空题。

图 1 装置中发生反应的化学方程式为____________。

试题示例 2：填空题。

右框所示内容是某品牌饼干的配料。

(1)碳酸氢钠的俗称是________。

(2)食用盐的主要成分的化学式为__________。

> 配料：小麦粉、植物油、白砂糖、食品添加剂(碳酸氢钠、食用香精、辣椒红素)、食用盐等。

试题示例 3：填空题。

化学电池的发明，是储能和供能技术的巨大进步。

(1)在图 2 所示装置中，Cu 片是________(填“正极”或“负极”)。

(2)图 2 所示装置可将____________(写化学方程式)反应释放的能量直接转变为电能；能证明产生电能的实验现象是________。

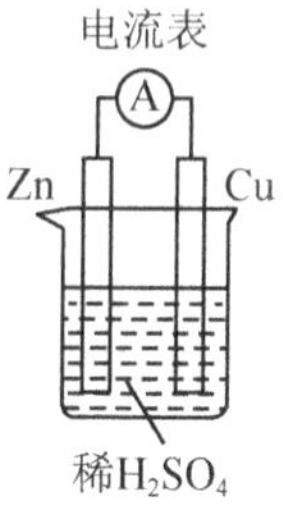

图 2

试题示例 4：填空题。

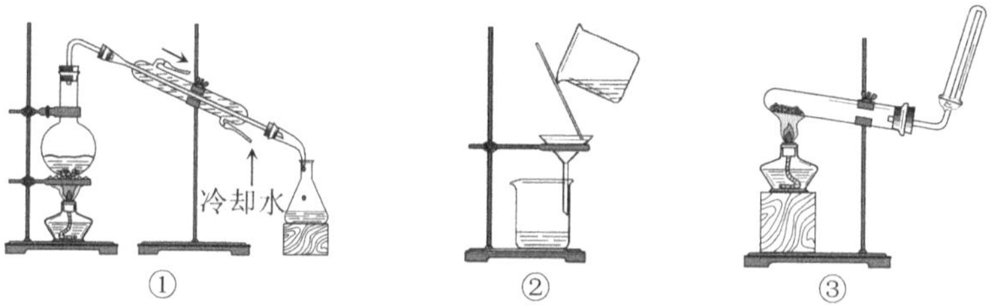

图 3

(1)除去粗盐水中的泥沙用________(填序号，下同)。

(2)加热 NH_4Cl 和 $Ca(OH)_2$ 固体混合物制取 NH_3 用________。

(3)由自来水制备蒸馏水用________。

(二)旨在考查“理解”的试题

“理解”是高端认知过程中最基础的一种，是指学生能够根据教学信息建构意义。只要学生在新获得的知识与以前学过的知识之间建立起联系，就是理解了知识。在此过程中，新学的知识被整合到已有的知识图式和认知框架中。概念是知识图式和认知框架的最基本的单元，概念性知识是理解的基础。因此，理解涉及的知识多为概念性知识。

考查“理解”的试题情境材料必须是新材料，以保证考生不依赖记忆来答题。新材料是指教学过程中没有使用的材料。如果不遵守这个规则，就难以保证测量的是考生的理解能力。如果试题的情境材料与教学材料相同，那么很可能就是在测量“记忆”。如果试题的目的是测量高端认知过程，那么就必须要求考生不依赖记忆做出正确的回答。

“理解”的认知过程包括解释、举例、分类、总结、推断、比较和说明等子类型。

1. 旨在考查“解释”的试题

“解释”是指将信息从一种表现形式转换为另一种表现形式，包括文字对文字(释义)、文字对图表、图表对文字、数字对文字、文字对数字等形式的转换。如果考生理解了信息，应该就能够准确地用其他形式表述信息，或者在新的情境中识别信息。

考查“解释”的试题可以是选择题、填空题，也可以是简答题。如果是选择题，重要的是选项给出的信息与题干提供的信息的呈现形式不同，但内涵相同。如果采用填空题和简答题，则要求考生将题干的信息以其他形式表达。

试题示例1：填空题。

用硫酸铜配制的农药波尔多液，可以防治葡萄生长中的病害。溶解硫酸铜时不宜用铁制容器，用化学方程式表示其原因：______________。

试题示例2：选择题。

载人航天器工作舱中的空气要与地球上的空气基本一致。(资料：在同温同压下，气体的体积之比等于分子个数之比。)用微观示意图表示工作舱中空气的主要成分，图1中最合理的是(　　)。

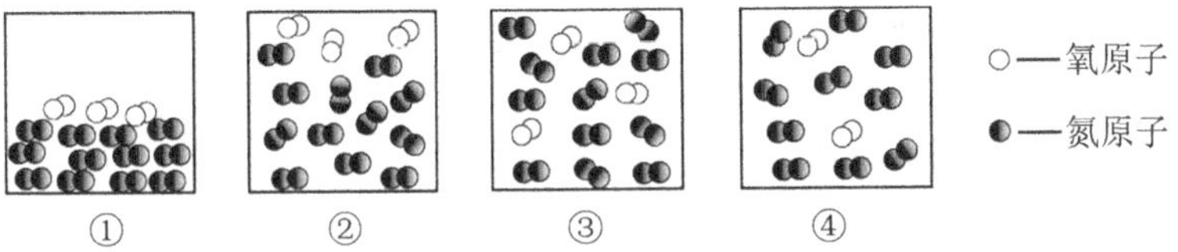

图1

试题示例 3：填空题。

我国科学家成功合成了含 N_5^- 的五氮阴离子盐，这是全氮含能材料研究领域中里程碑式的突破。

(1)N 在元素周期表中的位置是________。

(2)在 N_5^- 中，N 原子之间的相互作用是________(填"离子键"或"共价键")。

(3)非金属性 O 强于 N，用原子结构解释其原因：________，得出电子能力 O 强于 N 的结论。

(4)砷(As)与氮位于同一主族，下列推断正确的是________(填序号)。

①砷元素的最低负化合价为－3 价

②热稳定性：$AsH_3 > NH_3$

③砷的最高价氧化物对应的水化物属于酸

试题示例 4：选择题。

在表 1 中，"实验操作及现象"与"实验结论"不相符的一组是(　　)。

表 1

选项	实验操作及现象	实验结论
A	向蔗糖中滴加浓硫酸，蔗糖变黑	浓硫酸有吸水性
B	向 KI-淀粉溶液中滴加氯水，溶液变成蓝色	氧化性：$Cl_2 > I_2$
C	向某盐溶液中滴加 KSCN 溶液，溶液变为红色	该溶液中含有 Fe^{3+}
D	向某盐溶液中加入浓 NaOH 溶液，加热，产生的气体能使湿润的红色石蕊试纸变蓝	该溶液中含有 NH_4^+

2. 旨在考查"举例"的试题

"举例"是要求学生用例子说明某一概念或原理。其核心是提供给学生一般的概念或原理，学生确定概念或原理的定义特征，并且利用这些特征来选择或提供例子。

考查"举例"的试题可以是选择题、填空题，也可以是简答题、问答题。无论何种题型，考查"举例"的试题的关键是提供需要考生说明的概念或原理，要求考生确定或辨认概念或原理的特征，并选择或提供例子来说明该概念或原理。对于选择题，题干也可以不直接提供概念或原理，而是提供某一具体的例子，要求考生确认例子中隐含的概念或原理的特征，再选择与该概念或原理特征一致的例子。

试题示例 1：选择题。

在下列变化中，属于化学变化的是(　　)。

A. 矿石粉碎　　B. 纸张燃烧　　C. 酒精挥发　　D. 冰雪融化

试题示例 2：选择题。

在下列物质中，属于电解质的是(　　)。

A. Cu　　B. K_2SO_4　　C. $MgCl_2$ 溶液　　D. NaOH 溶液

试题示例 3：选择题。

在下列化合物中，含共价键的是(　　)。

A. CO_2　　B. Na_2O　　C. KCl　　D. $MgCl_2$

试题示例 4：选择题。

在下列各组混合物中，能用分液漏斗进行分离的是(　　)。

A. 水和酒精　　B. 水和植物油

C. 碘和四氯化碳　　D. 汽油和植物油

3. 旨在考查"分类"的试题

"分类"要求学生将某一事物或特殊的例子归为某一类型。"分类"的思维过程是发现给定的事物的特征，并发现其与某一概念或原理相匹配的特征或模型。

"分类"与"举例"是互补的过程，"举例"给学生提供概念或原理，要求学生举出实例；"分类"则给学生提供专门的例子，要求学生发现一般的概念或原理。

考查"分类"的试题既可以是选择题、填空题，也可以是简答题、问答题。命制考查"分类"的试题的基本要求是题干要向考生提供若干实例，要求考生发现这些实例的共同特征，并将这些特征与已有的类型概念或原理进行对比，实现考查"分类"的目标。

试题示例 1：填空题。

《千里江山图》是北宋王希孟创作的绢本设色画，其颜料选用各色天然矿石，描绘了祖国的锦绣河山。一些矿石的主要成分及颜色见表 1。

表 1

矿石	蓝铜矿	孔雀石	雌黄	赭石
主要成分	$Cu_3(OH)_2(CO_3)_2$	$Cu_2(OH)_2CO_3$	As_2S_3	Fe_2O_3
颜色	蓝色	绿色	黄色	红色

(1)在四种矿石主要成分中，属于氧化物的是________。

(2)蓝铜矿和孔雀石的主要成分在组成上具有的相同点是________。

试题示例 2：选择题。

下列关于物质分类的叙述，不正确的是(　　)。

A. 硝酸属于酸　　　　　　　　B. 液氯属于纯净物

C. 碳酸钠属于碱　　　　　　　D. 二氧化硫属于氧化物

4. 旨在考查“总结”的试题

“总结”是指用简短的陈述表示呈现的信息，或者从呈现的信息中提取出抽象的主题或得出相关的结论。考查“总结”的试题的核心是提供一系列信息或材料，要求考生进行分析，在此基础上提取出能够反映这些信息的主要特征，并用简短的话语表述；或者根据信息提供的表象，发现其背后的本质信息。考查“总结”的试题既可以是选择题、填空题，也可以是主观题。

试题示例 1：填空题。阅读下面科普短文。

土豆是继水稻、小麦、玉米之后的第四大粮食作物，含淀粉、蛋白质、维生素 C 等多种营养物质，是餐桌上的美味食材。鲜土豆中主要营养物质的含量(每 100 g)见表 1。

表 1

蛋白质/g	脂肪/g	淀粉/g	钙/mg	磷/mg	维生素 C/mg
1.5～2.3	0.4～0.9	17.5～28.0	11～60	15～68	20～40

土豆切开后会发生褐变，用水浸泡能防止褐变，但会引起营养物质的流失。用土豆片进行实验，测得其食用品质、淀粉含量和维生素 C 含量随浸泡时间的变化情况见图 1 和图 2。

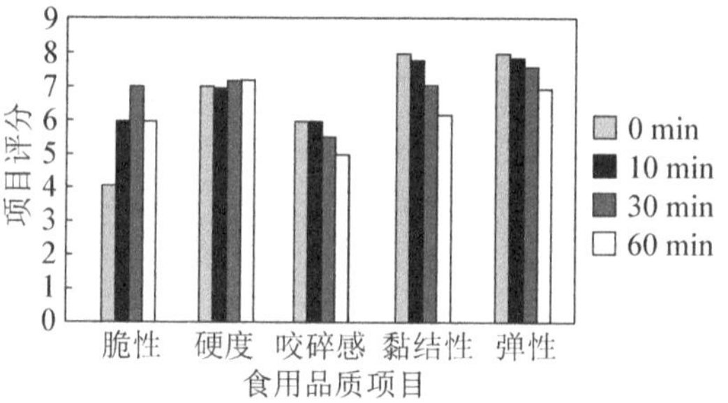

图 1

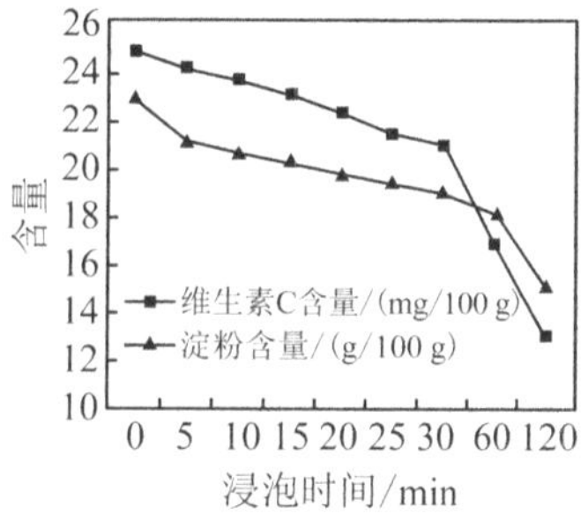

图 2

土豆变绿、发芽时，龙葵素的含量显著增高，而多食龙葵素可导致中毒，就算是把变绿、发芽的部位削掉，也不宜食用。

除食用外，土豆还可以作为原料被广泛用于医药、化工、纺织、造纸等工业生产中。

（原文作者宋国安、杨铭铎等，有删改）

依据文章内容回答下列问题。

(1)由图1可知：60 min内，________(填序号，下同)。

A. 浸泡30 min比10 min的脆性分值高

B. 浸泡10 min，硬度、咬碎感均无明显变化

C. 随着浸泡时间的增加，黏结性、弹性分值均降低

(2)由图2可知：土豆片的淀粉含量与浸泡时间的关系是________。

(3)下列说法正确的是________。

A. 土豆是四大粮食作物之一　　　B. 土豆中维生素C含量最高

C. 用水泡可防止土豆片褐变　　　D. 土豆开发应用的前景广阔

试题示例2：填空题。

利用下列实验研究铁与浓硫酸的反应(夹持装置已略去，气密性已检验)。

实验Ⅰ	实验Ⅱ
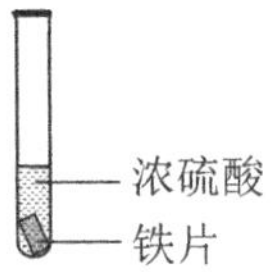	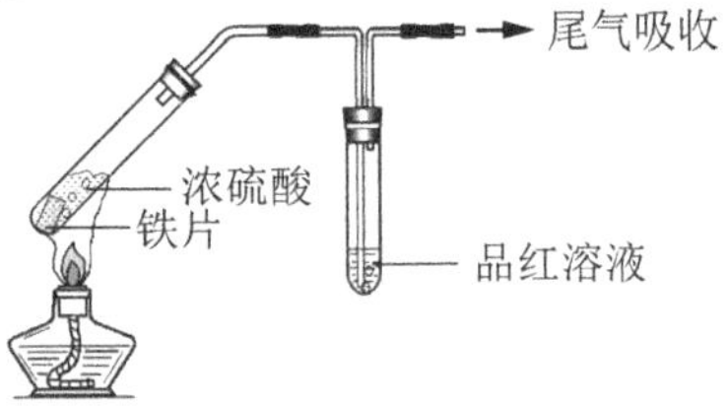
铁片表面迅速变暗，之后无明显变化	加热后产生大量气体，品红溶液褪色

(1)实验Ⅰ体现了浓硫酸的________(填“氧化性”或“还原性”)。

(2)在下列装置中，能用于实验Ⅱ中尾气吸收的是________(填序号)。

①

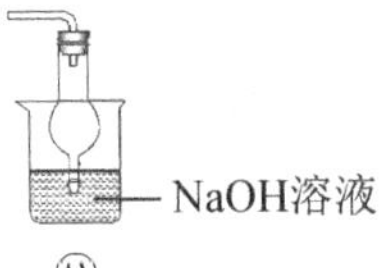

②

(3)在实验Ⅱ中，能够证明生成了SO_2的证据是________________。

(4)在实验Ⅰ和实验Ⅱ中，实验现象不同的原因是________________。

5. 旨在考查“推断”的试题

“推断”是指根据一系列实例，发现规律或模型。若给学生一系列实

例，学生则对这一系列实例的特征进行解码，发现实例之间的关系，抽象出解释这些实例特征和关系的概念或原理，这个认知过程就是推断。

命制考查"推断"的试题的关键在于题干最终给出一系列实例，这一系列实例在整个问题研究的背景下，具有一定的关系或相关的特征，需要考生发现这些关系或特征。

考查"推断"的试题既可以是选择题、填空题，也可以是问答题、简答题。一般题干给出需要考生进行解码的实例或信息，对于选择题，选项中要给出解释这些信息特征的关系或原理，考生需要选出正确的关系或原理；而对于问答题或简答题，考生需要通过推理，发现这些信息特征的关系，解释其原理或结果。

试题示例 1：选择题。

已知：$2KClO_3 \xlongequal{} 2KCl+3O_2\uparrow$，图 1 表示一定质量的 $KClO_3$ 和 MnO_2 固体混合物受热过程中，某变量 y 随时间的变化趋势。纵坐标表示的是(　　)。

A. 固体中氧元素的质量

B. 生成 O_2 的质量

C. 固体中 MnO_2 的质量

D. 固体中钾元素的质量分数

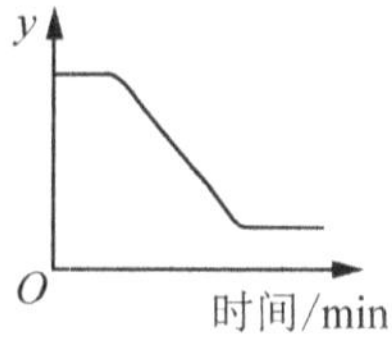

图 1

试题示例 2：填空题。

镁条在空气中久置表面会变黑。某小组同学设计并进行实验，探究镁条变黑的条件。

【查阅资料】在常温下，亚硫酸钠(Na_2SO_3)可与 O_2 发生化合反应。

【猜想与假设】在常温下，镁条变黑可能与 O_2、CO_2、水蒸气有关。

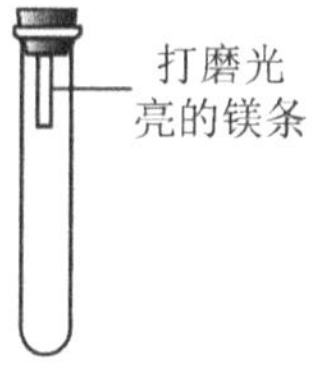

图 2

【进行实验】通过控制与镁条接触的物质，利用图 2 装置(镁条长度为 3 cm，试管容积为 20 mL)分别进行下列 5 个实验(见表 1)，并持续观察 20 天。

表 1

编号	主要实验操作	实验现象
1	先充满用 NaOH 浓溶液洗涤过的空气 再加入 2 mL 浓硫酸	镁条始终无明显变化

续表

编号	主要实验操作	实验现象
2	加入 2 mL NaOH 浓溶液	镁条始终无明显变化
3	先加入 2 mL 浓硫酸 再通入约 4 mL CO_2	镁条始终无明显变化
4	先加入 4 mL 饱和 Na_2SO_3 溶液 再充满 CO_2	镁条始终无明显变化
5	先加入 2 mL 蒸馏水 再通入约 4 mL CO_2	镁条第 3 天开始变黑 至第 20 天全部变黑

【解释与结论】

(1)实验 1 的目的是________。

(2)在实验 3 中，试管内的气体主要含有 CO_2、________。

(3)得出“镁条变黑一定与 CO_2 有关”的结论，依据的两个实验是________(填编号)。

(4)由上述实验可推知，镁条变黑的条件是________________。

试题示例 3：填空题。

元素周期表与元素周期律在学习、研究和生产实践中有很重要的作用。表 2 列出了 a～g 7 种元素在周期表中的位置。

表 2

周期	ⅠA	ⅡA	ⅢA	ⅣA	ⅤA	ⅥA	ⅦA	0
2					a			
3	b		c			d	e	
4						f	g	

(1)a 的元素符号是________。

(2)在 b、c 的最高价氧化物对应的水化物(氢氧化物)中，碱性较弱的是________。

(3)非金属性 e 强于 g，用原子结构解释其原因：________，得出电子能力 e 大于 g 的结论。

(4)下列对 f 及其化合物的推断，正确的是________(填序号)。

①f 的最高化合价为＋6 价

②f 的氢化物的稳定性弱于 d 的氢化物的稳定性

③f 的最高价氧化物对应的水化物属于碱

6. 旨在考查"比较"的试题

"比较"是指发现不同事物、事件、思想、问题或情境之间的类似性和差异性。"比较"的关键是找出一个事物、事件与另一个事物、事件的要素和模型之间的一一对应关系。

考查"比较"的试题可以是选择题、填空题，也可以是简答题、问答题。对选择题而言，一般题干中给出比较的对象，而在选项中给出一些要素或模型，考生需要从中选出两个对象共同或不同的要素或模型；或者反过来，题干中给出比较的要素，而将比较的对象置于选项中，考生需要就比较的要素，判断比较对象的优劣或差异。对于主观题，题干中一般给出两个对象及与其相关的要素或模型，考生需要直接根据要素或模型进行比较，或者在对要素或模型进行加工后，进行深层次的比较。

试题示例 1：填空题。

比较 2015、2030 年和 2050 年能源结构中的化石能源(见图 1)，所占比例降低的是_________。

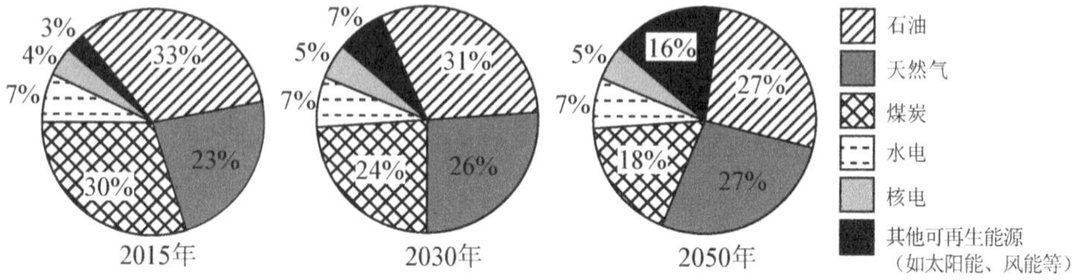

图 1

试题示例 2：选择题。

对于铁与盐酸生成氢气的反应，在表 1 中，反应速率最快的是(　　)。

表 1

选项	铁的状态	盐酸的浓度	反应的温度
A	片状	1 mol/L	20 ℃
B	片状	3 mol/L	40 ℃
C	粉末状	1 mol/L	20 ℃
D	粉末状	3 mol/L	40 ℃

7. 旨在考查"说明"的试题

"说明"是指学生建构和使用系统的因果模型。系统的因果模型可以根据理论推导出来，如自然科学中的因果模型；也可以根植于研究和经验，如社会科学中的因果模型。完整的说明包括对系统的每一部分或一系列事件中的主要事件建构因果模型，应用因果模型确定系统某一部分的变化如何影响另一部分的变化等。

考查学生“说明”的试题包括四种类型：“论证”试题、“诊断”试题、“重新设计”试题和“预测”试题。“论证”试题要求考生对某一事件、事物论述其理由；“诊断”试题要求考生确定不能正常工作的系统的问题所在；“重新设计”试题要求考生对系统做出适当改变，以达到某一目的；“预测”试题要求考生说明系统某一部分的变化将会对系统的另一部分产生何种效应。无论是“论证”试题、“诊断”试题、“重新设计”试题还是“预测”试题，都可以是选择题、填空题或者主观题。

试题示例 1(主要考查“论证”)：填空题。

利用图 1 所示装置进行实验。

关闭 K_1，打开 K_2，观察到蜡烛缓慢地熄灭。蜡烛熄灭的原因是____________________。

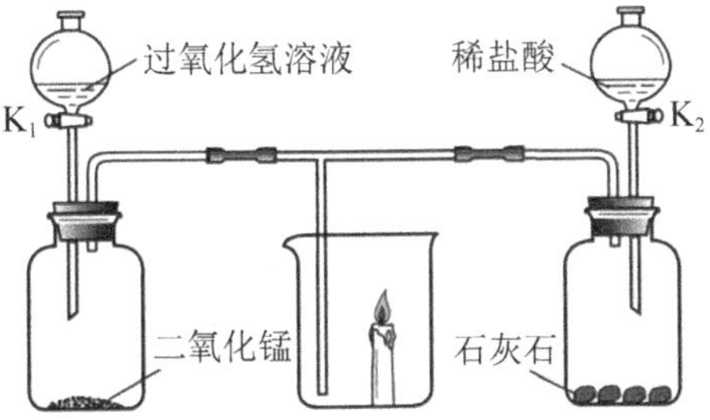

图 1

试题示例 2(主要考查“诊断”)：选择题。

下列关于 CO_2 实验室制法及性质实验的说法，不正确的是(　　)。

	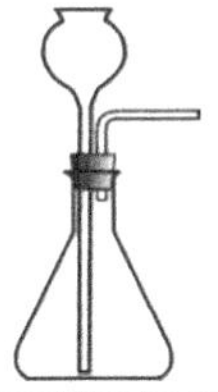	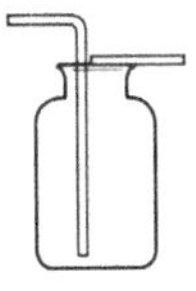	
A. 制 CO_2 的药品	B. 发生装置	C. 收集装置	D. 比较 CO_2 与空气的密度

试题示例 3(主要考查“重新设计”)：填空题。

利用图 2 装置进行实验(两支玻璃管的内径相同)。实验前 K_1、K_2、K_3 均已关闭。

实验装置	制备气体
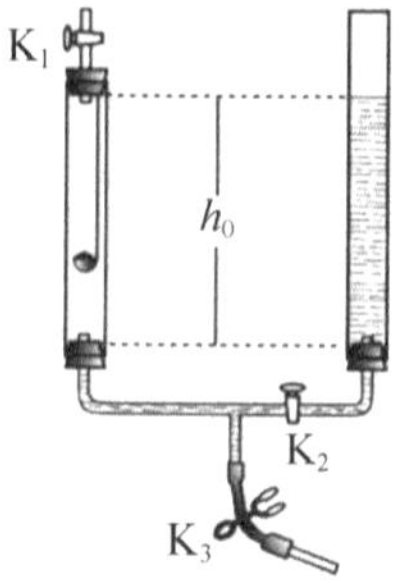 图 2	左管中带孔的燃烧匙盛有足量锌粒，右管盛有稀硫酸。 Ⅰ. 打开 K_1 和 K_2，使反应发生。 Ⅱ. 在 K_1 的导管口处收集气体。 Ⅲ. ……

为使反应停止，Ⅲ中的操作是________。

试题示例 4(主要考查“预测”)：选择题。

已知 Ag_2SO_4 的 K_w 为 2.0×10^{-3}，将适量 Ag_2SO_4 固体溶于 100 mL 水至刚好饱和，该过程中 Ag^+ 和 SO_4^{2-} 浓度的时间变化关系见坐标图虚竖线左部分[饱和 Ag_2SO_4 溶液 $c(Ag^+)=0.034$ mol/L]。若 t_1 时刻在上述体系中加入 100 mL 0.020 mol/L Na_2SO_4 溶液，能正确表示 t_1 时刻后 Ag^+ 和 SO_4^{2-} 浓度随时间变化关系的是(　　)。

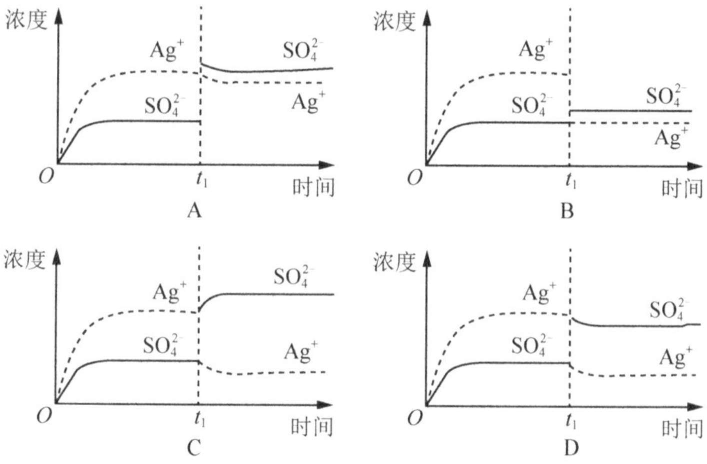

(三)旨在考查“应用”的试题

在认知目标分类中，“应用”认知过程包括两个子类型：执行和实施。“执行”是对熟悉的任务或试题而言的，“实施”是对不熟悉的任务或试题而言的。如果面对的是一个熟悉的任务或试题，考生通常知道“执行”过程应该采用的操作方法，可直接运用“执行”认知过程进行操作。如果面对的是一个不熟悉的任务或试题，考生必须确定运用何种知识、方法来解决问题。如果解决问题需要方法性知识，并且没有其他可用的方法性知识，考生需要对已有的方法性知识进行选择和组合。与“执行”相反，“实施”需要对问题和解决问题的方法有一定的理解，因此理解方法性知识是应用方法性知识的前提。

1. 旨在考查“执行”的试题

“执行”是指考生面对熟悉的任务或试题时，常规性地执行某一操作方法，以完成这一任务。对任务或试题情境的熟悉程度一般可以提供足够的线索，指导考生使用适当的方法来完成任务或试题。

“执行”一般与技能和算法等方法性知识的运用相关。

考查“执行”的试题一般是选择题、填空题或主观题。无论是选择题、填空题还是主观题，题干中都是给出考生熟悉的任务或试题，要求考生利用熟悉的方法，即技能或算法，完成试题。对于选择题，“执行”的结果通常在选项中。

试题示例 1：填空题。

醋酸(CH_3COOH)是合成 PVA 的原料之一。醋酸中碳元素的质量分数为 40%，其计算式为________。

试题示例 2：选择题。

下列说法正确的是________。

A. 36 g H_2O 的物质的量为 1 mol

B. 在常温常压下，1 mol Cl_2 的体积是 22.4 L

C. 0.5 $mol \cdot L^{-1}$ NaCl 溶液中含有 0.5 mol Na^+

D. 1 mol CO_2 中含有的分子数约为 6.02×10^{23}

试题示例 3：填空题。

氨是一种重要的化工原料。氨催化氧化制硝酸的过程中涉及如下反应。

$$4NH_3+5O_2 \xrightarrow[\triangle]{催化剂} 4NO+6H_2O$$

(1)作为氧化剂的物质是________，氮元素的化合价________(填“升高”或“降低”)。

(2)若反应中消耗了 4 mol NH_3，则生成的 NO 的物质的量为________ mol，转移的电子的物质的量为________ mol。

2. 旨在考查“实施”的试题

“实施”是指考生必须选择和运用方法来完成不熟悉的任务或试题。由于涉及选择方法，考生必须理解遇到的问题的类型以及知道并运用各种可用来解决问题的方法。因此“实施”通常与其他认知类型一道使用，如理解、创造等。

由于面对的是不熟悉的任务或试题，因此考生通常不能立刻知道采用什么方法，或什么方法最适合，必须对方法做出选择或组合。

考查“实施”的试题同样可以是选择题、填空题或主观题，但一般主观题居多，而且试题难度较大。

试题示例 1：主观题。

在图 1“黑面包”实验中，蔗糖（$C_{12}H_{22}O_{11}$）变黑，体积膨胀，变成疏松的炭，释放出有刺激性气味的气体。

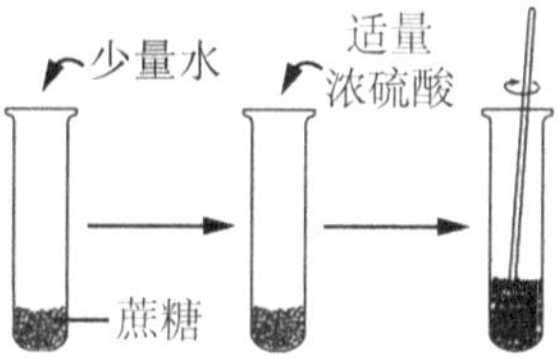

图 1

【提出问题】改变糖的种类、浓硫酸的体积、水的滴数和温度是否会影响实验效果呢？

【进行实验】分别取 5 g 糖粉进行实验，根据前 2 min 的现象对实验效果进行评分，实验记录见表 1。

表 1

实验	糖	浓硫酸体积/mL	水的滴数	温度/℃	效果得分
1	蔗糖	4	5	22	65
2	蔗糖	5	10	30	81
3	蔗糖	6	15	50	93
4	冰糖	4	10	50	91
5	冰糖	5	15	22	88
6	冰糖	a	5	30	75
7	葡萄糖	4	15	30	0
8	葡萄糖	5	5	50	0
9	葡萄糖	6	10	22	0

【处理数据】分析表 1，计算效果得分的均值，结果见表 2。

表 2

因素	糖			浓硫酸体积/mL			水的滴数			温度/℃		
	蔗糖	冰糖	葡萄糖	4	5	6	5	10	15	22	30	50
均值	79.7	84.7	0	52.0	56.3	56.0	46.7	57.3	60.3	51.0	52.0	61.3

依据均值推断最佳实验方案，均值越高，效果越好。

【解释与结论】

(1)在实验 6 中，a 为________ mL。

(2)根据表 2 推断，“黑面包”实验最好选择 5 g 冰糖、5 mL 浓硫酸、________滴水和 50 ℃。

【反思与评价】

(3)在表 2 中，22 ℃对应的均值为 51.0，计算该值所依据的 3 个数据分别是________。

(4)综合分析，使实验 3 的效果得分高于实验 4 的因素有________。

试题示例 2：主观题。

探究一定条件下反应物浓度对硫代硫酸钠($Na_2S_2O_3$)与硫酸反应速率的影响。

【查阅资料】

a. $Na_2S_2O_3$ 易溶于水，能与硫酸发生反应：

$$Na_2S_2O_3 + H_2SO_4 = Na_2SO_4 + S\downarrow + SO_2\uparrow + H_2O$$

b. 浊度计用于测量浑浊度的变化。产生的沉淀越多，浑浊度(单位为NTU)越大。

【实验过程】

用图 2 所示装置进行如表 3 所示的 5 个实验，分别测量混合后溶液达到相同浑浊度的过程中，浑浊度随时间的变化。实验①～⑤中浑浊度随时间的变化如图 3 曲线①～⑤所示。

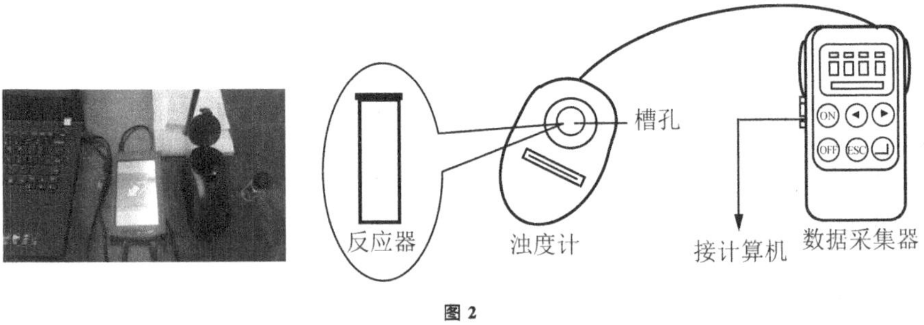

图 2

表 3

实验编号	$Na_2S_2O_3$ 溶液		H_2SO_4 溶液		蒸馏水
	$c/(mol \cdot L^{-1})$	V/mL	$c/(mol \cdot L^{-1})$	V/mL	V/mL
①	0.1	1.5	0.1	3.5	10
②	0.1	2.5	0.1	3.5	9
③	0.1	3.5	0.1	3.5	x
④	0.1	3.5	0.1	2.5	9
⑤	0.1	3.5	0.1	1.5	10

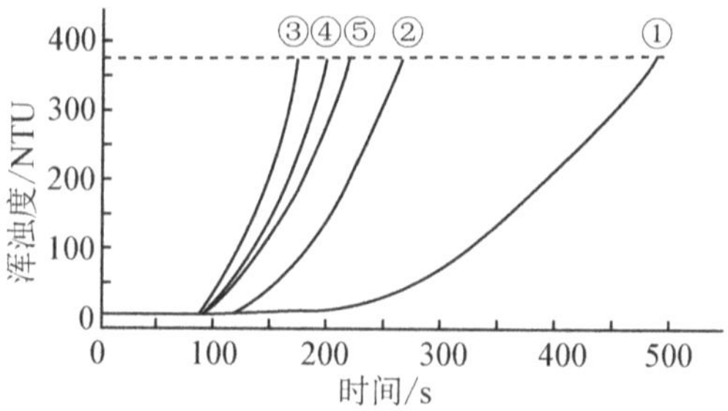

图 3

【分析与解释】

(1)选用浊度计进行测量，原因是 $Na_2S_2O_3$ 溶液与 H_2SO_4 溶液反应生成了_________。

(2)在实验③中，$x=$_________。

(3)实验①、②、③的目的是___________________。

(4)通过比较①、②、③与③、④、⑤两组实验，可推断：在反应物浓度的改变对 $Na_2S_2O_3$ 与硫酸反应速率的影响中，$Na_2S_2O_3$ 溶液浓度的改变影响更大。该推断的证据是_________。

第二节　化学学科核心素养及其基本应用

我国学业水平考试的命题依据是学科课程标准。高中化学学业水平考试的命题依据是《普通高中化学课程标准(2017 年版 2020 年修订)》，初中化学学业水平考试的命题依据是《义务教育化学课程标准(2011年版)》。

高中化学课程标准修订版突出了发展学生化学学科核心素养的课程理念和目标，促进我国学业水平考试命题从“三维目标”时代走进“核心素养”时代。

一、基于化学学科核心素养的考试目标体系

普通高中化学课程标准形成了五大维度的化学学科核心素养体系，即“宏观辨识与微观探析”“变化观念与平衡思想”“证据推理与模型认知”“科学探究与创新意识”“科学态度与社会责任”。学科核心素养是学科育人价值的集中体现，是学生通过学科学习而逐渐形成的正确的价值观念、必备的品格和关键能力。

《普通高中化学课程标准(2017年版2020年修订)》提供了化学学科核心素养的水平划分，见表2-3，为开展基于学科核心素养的考试命题提供了依据和标准。

表2-3　化学学科核心素养的水平划分

素养水平	素养1　宏观辨识与微观探析
水平1	能根据实验现象辨识物质及其反应，能运用化学符号描述常见简单物质及其变化，能从物质的宏观特征入手对物质及其反应进行分类和表征，能联系物质的组成和结构解释宏观现象。
水平2	能根据实验现象归纳物质及其反应的类型，能运用微粒结构图式描述物质及其变化的过程，能从物质的微观结构说明同类物质的共性和不同类物质性质差异及其原因，解释同类的不同物质性质变化的规律。
水平3	能从原子、分子水平分析常见物质及其反应的微观特征，能运用化学符号和定量计算等手段说明物质的组成及其变化，能分析物质化学变化和伴随发生的能量转化与物质微观结构之间的关系。
水平4	能依据物质的微观结构，描述或预测物质的性质和在一定条件下可能发生的化学变化，能评估某种解释或预测的合理性；能从宏观与微观结合的视角对物质及其变化进行分类和表征。
素养水平	素养2　变化观念与平衡思想
水平1	能认识到物质运动和变化是永恒的，能归纳物质及其变化的共性和特征，能认识化学变化伴随着能量变化；能根据观察和实验获得的现象和数据概括化学变化发生的条件、特征与规律。
水平2	能从原子、分子水平分析化学变化的内因和变化的本质，能理解化学反应中量变和质变的关系；能从质量守恒，并运用动态平衡的观点看待和分析化学变化；能运用化学计量单位定量分析化学变化及其伴随发生的能量转化。

续表

素养水平	素养 2　变化观念与平衡思想
水平 3	形成化学变化是有条件的观念，认识反应条件对化学反应速率和化学平衡的影响，能运用化学反应原理分析影响化学变化的因素，初步学会运用变量控制的方法研究化学反应。
水平 4	能从不同视角认识化学变化的多样性，能运用对立统一思想和定性定量结合的方式揭示化学变化的本质特征；能对具体物质的性质和化学变化作出解释或预测，能运用化学变化的规律分析说明生产、生活实际中的化学变化。
素养水平	素养 3　证据推理与模型认知
水平 1	能从物质及其变化的事实中提取证据，对有关的化学问题提出假设，能依据证据证明或证伪假设；能识别化学中常见的物质模型和化学反应的理论模型，能将化学事实和理论模型之间进行关联和合理匹配。
水平 2	能从宏观和微观结合上收集证据，能依据证据从不同视角分析问题，推出合理的结论；能理解、描述和表示化学中常见的认知模型，指出模型表示的具体含义，并运用于理论模型解释或推测物质的组成、结构、性质与变化。
水平 3	能从定性与定量结合上收集证据，能通过定性分析和定量计算推出合理的结论；能认识物质及其变化的理论模型和研究对象之间的异同，能对模型和原型的关系进行评价以改进模型；能说明模型使用的条件和适用范围。
水平 4	能依据各类物质及其反应的不同特征寻找充分的证据，能解释证据与结论之间的关系；能对复杂的化学问题情境中的关键要素进行分析以建构相应的模型，能选择不同模型综合解释或解决复杂的化学问题；能指出所建模型的局限性，探寻模型优化需要的证据。
素养水平	素养 4　科学探究与创新意识
水平 1	能根据教材中给出的问题设计简单的实验方案，完成实验操作，观察物质及其变化的现象，客观地进行记录，对实验现象作出解释，发现和提出需要进一步研究的问题。
水平 2	能对简单化学问题的解决提出可能的假设，依据假设设计实验方案，组装实验仪器，与同学合作完成实验操作，能运用多种方式收集实验证据，基于实验事实得出结论，提出自己的看法。
水平 3	具有较强的问题意识，能在与同学讨论基础上提出探究的问题和假设，依据假设提出实验方案，独立完成实验，收集实验证据，基于现象和数据进行分析并得出结论，交流自己的探究成果。
水平 4	能根据文献和实际需要提出综合性的探究课题，根据假设提出多种探究方案，评价和优化方案，能用数据、图表、符号等处理实验信息；能对实验中的“异常”现象和已有结论进行反思、提出质疑和新的实验设想，并进一步付诸实施。
素养水平	素养 5　科学态度与社会责任
水平 1	具有安全意识，逐步养成严谨求实的科学态度，不迷信，能自觉抵制伪科学；能列举事实说明化学对人类文明的伟大贡献，主动关心与环境保护、资源开发等有关的社会热点问题，形成与环境和谐共处，合理利用自然资源的观念。

续表

素养水平	素养 5　科学态度与社会责任
水平 2	崇尚科学真理，不迷信书本和权威；具有“绿色化学”观念，能运用所学知识分析和探讨某些化学过程对人类健康、社会可持续发展可能带来的双重影响，并对这些影响从多个方面进行评估。
水平 3	具有理论联系实际的观念，有将化学成果应用于生产、生活的意识，能依据实际条件并运用所学的化学知识和方法解决生产、生活中简单的化学问题；在实践中逐步形成节约成本、循环利用、保护环境等观念。
水平 4	尊重科学伦理道德，能依据“绿色化学”思想和科学伦理对某一个化学过程进行分析，权衡利弊，作出合理的决策；能针对某些化学工艺设计存在的各种问题，提出处理或解决问题的具体方案。

《普通高中化学课程标准(2017 年版 2020 年修订)》对学业质量做出了明确要求。学业质量是学生在完成本学科课程学习后的学业成就表现。学业质量标准是以本学科核心素养及其表现水平为主要维度，结合课程内容，对学生学业成就进行总体刻画。依据不同水平学业成就表现的关键特征，学业质量标准明确将学业质量划分为不同水平，并描述了不同水平学习结果的具体表现，见表 2-4。化学学业质量水平划分为 4 级。每一级水平的描述中均包含化学学科核心素养的 5 个方面，依据侧重的内容将其划分为四个条目(每个条目前面的数字代表水平，后面的数字代表条目序号)。每个条目(按数字表示)分别对应一定的化学学科核心素养。例如，序号 1 侧重对应“素养 1　宏观辨识与微观探析”和“素养 3　证据推理与模型认知”；序号 2 侧重对应“素养 2　变化观念与平衡思想”；序号 3 侧重对应“素养 4　科学探究与创新意识”；序号 4 侧重对应“素养 5　科学态度与社会责任”。

表 2-4　普通高中化学学业质量水平

水平	质量描述
1	1-1　能根据物质组成和性质对物质进行分类，形成物质是由元素组成和化学变化中元素不变的观点；能运用原子结构模型说明典型金属和非金属元素的性质；能对常见物质(包括简单的有机化合物)及其变化进行描述和符号表征；能认识离子反应和氧化还原反应的本质，能结合实例书写离子方程式和氧化还原反应化学方程式；能说明常见物质的性质与应用的关系。 1-2　认识化学变化是有条件的，能说明化学变化中的质量关系和能量转化，能从物质的组成、构成微粒、主要性质等方面解释或说明化学变化的本质特征；认识物质的量在化学定量研究中的重要作用，能结合实验或生产、生活中的实际数据，并应用物质的量计算物质的组成和物质转化过程中的质量关系。

续表

水平	质量描述
	1-3　能依据化学问题解决的需要，选择常见的实验仪器、装置和试剂，完成简单的物质性质、物质制备、物质检验等实验；能与同伴合作进行实验探究，如实观察、记录实验现象，能根据实验现象形成初步结论。 1-4　具有安全意识，能将化学知识与生产、生活实际结合，能主动关心并参与有关的社会性议题的讨论，赞赏化学对人类生活和生产所作的贡献；能运用所学的化学知识和方法分析讨论生产、生活中简单的化学问题（如酸雨防治、环境保护、食品安全等），认识化学科学对社会可持续发展的贡献。
2	2-1　能从不同视角对典型的物质及其主要变化进行分类；能从原子结构视角说明元素的性质递变规律；能从构成物质的微粒、化学键、官能团等方面说明常见物质的主要性质，能分析物质性质与用途的关系。 2-2　能分析化学变化中能量吸收或释放的原因；认识化学变化的多样性和复杂性，能分析化学反应速率的主要影响因素；能设计物质转化的方案，能运用化学符号表征物质的转化，能说明化学变化的本质特征和变化规律；能应用质量守恒定律分析物质转化对资源利用的影响。 2-3　能通过实验探究物质的性质和变化规律，能提出有意义的实验探究问题，根据已有经验和资料作出预测和假设，能设计简单实验方案，能运用适当的方法控制反应条件并顺利完成实验；能收集和表述实验证据，基于实验事实得出结论。 2-4　能分析化学科学在开发利用自然资源、合成新物质、保护环境、保障人类健康、促进科技发展和社会文明等方面的价值和贡献；了解在化工生产中遵循“绿色化学”思想的重要性，能从化学视角理解食品安全、环境保护等法律法规，关注化学产品和技术在生产、生活中应用可能产生的负面影响。
3	3-1　能从组成、结构等方面认识无机化合物和有机化合物的多样性，能从物质的组成、性质、官能团、构成微粒和微粒间作用力等多个视角对物质进行分类；能说明物质的组成、官能团和微粒间作用力的差异对物质性质的影响；能从多个角度对化学反应进行分类，认识化学反应的本质；能采用模型、符号等多种方式对物质的结构及其变化进行综合表征。 3-2　能根据反应速率理论和化学平衡原理，说明影响化学反应速率和化学平衡的因素；能运用宏观、微观、符号等方式描述、说明物质转化的本质和规律；能定量分析化学变化的热效应，分析化学能与电能相互转化的原理及其在生产和生活中的应用。能根据解决问题的需要设计无机化合物转化与制备、典型有机化合物的组成结构检测与合成的方案；能分析评估物质转化过程对环境的影响。 3-3　能根据解决问题的需要提出实验探究课题；能设计实验方案探究物质和能量的转化、影响反应速率和化学平衡的因素、有机化合物的主要性质等；能选择合适的实验试剂和仪器装置，控制实验条件，安全、顺利地完成实验；能收集并用数据、图表等多种方式描述实验证据，能基于现象和数据进行分析推理得出合理结论。

续表

水平	质量描述
	3-4　能结合生产和生活实际问题情境说明化学变化中能量转化、调控反应条件等的重要应用，认识有机化合物转化和合成在社会经济可持续发展、提高生活质量等方面的重要贡献；能运用化学原理和方法解释或解决生产、生活中与化学相关的一些实际问题；具有对化学技术推广应用和化学品使用进行风险评估的意识，能分析化学品生产和应用过程对社会和环境可能发生的影响，能提出降低其负面影响的建议。
4	4-1　能在物质及其变化的情境中，依据需要选择不同方法，从不同角度对物质及其变化进行分析和推断；能根据物质的类别、组成、微粒的结构、微粒间作用力等说明或预测物质的性质，评估所做说明或预测的合理性；能从宏观与微观、定性与定量等角度对物质变化中的能量转化进行分析和表征；能基于物质性质提出物质在生产、生活和科学技术等方面应用的建议和意见。 4-2　能从调控反应速率、提高反应转化率等方面综合分析反应的条件，提出有效控制反应条件的措施；能选择简明、合理的表征方式描述和说明化学变化的本质和规律，能根据化学反应原理预测物质转化的产物，确定检验所做预测的证据；能依据化学变化中能量转化的原理，提出利用化学变化实现能量储存和释放的有实用价值的建议；能基于“绿色化学”理念设计无机化合物制备和有机化合物合成的方案，并对方案进行评价和优化；能分析评估物质转化过程对环境和资源利用的影响。 4-3　能列举测定物质组成和结构的实验方法，能根据仪器分析的数据或图表推测简单物质的组成和结构；能在复杂的化学问题情境中提出有价值的实验探究课题，能设计有关物质转化、分离提纯、性质应用等的综合实验方案；能运用变量控制的方法探究并确定合适的反应条件，安全、顺利地完成实验；能用数据、图表、符号等描述实验证据并据此进行分析推理形成结论；能对实验方案、实验过程和实验结论进行评价，提出进一步探究的设想。 4-4　能说明化学科学发展在自然资源利用、材料合成、环境保护、保障人类健康、促进科学技术发展等方面的重要作用；能运用化学原理和方法对解决生产和生活中的热点问题提出创造性的建议，能对化学技术推广应用和化学品使用进行分析和风险评估；能依据“绿色化学”思想分析某些化学产品生产和应用存在的问题，提出处理或解决化学问题的方案。

学业质量水平是考试与评价的重要依据。学业质量水平 2 是高中毕业生在本学科应该达到的合格要求，是化学学业水平合格性考试的命题依据；学业质量水平 4 则是化学学业水平等级性考试的命题依据。

二、 基于化学学科核心素养的考试命题要求

普通高中学业水平等级考试包括学业水平合格性考试(以必修课程要求为准)和学生自主选择计入高校招生录取总成绩的学业水平等级性考试(以必修课程和选择性必修课程要求为准)。化学学业水平考试的主要目的是评价学生化学学科核心素养的发展状况和学业质量标准的达成程度，这是区别于传统考试的重要特征。命题者应牢牢把握学业水平考试的目的，开展基于化学学科核心素养和学业质量标准的命题研究，努力提高命题质量。

(一)命题框架

根据学业水平考试的目的，化学学业水平考试命题必须坚持以化学学科核心素养为导向，准确把握“素养”“情境”“问题”和“知识”4 个要素在命题中的定位与相互联系，构建以化学学科核心素养为导向的命题框架。

以化学学科核心素养为导向的命题框架如图 2-2 所示。

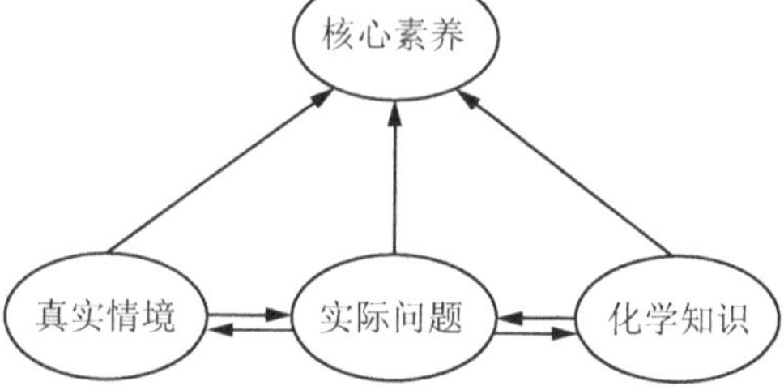

图 2-2 命题框架

上述框架表明，“情境”和“知识”同时服务于“问题”的提出与解决；“问题”“情境”“知识”三者之间存在密切的联系；情境的设计、知识的运用、问题的提出与解决均应有利于实现对学生核心素养的测试。

(二)命题原则

1. *以核心素养为测试宗旨*

命题应坚持以化学学科核心素养为测试宗旨，熟悉、理解化学学科核心素养的内涵和水平描述，并以化学学业质量标准为依据，从相应的学业质量水平中提炼、确定各试题的测试目标。

2. *以真实情境为测试载体*

试题情境的创设应紧密联系学生学习和生活实际，体现科学、技术、

社会和环境发展的成果，注重真实情境的针对性、启发性、过程性和科学性，形成与测试任务融为一体、具有不同陌生度、丰富而生动的测试载体。

3. 以实际问题为测试任务

试题的测试任务应融入真实、有意义的测试情境；试题内容与提出的问题应针对本课程标准中的内容要求，突出化学核心概念与观念，符合学生心理发展阶段和认识发展水平，与所要测试的核心素养和测试目标保持高度一致，形成具有不同复杂程度和结构合理的测试任务。

4. 以化学知识为解决问题的工具

化学知识是解决实际问题、完成测试任务不可或缺的工具；应结合命题宗旨和目标，根据测试任务、情境的需要，系统梳理解决问题所要运用的化学知识与方法，注重考查学生灵活运用结构化知识解决实际问题的能力。

（三）命题程序

以化学学科核心素养为导向的一般命题程序如图 2-3 所示。其中各环节的先后顺序不是固定的，命题时可根据具体情况灵活运用。

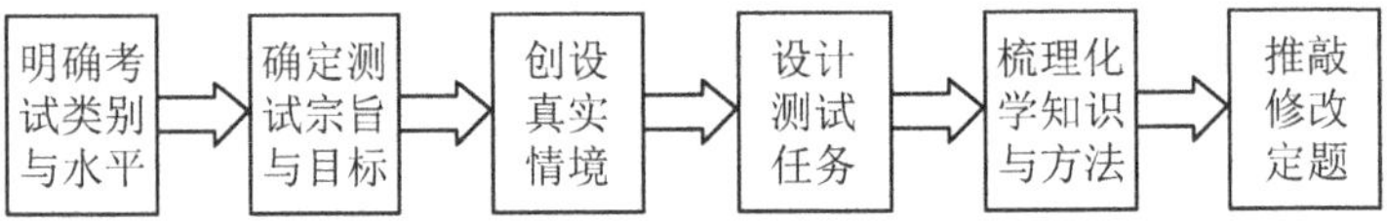

图 2-3　命题程序

由图 2-3 可知，在同一个测试目标下，可以创设不同的真实情境，提出不同复杂程度和结构合理的实际问题，形成不同难度的测试任务，因而解决问题所运用的化学知识与方法也会有所区别。

命题者应高度重视试题难度的控制研究。应依据学业水平合格性考试和等级性考试的特点，结合化学学科核心素养和学业质量标准各水平的要求，以及本地区化学课程实施的实际，科学、合理地确定试题的平均难度。

三、　基于化学学科核心素养的考试目标的基本应用

试题示例：我国科学家屠呦呦因成功提取青蒿素而获得 2015 年诺贝尔生理学或医学奖。青蒿素是治疗疟疾的有效药物，它的使用在全世界“拯救了几百万人的生命”。科学家研究确认的青蒿素分子结构如图 1 所示，请

同学们在仔细观察、分析的基础上，回答下列问题。

（1）青蒿素属于内酯化合物（在同一分子中既含有羧基，又含有羟基，二者脱水结合而成的产物），请用笔在图 1 中将青蒿素分子里的内酯基标示出来；根据酯的性质推断青蒿素可能具有的某种化学性质和反应条件，并给予解释。

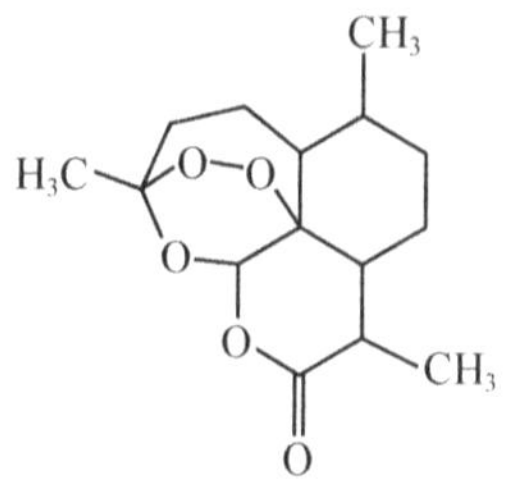

图 1

（2）研究团队先后经历了用水、乙醇、乙醚提取青蒿素的探究过程，最终确认只有采用低温、乙醚冷浸等方法才能成功提取青蒿素；研究发现这是因为青蒿素分子中的某个基团在提取过程中对热不稳定。实验证明，该基团还能与碘化钠作用生成碘单质。试对图 1 中的各种基团进行分析，推测写出该基团的结构式，并说明理由。

（3）科学家在青蒿素的研究中进一步发现，一定条件下硼氢化钠（$NaBH_4$）能将青蒿素选择性地还原生成双氢青蒿素，其分子结构如图 2 所示。因双氢青蒿素比青蒿素的水溶性好，所以治疗疟疾的效果更好。试从分子结构与性质关系的角度推测双氢青蒿素水溶性增强、疗效更好的主要原因。

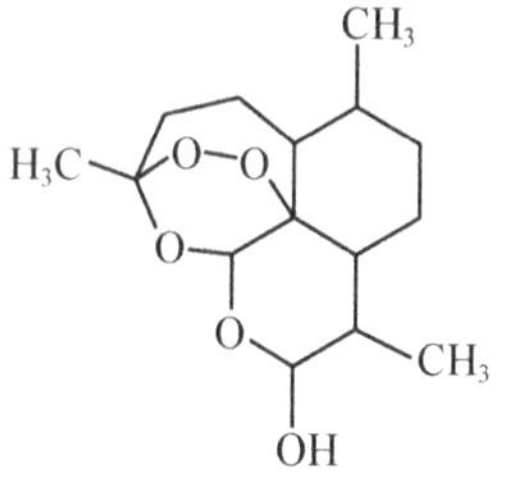

图 2

对本试题的分析如下：

（一）测试宗旨（核心素养）

本试题测试宗旨主要是“宏观辨识与微观探析”的化学学科核心素养，要求学生能从元素和原子、分子水平认识物质的组成、结构、性质和变化，形成“结构决定性质”的观念；能从宏观和微观相结合的视角分析与解决实际问题。该试题所提出的三个实际问题均从不同侧面反映了上述测试宗旨的要求。

具体的测试目标包括：要求学生从构成物质微粒、官能团等方面说明物质的主要性质（学业质量水平 2，试题第一问）；能根据物质的组成、微粒的结构等说明或预测物质的性质，评估所做说明或预测的合理性（学业质量水平 4，试题第二、三问）。

（二）测试载体（真实情境）

本试题以屠呦呦成功提取青蒿素获得 2015 年诺贝尔生理学或医学奖为背景，结合高中化学教学实际，围绕青蒿素、双氢青蒿素研制和分子结构确认过程中的关键环节，创设了真实、有意义的测试情境，并在此基础上设计出该试题的测试任务，不仅有利于促进学生思考、推理和判断，也有利于培养学生的科学态度与社会责任。

（三）测试任务（实际问题）

本试题依据测试宗旨与目标，基于真实、有意义的测试情境向学生提出了三个实际问题，涉及物质的组成、结构、性质和结构与性质的关系等方面，要求学生在观察和分析青蒿素、双氢青蒿素分子结构的基础上，灵活运用化学知识与方法进行解答。试题充分体现了测试任务与真实情境之间紧密的联系。

（四）解决问题的工具（化学知识）

本试题要求学生运用已有的知识及从试题中领悟到的相关知识来解决所提出的问题，这些知识包括：对青蒿素分子结构中内酯基的辨识及酯的主要性质与变化条件（试题第一问）；过氧基的热稳定性与氧化性（试题第二问）；分子中羰基转变成羟基，分子的极性增强，导致物质性质和应用价值的变化（试题第三问）等。

第三章　学业水平考试命题的设计

组织进行学业水平考试的关键环节是命制试题，简称命题。命题的主要人员是各级教研机构的教研员和一线教师，他们具有丰富的教学经验，但大多缺乏对教育测量理论和方法的研究和应用，现实中基于经验命题的情况居多。为了保证命题质量，本章选取教育测量中的主要过程和方法，介绍其在化学学业水平考试命题中的基本应用。

本书中的考试命题设计是指依据考试目的和功能，对于考试命题的基本程序、考试方案及命题蓝图等进行整体考虑和规划。考试命题的设计，强调命题前做好充分准备、整体规划，是命题的前提和基础。

第一节　学业水平考试命题的基本程序

考试命题是一项学术性和专业性很强的工作，除了要组建一支态度端正、教研经验丰富、具有一定教育教学理论基础、“老”“中”“青”相结合且相对稳定的命题队伍之外，还要制订并遵循科学、规范的命题程序，这是确保命题工作按照既定工作目标顺利进行的前提[①]。

经过多年的探索和实践，我国各地区都归纳出了一整套行之有效的命题程序，大致包括明确考试目的、类型和对象，组建命题团队，研制考试方案，编制命题蓝图，预命题及预测试，正式命题及确定命题蓝图，编辑校对等环节。

一、明确考试目的、类型和对象

根据考试目的，考试可分成以选拔性考试为主、以学业水平测试为

---

① 徐远征：《对普通高中学业水平考试命题技术的初步探讨》，载《课程·教材·教法》，2013(2)。

主、两者兼有的三种类型。因此，在命题前要先明确具体的考试目的。

例如，北京市高中化学学业水平合格性考试的主要目的是测试学业水平，是标准参照的考试，依据课程标准中的必修课程学业质量命题。2021年开始的北京市初中化学学业水平考试是“两考合一”的，既是学业水平测试，又有高中选拔功能，主要是标准参照的考试，但其命题和分数使用也要参照常模。这两种考试的对象是北京市全体普通高中和初中应届生。

大部分由区或学校组织进行的学业水平测试多属于以检测为主的考试，除了依据课程标准之外，命题还要结合本区或学校的教学实际，强调教、学、考的一致性。表 3-1 总结了两种考试的主要区别。

表 3-1　学业水平测试和选拔性考试的对比

	学业水平测试	选拔性考试
命题依据	学科课程标准及教学实际	高一级学校学业质量要求及区分度
主要功能	用于学业水平的评估和教学改进	用于区分不同水平和筛选
风险性	风险性较低	风险性较高
试题难度	整体难度大于 0.8 及格率大于 90%	整体难度 0.6～0.7 控制优秀率
考试对象	全体学生	愿意参加选拔的学生
举例	单元测试、毕业会考	中考、高考

二、 组建命题团队

根据考试目的和类型组建不同人员结构的命题团队。一般来讲，以学业水平测试为主的考试命题队伍主要由熟悉该年级课程、该学科教学的教研员和一线教师组成；以选拔性考试为主的考试命题队伍主要由学校高级教师、本年级教师组成。省级考试命题队伍中的教研员和教师应来自各类型地区和学校，兼顾城镇与郊区、农村，优质校与一般校的差异性；同时还要兼顾本地区使用的教材版本。

例如，北京市高中化学会考命题团队的主要成员是来自城区、郊区的高一、高二化学教研员和骨干教师，命题组长是北京市化学教研员。北京市中考化学命题团队的主要成员包括来自城区、郊区的高中教研员和高中化学教师，城区、郊区的初中教研员和初中化学教师，命题组长是某城区高中教研员。

以上两种考试的目的和类型差异，决定了命题团队人员结构的不同。

命题团队被组建后，要陆续开展命题相关工作，包括依据考试风险程度签订保密协议，规划命题工作计划，接受相关培训，组织团队交流和研讨等。命题组长是主要负责人。

三、 研制考试方案

考试方案一般包括三个部分：考试内容和要求、考试方式、考试结构。考试内容和要求明确考查的内容和能力表现水平，多依据课程标准、学业标准或考试说明。考试方式主要包括纸笔测试和活动表现性评价两种，纸笔测试包括开卷和闭卷两种方式，活动表现性评价包括实验操作技能测试、科学探究活动表现性评价等。考试结构是指每种考试方式的分数、时间等的分配。

四、 编制命题蓝图

命题蓝图也常被称为“双向细目表”，通常是指以测试框架中的内容维度为一轴、以能力维度为另一轴而画出的二维分类表，还包括单维和多维的情况。命题蓝图是考试设计思路的完整、具体的呈现。在日常校内教学测评中，命题蓝图的一轴是课程内容，另一轴是教学目标。目标层次的设定大部分基于教育目标分类学的理论和课程标准中的学业质量标准。

命题蓝图不仅是命题的重要基础和关键环节，而且是考试后教学诊断的重要参考框架。

五、 预命题及预测试

在一些大型考试或新改革实施的考试中，为保证考试质量，通常要进行预命题和预测试。依据新的命题方案和蓝图进行预命题，抽选预测试样本进行考试，通过分析考试结果诊断新的命题方案和蓝图的效度，为正式命题提供实证依据和参考。

例如，每三年举行一次的 PISA，每次针对重点考查的领域都要进行预命题和预测试，评估新制订的测试框架和新命制的试题质量，改进测试框架，新命制的试题可能被留存在题库中使用，也可能被进一步修改甚至弃用。

又如，2018 年北京市中考改革，采用“五选三”方案，化学中考试卷变化成 45 分。为了解试卷结构的使用情况，2018 年 1 月进行预命题，编制调研卷并在全市进行预测试。类似，2020 年北京市高考改革，采用“3＋3”方案，化学学业水平等级性考试首次进行，为了解测试框架和试卷结构的信度和效度，编制了参考卷并在全市进行预测试。

再如，2010 年北京市义务教育教学质量监控项目中将初中化学作为测试学科，预命题了 A 卷和 B 卷，旨在通过预测试评估命题蓝图和试题质量。正式命题时依据预测试的结果，将 A 卷和 B 卷试题进行了重组。

由区域和学校组织的学期考试或单元考试，因其风险性较低，大多不进行预命题和预测试。

六、 正式命题及确定命题蓝图

命题是依据考试方案和命题蓝图进行的更细致、具体的工作。从严格意义上讲，大部分试题都不是完全原创的。从命题操作上，试题可分为藏题、选题、试题改编、原创试题等。[①]

（一）藏题

藏题是指收藏、整理试题，是为选题和改编试题提供资源，也是建立题库的基础。教研员和教师可以组成团队对各类试题进行整理，如收藏历年北京市中、高考试题，外省市中、高考试题等。藏题的关键是将每道试题进行编码，便于整理和检索。每道试题都用自定的编码，都可以从以下几个方面进行分析，一般包括试题来源、题型、难度（一般用得分率表示），考查的知识主题，考查的内容标准或学业质量标准，考查的能力水平、表达形式等。

例如，广州市教育研究院化学科人员对历年高考试题进行分类收藏。先组织教师编制、整理、校对了 2007—2017 年全国各省（市）高考化学试题电子文本（Word 文件），并对试题的某些要素进行了标注（见表 3-2）。然后利用 Excel 软件的筛选功能检索所需要的高考试题。只要将 Excel 文件和 Word 文件置于同一文件夹中，Excel 文件中的链接就可直达 Word 文件中的试题。

---

① 刘凯钊：《基于素养培养的高中化学命题研究》，104～138 页，长春，东北师范大学出版社，2019。

表 3-2 高考试题标志及说明

一级要素	二级要素	备注
题型	选择题	用于检索主要的题型，以及必考题和选考题
	无机综合题	
	反应原理题	
	实验探究题	
	有机化学题	
	物质结构题	
	化学技术题	
难度	较易	
	中等	
	较难	
物质考点	碱金属	用于检索涉及某种元素及其化合物的试题
	碱土金属	
	铁系	
	铜族	
	硼族	
	碳族	
	氮族	
	氧族	
	卤族	
	烃	
	衍生物	
	高分子	
原理考点	离子反应	用于检索涉及某些核心化学原理的试题
	氧化还原反应	
	物质结构	
	元素周期律	
	化学反应速率	
	化学平衡	
	反应热	
	电化学	
	化学计算	用于检索考查化学计算的试题

续表

一级要素	二级要素	备注
实验考点	仪器与操作	用于检索考查实验常识、基本操作的试题
	溶液配制	
	现象、结果分析	用于检索考查实验题的两种基本属性(其一是实验过程已呈现，学生以分析解释为主；其二是学生提出实验方案)的试题
	实验设计	
	物质组成探究	用于检索考查实验题的四项基本内容的试题
	物质性质探究	
	物质制备探究	
	原理规律探究	
表达形式	数据表	用于检索有显著特征的信息呈现形式的试题
	坐标图	
	流程图	
	装置图	
	物质结构模型	
	实验记录表	
	解释类文字表述	用于检索包含对学生答题要求较高的两个设问形式的试题
	方案类文字表述	

(二)选题

从收藏的试题中选出适宜的试题，使其成为改编的对象。选题时要注意以下基本原则。第一，忌选超出考试范围的试题，尤其要注意依据新修订的课程标准和教科书中关于考试内容的调整来选题。第二，忌选“争议题”，试题如果在科学性、考查范围等方面有争议，尽量不要选择。第三，忌选繁、难、偏、旧的试题，试题要符合课程改革的新方向和要求，对年代较久远的试题要精选。第四，忌选“来路不明”的试题，市场上有很多练习册、习题集，要选择权威出版社的出版物，要选择有科学性、有保证的试题。

(三)试题改编

试题改编是命题中的主要环节，对大部分选择出的试题都要进行改编。试题改编可分为改题型、改设问、改难度、改考查能力水平等。

试题示例：**相同的实验情境素材，将综合的科学探究题改成简单的生**

活现象解释题，将数据表格改成曲线图的形式。

【科学探究题(6分)】

鱼浮灵[主要成分是过碳酸钠($2Na_2CO_3 \cdot 3H_2O_2$)]是水产养殖中常见的增氧剂，溶于水后生成 Na_2CO_3 和 H_2O_2，能迅速增加水体溶氧量，某课外小组用图1所示装置探究促进 H_2O_2 分解的因素。

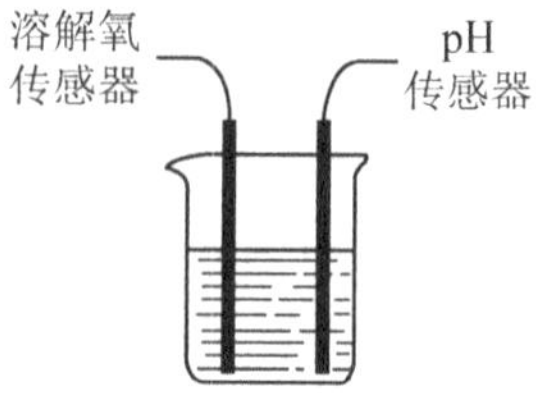

图1

【查阅资料】(1) H_2O_2 在常温下分解得很慢。

(2) NaCl 溶于水解离出 Na^+ 和 Cl^-。

(3) Na_2CO_3 溶于水解离出 Na^+ 和 CO_3^{2-}，CO_3^{2-} 与水作用使溶液呈碱性。

【猜想与假设】(1) Na^+ 促进 H_2O_2 分解。

(2)溶液的碱性促进 H_2O_2 分解。

【进行实验】

探究一：分别进行下列3个实验(见表1，向80 mL蒸馏水中加入6.7 g鱼浮灵，所得溶液中 H_2O_2 的浓度约为4%)。

表1

实验	实验内容	实验结果	
		pH	溶解氧/(mg/L)
1	①80 mL蒸馏水	6.96	5.68
	②加入6.7 g鱼浮灵	9.89	7.97
2	①80 mL 4%的 H_2O_2 溶液	6.01	6.44
	②加入少量NaCl	6.00	6.46
	③加入少量 Na_2CO_3	8.14	9.11
3	向80 mL 4%的 H_2O_2 溶液中加入少量NaOH溶液	9.26	10.97

【解释与结论】

(1)根据实验1的实验结果，加入鱼浮灵后，液体的变化是_________。

(2)通过实验_________，证明猜想1不成立。

(3)证明猜想2成立的依据是_________。

探究二：向5个烧杯中分别加入80 mL 4%的 H_2O_2 溶液，再分别滴加NaOH溶液，测得不同pH下的溶解氧情况，如表2所示。

表 2

烧杯	1	2	3	4	5
pH	8.00	8.59	9.29	10.43	11.47
溶解氧/(mg/L)	6.88	9.30	13.82	17.57	13.15

(4)通过探究二得出的结论是________________。

【反思与评价】

(5)下列物质能加快 H_2O_2 分解的是________。

A. MnO_2　　B. NaCl　　C. NaOH　　D. Na_2CO_3

(6)在探究一中，实验 2-① 与实验 1-① 对比，溶解氧增大的原因是________________。

【生活现象解释题(2 分)】

H_2O_2 可作增氧剂。在常温下，用 4% 的 H_2O_2 溶液进行实验，研究 pH 对 H_2O_2 分解所得溶液中溶氧量的影响，测定结果见图 2。

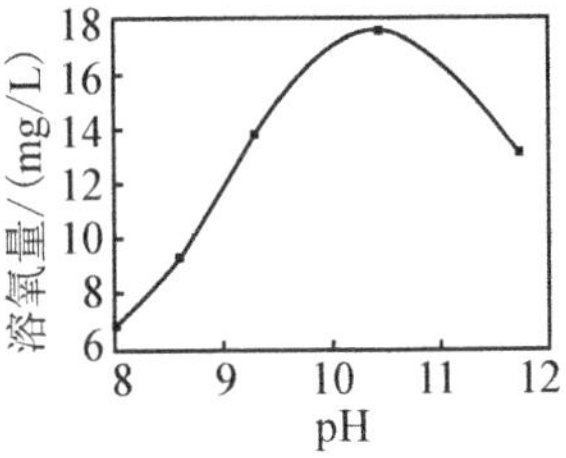

图 2

(1) H_2O_2 分解的化学方程式为____________。

(2)通过分析图 2 得出的结论是____________。

(四)原创试题

高考、中考等选拔性考试由于其高风险性，大多数试题是命题组的原创试题；而区或学校命制的学业水平考试试题多为改编试题。

原创试题主要从素材的选取、题干的设置、呈现的方式等方面进行设计，要求综合考虑课程标准、课程内容、学业质量、教学实际和学生的认知特点等。

根据前面初步编制的命题蓝图进行命题，并组合完成试卷。在组卷过程中，根据具体试题情况进一步调整命题蓝图的各项内容。最终，形成试卷、试题和命题蓝图的统一。

七、 编辑校对

组卷完成后，即进入命题的最后环节——编辑校对。在高考、中考及省级的学业水平考试中，对编辑校对提出的要求很严格。为保证试卷质量，命题组形成了规范的编辑校对程序和严格的审题制度。

例如，市教研部门多年来承担北京市高中会考命题工作，逐渐形成了试题校对的工作规范，印发给各学科命题组并要求必须遵照执行。试卷校对工作规程的主要内容如下。

试卷校对工作规程

试卷校对是命题工作的关键环节之一。为保证高质量地完成这项任务，特规定以下工作规程，请命题人员参照执行。

一、认真审查原稿，力求准确无误，符合排印要求，并作为校对的基本依据。校对后，原稿交印刷厂封存备查。

二、按照以下步骤校对试卷格式和说明性文字。

1. 校对标题，注意年份和考试名称是否正确。

2. 校对卷首的注意事项和答题要求，注意页数和题目数量是否符合本卷实际。

3. 校对密封线的位置及密封线内的内容，注意在机读卷和非机读卷首页的密封线内应能填写区县名、学校名、姓名和准考证号。

4. 校对题号，先校大题号，再校小题号，注意是否有脱号、重号或顺序颠倒的问题。

5. 校对页码，注意是否标有学科名称、顺序是否正确。

6. 校对试卷得分栏，注意各题得分栏的位置是否正确，全卷得分栏的内容是否齐全。

三、按照以下步骤核对分值。

1. 核对各小题的分值设置及各小题分值相加是否等于本大题满分值。

2. 核对各大题分值相加是否等于本卷满分值。

3. 核对各卷分值相加是否等于本学科全套试题满分值。

四、按照以下步骤校对正文。

1. 各命题组成员分头自校两遍，注意文字与插图对校，题目与答案对校。

2. 命题组集体唱校三遍，由一人唱原稿，一人对阅排印稿，其他人员分头监督，先顺唱两遍，再逆唱一遍。

3. 分头作答一遍，并将所作答案与评分标准相对照。

4. 如有更换的题目或发现原稿中存在需要改动的内容，应同时更改原稿和排印稿。

5. 校对题图内容与标号，注意题图内容是否清晰，序号是否正确、与题目叙述是否一致。

五、学科命题组校对后再交领导组审查，确认无误后，由学科命题组负责人在终校稿各页上签字付印。

六、为保守试题机密，应遵守以下纪律。

1. 校对应在有专门地点的专门工作室进行，各组不与外人接触，各组之间不得串访。

2. 原稿和各次校对稿应用专袋加封，不得拿出工作室外，个人不得复制和保存校对稿。

3. 签字付印后，应仔细检查工作室，销毁原稿和排印稿以外的与试题有关的文字材料。

第二节 制订学业水平考试方案

考试方案，是对考试内容、方式及其表现标准的说明，类似于常见的各类考试说明。考试方案大多包括测试框架、测试内容标准、测试表现标准、试卷方案及题型示例。其中，测试框架、测试内容标准和测试表现标准是其最为重要的构成部分。

一、测试框架

测试框架，是测试开发的理论基础，体现了学科专家对于学生学习结果的认识：从哪些角度对学习结果进行评价更为科学、客观，也是对本学科学生学习结果的抽象化、模型化的认知。国内外的测试框架大多包括两个维度。

一个维度为测试内容(常被称为内容维度)，通常与所考查领域的知识内容密切相关，涵盖领域的基本概念、大概念、核心概念、主题内容、领域核心能力，大多较为固定。内容维度的设定体现了对考生知识范围的界定——掌握广度。内容维度不是考查的目标，而是考查目标—能力层级的现实载体。

例如，在某年北京市初中化学教育教学质量监测的测试框架中，内容维度依据课程标准分为物质的构成与化学变化、身边的化学物质、化学基本实验和化学与社会发展 4 个主题。主要内容包括：

①形成一些基本的化学概念，初步认识物质的微观构成，了解化学变

化的基本特征，初步认识物质的性质与用途之间的关系。

②认识身边一些常见物质的组成、性质及其在社会生活和生产中的应用，能用最简单的化学语言予以描述。

③初步形成基本的化学实验技能，能设计和完成一些简单的化学实验。

④了解化学与社会和技术的相互联系，并能以此分析有关的简单问题。

例如，某年北京市高中学业水平合格性考试内容维度，按照普通高中化学课程标准规定的必修课程内容，分为化学科学与实验探究、常见的无机物及其应用、物质结构基础与化学反应规律、简单的有机化合物及其应用、化学与社会发展 5 个主题。主要内容包括：

①具有一定的化学基础知识和基本技能。

②能初步理解化学基本概念和原理，初步认识一些化学现象的本质。

③能对化学知识进行简单的分析、比较。

④具有初步接受化学信息的能力，能初步解决一些简单的化学问题。

⑤初步了解化学在工农业生产、日常生活以及现代科学技术中的应用。

另一个维度为认知过程(常被称为能力维度)，此维度与评价领域的知识内容无关，却体现了前述的认知水平或操作的层级，通常建立在相关心理学理论基础之上。认知过程维度的设定体现了对考生认知能力层次的界定——掌握深度，这种划定往往需要教育心理学、认知心理学研究的支撑。当前，国内外测评领域应用最多的是来自美国教育心理学家布卢姆的认知分类学理论，或者在其基础上所形成的体现认知能力层级的各种组合变式。

例如，在某年北京市初中化学教育教学质量监测的测试框架中，按照义务教育化学学习的认知过程和特点，参考 NEAP 测试框架，将能力领域分为概念理解、科学探究和实际应用 3 个类型，每个类型分为两个能力水平(见表 3-3)。

表 3-3　化学能力领域的主要内容和相关行为动词

能力领域	主要内容	相关行为动词
概念理解	能够记住所学的化学知识	知道、记住、说出等
	能够领会所学化学概念的含义及其适用条件	了解、列举、找到、区分、识别、辨认、表示、简单计算、理解等
科学探究	初步学会基本的化学实验技能	初步学会
	能完成简单的科学探究活动(包括提出问题、猜想假设、获取信息、设计方案、实验操作、观察记录、归纳结论、评价改进等)	选择、设计、实施、评价、分析、论证、获取、加工等

续表

能力领域	主要内容	相关行为动词
实际应用	能用化学知识解释生活中的一些现象	了解……作用、看懂、判断、解释、说明
	能解决一些简单的、与化学有关的实际问题	综合、应用、解决

高中化学学业水平考试除了考查考生对知识的掌握情况之外，还注重对考生能力的考查。考生的能力可以划分为知识再现的能力、获取和整合信息的能力、分析和解决问题的能力以及化学实验的能力。

当前，由内容与能力两个维度构成的测量框架比较常见。也有的考试会根据最后测试目的及数据解释的实际所需，采用一维、三维甚至多维的框架，如 PISA 2015 科学领域测试框架和情境维度。

二、 测试内容标准

内容标准，有时又称内容细目，是学生在测试框架中应达到的具体目标，体现为各个维度领域内容构成方面的详细要求。各维度的特征常常同时用于形成对多维测验内容标准的描述，可以划分为三类：以内容为基础的测验细目、以过程为基础的测验细目、将内容与过程进行整合的测验细目。对于以内容与认知过程两个维度组成的框架中内容标准的表述，往往以对测验内容领域的呈现为线索，在起始动词的使用方面体现并渗透认知过程维度的要求。

通常来说，内容标准是依据教育教学的实际情况，从学习结果的角度对学科课程标准的细致化、操作化，体现出对特定年级或学段学生学习结果的特征描述，较为详细地说明了在测试框架下学生应该知道什么，应该做什么。与课程标准的内容标准相比，测试内容标准以具有编号的条目形式呈现，更具年级或学段特点，针对性更强，要求也更加清晰、明确，易测量。

对测验成绩解释的适当性依赖内容标准在定义和阐述上的严密性。内容标准应详尽、准确地表明哪些方面的知识、技能、过程、态度、价值、情绪或行为包括在测验内，哪些又不包括在测验内。清楚的描述有助于后期评审专家和其他有关人员对已经定义的内容标准和测验题目之间的一致性进行专业化判断。

例如，某年北京市初中化学教育教学质量监测的考试方案中的内容标准如下。

(一)物质的构成与化学变化

物质的构成的主要内容包括用微粒的观点去学习化学，通过观察、想象、类比和模型化等方式初步理解化学现象的本质，学会运用物质的构成的初步知识解释一些简单的化学现象。

物质的化学变化的主要内容包括化学变化的特征、化学反应的类型、化学反应中的能量变化以及质量守恒定律和化学反应的表示方法等。具体见表 3-4。

表 3-4　物质的构成与化学变化的内容标准

	学习主题	内容标准
1. 物质的构成与化学变化	1.1 化学物质的多样性	1.1.1　从宏观和微观了解物质的三态及其转化 1.1.2　能从组成上识别氧化物，区分纯净物和混合物、单质和化合物、有机物和无机物 1.1.3　了解物质的多样性
	1.2 微粒构成物质	1.2.1　知道分子、原子、离子等都是构成物质的微粒 1.2.2　能用微粒的观点解释某些常见的现象 1.2.3　知道原子是由原子核和核外电子构成的 1.2.4　知道原子可以结合成分子，同一元素的原子和离子可以互相转化 1.2.5　知道核外电子在化学反应中的作用
	1.3 认识化学元素	1.3.1　知道氢、碳、氧、氮等常见元素与人类的关系密切 1.3.2　记住一些常见元素的名称和符号 1.3.3　知道元素的简单分类(金属、非金属、稀有气体元素) 1.3.4　能根据原子序数在元素周期表中找到指定的元素 1.3.5　理解化学变化过程中元素不变
	1.4 物质组成的表示	1.4.1　说出常见元素和根的化合价 1.4.2　能用化学式表示某些常见物质的组成 1.4.3　利用相对原子质量、相对分子质量进行物质组成的简单计算 1.4.4　能看懂某些商品标签上标示的物质成分及其含量
	1.5 化学变化的基本特征	1.5.1　了解化学变化的基本特征，理解反应现象和本质的联系 1.5.2　知道物质发生化学变化时伴随有能量变化 1.5.3　了解催化剂的重要作用
	1.6 认识几种化学反应	1.6.1　能辨认常见的化合反应、分解反应、置换反应和复分解反应 1.6.2　能用金属活动性顺序表对有关的置换反应进行简单的判断，并能解释日常生活中的一些现象 1.6.3　了解利用化学反应可以改善和提高人类的生活质量
	1.7 质量守恒定律	1.7.1　了解质量守恒定律，能说明常见化学反应中的质量关系 1.7.2　能正确书写简单的化学反应方程式 1.7.3　能依据化学反应方程式进行简单的计算 1.7.4　能用质量守恒定律解释日常生活中的一些现象

(二)身边的化学物质

本部分的主要内容包括对身边常见化学物质的观察、认识和探究，了解物质对人类生活的影响，初步形成科学的物质观和合理利用物质的意识。具体见表 3-5。

表 3-5 身边的化学物质的内容标准

	学习主题	内容标准
2. 身边的化学物质	2.1 地球周围的空气	2.1.1 说出空气的主要成分 2.1.2 了解空气对人类生活的重要作用 2.1.3 知道氧气的主要性质和用途，了解氧气能跟许多物质发生氧化反应 2.1.4 知道二氧化碳的主要性质和用途 2.1.5 了解自然界中的氧循环和碳循环 2.1.6 能用氧气和二氧化碳的性质解释日常生活中的一些现象
	2.2 水与常见的溶液	2.2.1 了解水的组成 2.2.2 了解吸附、沉淀、过滤和蒸馏等净化水的常用方法 2.2.3 了解溶解现象，知道水是最重要的溶剂，酒精、汽油等也是常见的溶剂 2.2.4 了解饱和溶液和溶解度的含义 2.2.5 能进行有关溶质质量分数的简单计算 2.2.6 了解结晶现象 2.2.7 能说出一些常见的乳化现象 2.2.8 能解释日常生活中与溶液有关的一些问题
	2.3 金属与金属矿物	2.3.1 了解金属的物理特征，能区分常见的金属和非金属；了解金属材料在生产、生活和社会发展中的重要作用 2.3.2 知道常见的金属与氧气的反应 2.3.3 了解防止金属锈蚀的简单方法 2.3.4 知道一些常见金属(铁、铝等)矿物；了解从铁矿石中将铁还原出来的方法 2.3.5 知道生铁和钢等重要的合金 2.3.6 知道废弃金属对环境的污染，了解回收金属的重要性
	2.4 生活中常见的化合物	2.4.1 知道常见酸碱的主要性质和用途，了解酸碱的腐蚀性 2.4.2 知道酸碱性对生命活动和农作物生长的影响 2.4.3 知道食盐、纯碱、小苏打、碳酸钙等盐的性质和用途 2.4.4 能用常见酸碱盐的性质解释日常生活中的一些现象 2.4.5 知道一些常用化肥的名称和作用

(三)化学基本实验

本部分主要内容包括学会基本的实验技能，并在增进对科学探究理解的基础上，通过开展化学实验探究活动，逐渐发展科学探究能力。具体见表 3-6。

表 3-6　化学基本实验的内容标准

	学习主题	内容标准
3. 化学基本实验	3.1 学习基本的实验技能	3.1.1　能进行药品的取用、简单仪器的使用和连接、加热等基本的实验操作 3.1.2　根据实验目的选择实验药品和仪器，并能安全操作 3.1.3　初步学会配制一定溶质质量分数的溶液 3.1.4　初步学会根据某些性质检验和区分一些常见的物质 3.1.5　初步学习使用过滤、蒸发的方法对混合物进行分离 3.1.6　初步学习运用简单的装置和方法制取氧气和二氧化碳
	3.2 进行化学实验探究活动	3.2.1　能从日常现象或化学学习中，发现并提出有探究价值的问题 3.2.2　能对问题可能的答案做出猜想或假设，并做出论证 3.2.3　能依据问题选择和加工信息 3.2.4　根据所要探究的具体问题能设计简单的化学实验方案 3.2.5　能对化学实验方案做出评价 3.2.6　能依据设计的化学实验方案进行操作，并对观察和测量的结果进行记录 3.2.7　能对所获得的事实与证据进行归纳，得出正确结论 3.2.8　能对探究结果进行评价，并提出改进建议

(四)化学与社会发展

本部分的主要内容包括与化学密切联系的能源、材料、健康、环境等，知道自然资源并不是“取之不尽，用之不竭”的；认识人类要合理地开发和利用资源，树立保护环境、与自然和谐相处的意识。具体见表 3-7。

例如，某年北京市高中学业水平合格性考试的内容标准见表 3-8。

表 3-7　化学与社会发展的内容标准

	学习主题	内容标准
4. 化学与社会发展	4.1 化学与资源、能源的利用	4.1.1　了解使用氢气、天然气(或沼气)、液化石油气、酒精、汽油和煤等燃料对环境的影响，能选择对环境污染较小的燃料 4.1.2　了解燃烧、缓慢氧化和爆炸的条件及防火灭火、防范爆炸的措施 4.1.3　了解水对生命活动的重大意义，知道水是宝贵的自然资源 4.1.4　知道化石燃料(煤、石油、天然气)是人类社会重要的自然资源，了解海洋中蕴藏着丰富的资源 4.1.5　知道石油是由沸点不同的有机物组成的混合物，了解液化石油气、汽油、煤油等都是石油加工的产物 4.1.6　了解我国能源与资源短缺的国情，了解资源综合利用和新能源开发的重要意义
	4.2 常见的化学合成材料	4.2.1　知道常见的合成纤维、塑料、合成橡胶及其应用 4.2.2　了解使用合成材料对人和环境的影响 4.2.3　知道新材料的开发与社会发展的密切关系

续表

	学习主题	内容标准
4. 化学与社会发展	4.3 化学物质与健康	4.3.1　了解某些元素(钙、铁、锌等)对人体健康的重要作用 4.3.2　了解对生命活动具有重要意义的六大类营养素 4.3.3　知道某些物质(一氧化碳、甲醛等)有损人体健康，了解掌握化学知识能帮助人们抵御有害物质的侵害 4.3.4　知道化学科学的发展在帮助人类战胜疾病与营养保健方面的重大贡献
	4.4 保护好我们的环境	4.4.1　知道“三废”(废水、废气和废渣)处理的必要性 4.4.2　了解典型的大气、水、土壤污染物的来源及危害 4.4.3　知道要正确、合理地使用化学物质

表 3-8　某年北京市高中学业水平合格性考试的内容标准

学习主题	内容标准
化学科学与实验探究	认识物质的组成、结构与性质的关系
	认识物质的量是描述微观粒子集体的一个物理量，认识摩尔是物质的量的基本单位
	了解阿伏伽德罗常量的含义
	了解摩尔质量、气体摩尔体积、物质的量浓度的含义
	了解配制一定物质的量浓度溶液的方法
	认识物质的质量、摩尔质量、物质的微粒数、物质的量、气体摩尔体积、物质的量浓度等物理量之间的关系，掌握其简单的计算
	了解常见物质的检验方法
	了解物质的分离和提纯的常用方法(过滤、蒸发、蒸馏、萃取、分液)
	能识别化学品安全使用标识，知道基本的安全措施和意外事故的紧急处理方法
	能根据实验目的记录实验现象和数据，完成实验报告
	能根据不同类型实验的特点，设计并实施实验
	能预测物质的某些性质，进行实验验证，并能分析、解释有关实验现象
	能运用变量控制的方法初步探究反应规律
	能初步解释化学实验和化工生产中反应条件的选择问题

续表

学习主题	内容标准
常见无机物及其应用	了解常见物质及其变化的分类方法
	知道胶体是一种分散系，能列举生活中常见的胶体
	知道胶体的丁达尔效应
	知道丁达尔效应是区分胶体与溶液的一种方法
	知道酸、碱、盐是电解质
	能正确书写强酸、强碱和可溶性盐的电离方程式
	认识离子反应及其发生的条件
	能正确书写常见化学反应的离子方程式
	了解 Fe^{3+}、NH_4^+、CO_3^{2-}、Cl^-、SO_4^{2-} 等离子的检验方法
	了解氧化还原反应的含义，能辨认常见的氧化剂和还原剂
	知道钠及其重要化合物的物理性质
	了解钠的主要化学性质(与氯气、水反应)
	了解过氧化钠的主要化学性质(与水、二氧化碳反应)
	了解碳酸钠和碳酸氢钠的主要化学性质(与强酸反应，加热碳酸氢钠发生分解反应)
	知道焰色试验
	知道铁的重要化合物的物理性质
	了解铁的主要化学性质(与非金属、水、酸、盐反应)
	了解铁的化合物和亚铁化合物的主要化学性质(与酸反应、氢氧化亚铁易被氧化、氢氧化铁加热分解)及其相互转化
	了解氢氧化亚铁的制备方法
	知道常见的合金材料及其应用
	了解氯气的实验室制法
	知道氯气的物理性质
	了解氯气的主要化学性质(与金属、氢气、水、碱反应)
	了解次氯酸的主要化学性质(氧化性、不稳定性)
	了解氮气的主要化学性质(与氢气、氧气反应)
	知道一氧化氮和二氧化氮的物理性质
	了解一氧化氮的主要化学性质(与氧气反应)
	了解二氧化氮的主要化学性质(与水反应)
	知道氨气的物理性质
	了解氨气的实验室制法

续表

学习主题	内容标准
常见无机物及其应用	了解氨气的主要化学性质(与水、氯化氢、氯气反应)
	了解铵盐的主要化学性质(受热分解、与强碱反应)
	了解硝酸的主要化学性质(酸性、氧化性)
	认识氮及其化合物之间的转化关系
	知道硫的物理性质
	了解硫的主要化学性质(与氧气反应)
	知道二氧化硫的物理性质
	了解二氧化硫是一种酸性氧化物及其主要化学性质(与水、氧气反应，漂白性)
	知道浓硫酸的物理性质
	了解浓硫酸的主要化学性质(脱水性、氧化性)
	认识硫及其化合物之间的转化关系
	认识硫和氮的氧化物对生态环境的影响
	了解常见无机物在生产、生活中的重要应用
	知道元素、核素、同位素、质量数的含义
	知道核电荷数、核外电子数、质子数、中子数、质量数之间的关系
	能画出 1～20 号元素的原子结构示意图
	能结合有关数据(原子核外电子排布、原子半径、元素的主要化合价等)认识元素周期律
	了解元素周期表的结构
	认识元素在元素周期表中的位置与其原子的电子层结构的关系
	了解金属、非金属在元素周期表中的位置及其性质的递变规律
	以第 3 周期为例，认识同一周期元素性质的递变规律与原子结构的关系
	以ⅠA 族和ⅦA 族为例，认识同一主族元素性质的递变规律与原子结构的关系
	知道元素周期表和元素周期律的重要应用
	能利用元素在元素周期表中的位置和原子结构，分析、预测、比较元素及其化合物的性质
	了解化学键、离子键和共价键的含义
	能识别典型的极性共价键和非极性共价键
	了解离子化合物、共价化合物的概念，能识别典型的离子化合物和共价化合物，能判断简单离子化合物和共价化合物中的化学键类型
	能用电子式表示常见物质的结构
	能基于化学键解释某些化学反应的热效应
	知道吸热反应和放热反应

续表

学习主题	内容标准
常见无机物及其应用	以原电池为例，认识化学能与电能的转化关系及其应用
	能辨识简单原电池的构成要素
	能分析简单原电池的工作原理
	认识化学反应速率及其影响因素
	能运用变量控制的方法探究影响化学反应速率的因素
	认识化学反应的限度，了解化学平衡的含义，认识化学平衡的特征，判断化学反应是否达到平衡
	认识化石燃料综合利用、新能源开发、化学电源应用的意义
简单的有机化合物及其应用	能辨识常见有机化合物分子中的碳骨架和官能团 以甲烷、乙烯、乙炔、苯为例，认识有机化合物中碳原子的成键特点
	知道有机化合物的同分异构现象，能写出丁烷和戊烷的同分异构体
	知道乙烯、乙醇、乙酸的物理性质
	以甲烷的取代反应为例，了解取代反应
	知道乙烯的分子结构及其主要用途
	了解乙烯的主要化学性质(可燃性、与酸性高锰酸钾溶液反应、加成反应、加聚反应)
	知道乙醇的分子结构及其主要用途
	了解乙醇的主要化学性质(与钠反应、氧化反应)
	知道乙酸的分子结构及其主要用途
	了解乙酸的主要化学性质(酸性、酯化反应)
	知道糖类、油脂、蛋白质的元素组成和主要性质
	知道合成高分子结构的主要特点、主要性质
	了解常见有机化合物在生产、生活中的重要应用
化学与社会发展	以海水、金属矿物等自然资源的综合利用为例，知道化学方法在实现物质间转化中的作用
	了解生活中常见材料的组成和分类
	知道重要资源的主要类型、成分和用途
	知道常见的大气、水体和土壤的污染物及其危害
	知道常见污染的成因和防治措施的化学原理
	能举例说明化学电源对提高生活质量的重要意义
	能从物质及能量变化的角度评价燃料的使用价值

三、 测试表现标准

测试表现标准，又称表现水平描述，体现了对不同成就水平学生在内容标准方面的掌握程度的要求。内容标准虽然回答了期望学生所要学的知识与技能，但还必须对学生要掌握的程度或成就水平进行界定。表现水平描述则针对此问题，就不同水平的学生对内容标准的掌握程度和质量进行详细说明。随着学生学习程度的不断加深、学习内容的不断增多、认知能力的不断增强，对其知道什么、能做什么的要求也将不断提高。因此，对不同学业成就水平学生的典型表现特征进行描述极为重要。

同时，高质量的学业成就表现描述也将为测评各个环节提供更直接、具体的依据。

通常大规模学业成就测验包括三个及以上的表现标准，由水平名称、水平文字描述与最低分数线构成。对于表现水平的描述有助于了解分数线的作用，帮助教育者与家长了解学生知道什么、能做什么及潜在的不知道什么和不能做什么，也是对后期分数进行解释的基础。

在表现标准的制订过程中，注意将描述与学科课程标准、学科测试框架的内容相结合，强调关键行为的典型特征表现；注重不同年级之间、相同年级不同学业成就水平之间的连续性、递进性和差异性；注重采用正面描述的方式，且采用能够体现认知层次特征的动词或副词加动词的方式来体现各学业成就水平的学生知道什么、能做什么的最低标准；同时注意充分参照和利用已有年度的测试数据结果。

例如，某年北京市初中化学教育教学质量监测的考试方案中的学业成就表现水平描述见表 3-9。

表 3-9　初中化学学科学业成就表现水平描述

表现水平	表现水平描述
优秀	在深入理解化学基本概念的基础上，形成初步的微粒观、元素观、化学反应与能量观、分类观等化学基本观念，并能有意识地进行应用；比较系统地了解身边一些常见物质的组成、性质及其在社会生产和生活中的应用，初步了解物质的组成、性质与用途之间的关系，并能用于解释一些实际问题；能应用基本化学实验技能和科学探究的一般方法，完成与实际相联系的探究任务；了解化学与社会和技术的相互联系，并能以此初步解决相关的实际问题。

续表

表现水平	表现水平描述
良好	理解一些基本的化学概念，了解物质是由微粒构成的，理解化学变化的基本特征，能比较准确地用化学语言予以描述；了解身边一些常见物质的组成、性质及其在社会生产和生活中的应用，初步了解物质的性质与用途之间的关系；学会基本的化学实验技能，初步了解科学探究的一般过程，能基本完成简单的科学探究任务；了解化学与社会和技术的相互联系，并能以此解释相关现象。
合格	了解一些基本的化学概念，知道物质是由微粒构成的，了解化学变化的基本特征，并能用化学语言予以描述；知道身边一些常见物质的组成、性质及其在社会生产和生活中的应用；初步学会基本的化学实验技能，知道科学探究的一般过程，能设计和完成一些简单的化学实验；了解与化学密切联系的能源、材料、健康和环境等相关知识。

又如，某年北京市高中化学学科学业成就表现水平描述，见表 3-10。

表 3-10　高中化学学科学业成就表现水平描述

表现水平	表现水平描述
优秀	应具有系统的化学知识和基本技能；能正确理解化学基本概念和原理，认识化学现象的本质，理解化学变化的基本规律；能对化学知识进行分析、比较、综合、判断和推理；具有较强的吸收和整合化学信息的能力；具有较强的分析问题和解决(解答)化学问题的能力、化学实验和探究能力；了解化学在工农业生产、日常生活以及现代科学技术中的应用和化学学科的发展趋势。
良好	应具有较系统的化学基础知识和基本技能；能正确理解化学基本概念和原理，初步认识化学现象的本质，理解化学变化的基本规律；能对化学知识进行简单的分析、比较和综合；具有初步接受和处理化学信息的能力；具有初步分析问题和解决(解答)化学问题的能力、化学实验能力；初步了解化学在工农业生产、日常生活以及现代科学技术中的应用和化学学科的发展趋势。
合格	应具有一定的化学基础知识和基本技能；能初步理解化学基本概念和原理，初步认识一些化学现象的本质；能对化学知识进行简单的分析、比较；具有初步接受化学信息的能力，能初步解决一些简单的化学问题；初步了解化学在工农业生产、日常生活以及现代科学技术中的应用。

四、试卷方案及题型示例

完整的考试方案应包括考试时间和时长、考试方式、试卷结构及题型示例，便于教师和学生全面了解考试方式，减小考试时间和考试方式等客观因素对考试结果的影响。

(一)考试时间和时长

根据学业水平考试的主要内容确定考试时间。单元性的考试宜安排在单元学习结束后；初中和高中学业水平考试宜安排在课程标准要求的课程内容学习结束后。

例如，北京市初中化学学业水平考试一般安排在每年 6 月底进行。北京市高中化学学业水平合格性考试一般安排在必修课程学习结束后：第一次在 7 月初(大部分学生在高一年级期末时参加)；第二次在次年 1 月初。

考试时长一般由教育行政部门统筹安排，兼顾考查内容的深度和广度。考试时长与试题数量和分值不直接相关。但一般先确定考试时长，再编制命题蓝图。

例如，北京市初中化学学业水平考试的纸笔测试部分的时长为 70 分钟。北京市高中化学学业水平合格性考试和等级性考试的时长均为 90 分钟。

(二)考试方式

化学学科学业水平考试主要有两种方式：一种是闭卷纸笔测试；另一种是实验操作。

依据《教育部关于加强和改进中小学实验教学的意见》的要求："把学生实验操作情况和能力表现纳入综合素质评价；2023 年前要将实验操作纳入初中学业水平考试，考试成绩纳入高中阶段学校招生录取依据；在普通高中学业水平考试中，有条件的地区可将理化生实验操作纳入省级统一考试。"实验操作将成为初中和高中化学学业水平考试中的重要部分。

实验操作考试的具体内容、分值和时长需要在考试方案中明确说明。例如，某年北京市初中化学教育教学质量监测中的实验操作时长为 20 分钟，分值为 20 分，具体内容为科学探究设计与实施，并提供了题型示例。实验操作在笔试后进行，每名学生一套实验仪器和药品，独立完成科学探究任务，填写实验报告，实验操作过程被全程录制并作为评阅依据。

(三)试卷结构

试卷结构一般是指考试中内容维度、能力维度、题型维度、难度维度等的分布情况，一般用分值或分值比率表示。

例如，某年北京市初中化学教育教学质量监测的考试方案中列出的试卷结构见表 3-11 和表 3-12。

表 3-11　按题目所考查的内容维度划分

内容维度	百分比/%
物质的构成与化学变化	25
身边的化学物质	30
化学基本实验	30
化学与社会发展	15

表 3-12　按题目所考查的能力维度划分

能力维度	百分比/%
概念理解	50
科学探究	30
实际应用	20

又如，某年北京市高中学业水平合格性考试方案中列出的试卷结构见表 3-13 和表 3-14。

表 3-13　按题目类型划分

题型	百分比/%
选择题	50
非选择题	50

表 3-14　按题目难度划分

难度	百分比/%
较易试题	70
中等难度试题	20
较难试题	10

(四)题型示例

完整的考试方案中一般都罗列一些题型示例，用于说明考试的内容维度、能力维度、题型、难度和考试方式等，便于教师和学生从试题角度理解考试要求。

例如，某年北京市初中化学教育教学质量监测的考试方案中列出的题型示例，每道试题后都有相关说明。

试题示例 1：选择题(下题中的 4 个选项只有 1 个符合题意)。

下列是一些常用的危险品图标，装运浓硫酸的箱子应贴的图标是(　　)。

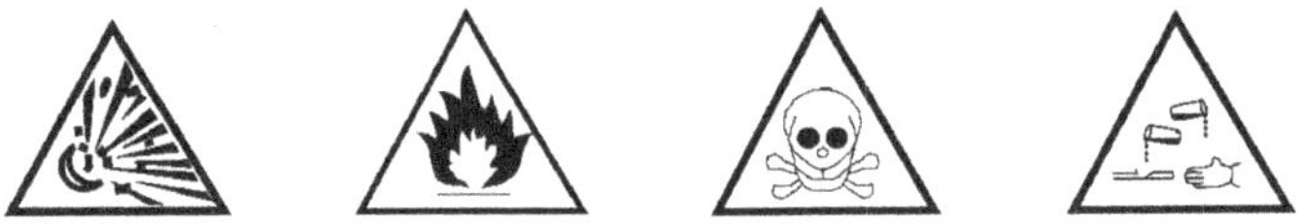

爆炸性　　易燃性　　毒性　　腐蚀性

A　　B　　C　　D

参考答案：D

内容标准：2.4.1　知道常见酸碱的主要性质和用途，了解酸碱的腐蚀性

能力领域：概念理解

题目难度：易

试题示例 2：综合分析题。

人们的日常生活离不开金属，高科技新材料的开发和应用也需要金属。

(1)根据图 1 的金属应用实例推断，金属具有的物理性质是__________。

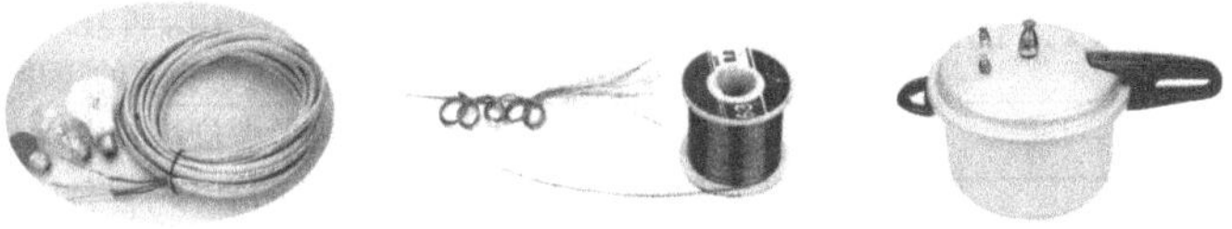

电线　　金属丝　　炊具

图 1

参考答案：导电性、延展性、导热性

内容标准：2.3.1　了解金属的物理特征，能区分常见的金属和非金属；了解金属材料在生产、生活和社会发展中的重要作用

能力领域：实际应用

题目难度：易

(2)钢铁是目前应用最广泛的金属材料。生铁和钢均属于__________(填“纯净物”或“混合物”)。生铁和钢的主要区别是____________________。

参考答案：混合物　含碳量不同

内容标准：1.1.2　能从组成上识别氧化物，区分纯净物和混合物、单质和化合物、有机物和无机物

2.3.5　知道生铁和钢等重要的合金

能力领域：概念理解

题目难度：易

(3)颗粒达到纳米级的单质铁具有很强的反应活性，俗称“纳米铁”。实验室制备的方法是：以高纯氮气作保护气，在高温条件下用氢气和氯化亚铁发生置换反应，生成“纳米铁”，反应的化学方程式为＿＿＿＿＿＿＿＿。工业上以赤铁矿(主要成分是氧化铁)为原料，用一氧化碳冶炼生铁的化学方程式为＿＿＿＿＿＿＿＿。某钢铁厂每天需消耗5000吨含Fe_2O_3 76%的赤铁矿石，该厂理论上可日产含Fe 98%的生铁＿＿＿＿＿吨。

参考答案：$H_2+FeCl_2 \xlongequal[N_2]{高温} Fe+2HCl$

$3CO+Fe_2O_3 \xlongequal{} 2Fe+3CO_2\uparrow$　2714.3

内容标准：1.7.2　能正确书写简单的化学反应方程式

2.3.4　知道一些常见金属(铁、铝等)矿物；了解从铁矿石中将铁还原出来的方法

1.7.3　能依据化学反应方程式进行简单的计算

能力领域：概念理解

题目难度：较难

(4)全世界每年都有约四分之一的钢铁因生锈损失，图2左图所示锈迹斑斑铁门的情况，在钢铁制品中比比皆是。

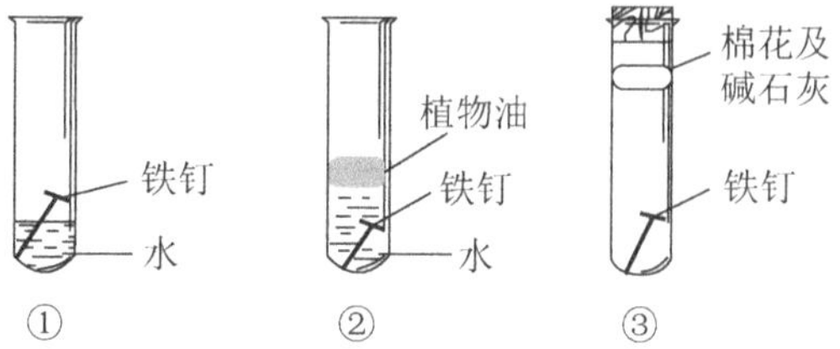

图2

因此，弄清钢铁腐蚀的条件十分重要。某化学课外小组设计了图 2 右图所示的实验探究。一周后，你认为可观察到编号为________的试管中的铁钉锈蚀严重。

分析以上实验结果，你认为：在常温下，铁生锈是铁与________和________等物质相互作用的结果。

若要防止小刀、曲别针、图钉等铁制学具生锈，你认为应采取的方法有________。

> 参考答案：①　氧气　水　刷漆、涂防护油、避免接触水等
> 内容标准：3.2.2　能对问题可能的答案做出猜想或假设，并做出论证
> 　　　　　3.2.7　能对所获得的事实与证据进行归纳，得出正确结论
> 　　　　　2.3.3　了解防止金属锈蚀的简单方法
> 能力领域：科学探究　实际应用
> 题目难度：中

试题示例 3：实验操作题。

为检验某品牌“海苔”袋内的干燥剂（小纸袋内的物质，主要成分是生石灰）是否已发生变质进行如下两个探究活动，请你完成。

探究活动 1

【提出问题 1】小纸袋内的物质中是否含有 $CaCO_3$？

【猜想与假设】小纸袋内的物质中含有 $CaCO_3$。

【实验探究】

实验步骤	实验现象

【实验结论】________________________________。

探究活动 2

【提出问题 2】小纸袋内的物质是否已全部变成 $CaCO_3$？

【猜想与假设】小纸袋内的物质未全部变成 $CaCO_3$。

【实验探究】

实验步骤	实验现象

【实验结论】____。

答案要点：

探究活动 1

实验步骤	实验现象
1. 取少量小纸袋内的白色固体于试管中 2. 用滴管滴加(或向试管中倾倒)少量稀盐酸	有气泡产生(或无明显现象)

【实验结论】小纸袋内的物质中含有 $CaCO_3$(或小纸袋内的物质中不含 $CaCO_3$)。

探究活动 2

实验步骤	实验现象
1. 取少量小纸袋内的白色固体于试管中 2. 向试管内倒入少量蒸馏水，振荡后静置 3. 向试管内滴入无色酚酞溶液(或通入二氧化碳、滴加碳酸钠溶液等)或取上层清液于另一试管中，向其中滴入无色酚酞溶液(或通入二氧化碳、滴加碳酸钠溶液等)	溶液由无色变为红色(或有白色沉淀生成等，或无明显现象)

【实验结论】小纸袋内的物质未全部变成 $CaCO_3$(或小纸袋内的物质已全部变成 $CaCO_3$)。

内容标准：3.1.1 能进行药品的取用、简单仪器的使用和连接、加热等基本的实验操作

3.1.2 根据实验目的选择实验药品和仪器，并能安全操作

3.1.4 初步学会根据某些性质检验和区分一些常见的物质

3.2.4 根据所要探究的具体问题能设计简单的化学实验方案

3.2.6 能依据设计的化学实验方案进行操作，并对观察和测量的结果进行记录

3.2.7 能对所获得的事实与证据进行归纳，得出正确结论

能力领域：科学探究

题目难度：中

又如，某年北京市高中学业水平合格性考试。

试题示例 1：选择题。

在下列物质中，含有共价键的是________。

A. NaCl　　B. CO_2　　C. $MgCl_2$　　D. Na_2O

参考答案：B

考查内容：理解离子键和共价键的含义

难度：易

试题示例 2：选择题。

下列说法不正确的是________。

A. 1 mol Cl_2 的质量是 71 g

B. 在常温常压下，22.4 L CH_4 的物质的量为 1 mol

C. 1 mol NH_3 中含有的分子数约为 6.02×10^{23}

D. 1 L 1 $mol\cdot L^{-1}$ Na_2SO_4 溶液中含有 2 mol Na^+

参考答案：B

考查内容：认识物质的质量、摩尔质量、物质的微粒数、物质的量、气体摩尔体积、物质的量浓度等物理量之间的关系，掌握其简单的计算

题目难度：中

试题示例 3：非选择题。

现有下列 4 种物质：①HClO 溶液，②$FeCl_3$ 溶液，③Na_2CO_3 溶液，④浓 H_2SO_4。其中，能使酚酞溶液变红的是________（填序号，下同）；具有漂白性的是________；与 NaOH 溶液反应生成红褐色沉淀的是________；常温下使铝表面形成致密氧化膜的是________。

参考答案：③　①　②　④

考查内容：了解常见无机物的化学性质

题目难度：易

试题示例 4：非选择题。

某研究小组利用图 1 所示装置探究卤素的性质。

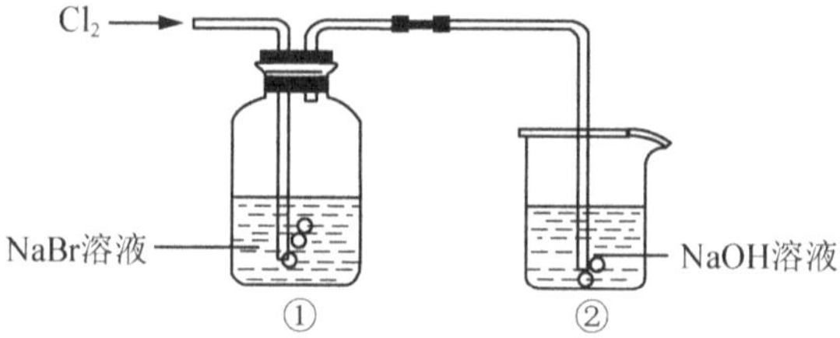

图 1

请回答：

(1)研究小组用 MnO_2 与浓盐酸反应制取 Cl_2，利用了 MnO_2 的________(填"氧化性"或"还原性")。

(2)①中的溶液由无色变为橙黄色，发生反应的离子方程式是________。

(3)②中的 NaOH 溶液的作用是________。

(4)取一支试管，加入 2 mL①中的橙黄色溶液，再滴入几滴 KI 淀粉溶液，观察到溶液变为蓝色。通过以上实验，能否得出结论：Br_2 的氧化性强于 I_2，理由是________。

参考答案：(1)氧化性

(2)$Cl_2+2Br^-=\!=\!=Br_2+2Cl^-$

(3)吸收尾气，防止污染环境

(4)橙黄色溶液中含有 Br_2，还可能含有 Cl_2，无法证明 I^- 被哪种氧化剂氧化，因此不能得出结论

考查内容：了解氧化还原反应的含义；了解氯气的主要化学性质；以ⅠA 族和ⅦA 族为例，认识同一主族元素性质的递变规律与原子结构的关系

题目难度：中

试题示例 5：非选择题。

信息时代产生的电子垃圾处理不当会对环境构成威胁。某研究小组将废弃的线路板处理后，得到含 Cu、Al 及少量 Fe 的金属混合物，并设计如图 2 所示流程制备硫酸铜和硫酸铝晶体。

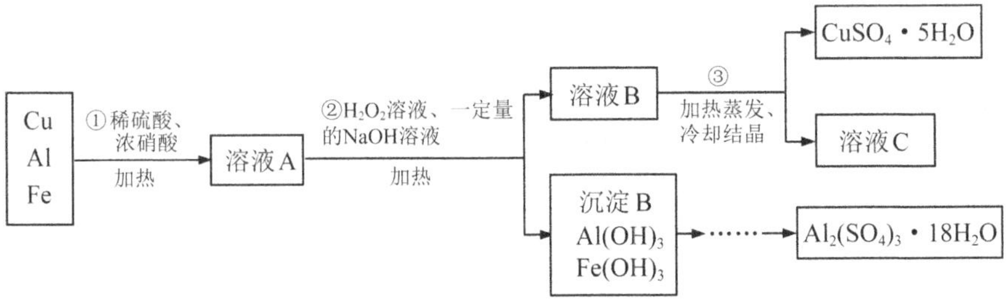

图 2

已知：$2Al+6H^+ \xlongequal{} 2Al^{3+}+3H_2\uparrow$

$2Al^{3+}+3OH^- \xlongequal{} Al(OH)_3\downarrow$

$Al(OH)_3+OH^- \xlongequal{} AlO_2^-+2H_2O$

请回答：

(1)在步骤①～③所涉及的实验操作方法中，属于过滤的是________(填序号)。

(2)步骤①中 Cu、Al、Fe 均能与稀硫酸和浓硝酸的混合物在加热条件下反应，其中氮元素全部转化为 NO。该步骤中稀硫酸的作用是________。

(3)下列关于步骤②的说法正确的是________(填字母)。

a. 沉淀 B 为白色固体

b. H_2O_2 的作用是将 Fe^{2+} 氧化为 Fe^{3+}

c. 可以用 $Ba(OH)_2$ 溶液替换 NaOH 溶液

(4)已知 $AlO_2^-+4H^+ \xlongequal{} Al^{3+}+2H_2O$。由沉淀 B 制取 $Al_2(SO_4)_3 \cdot 18H_2O$ 的操作是：将沉淀 B 转移到烧杯中，________，将溶液加热蒸发、冷却结晶、过滤得到产品。

参考答案：(1)②③

(2)提供 H^+ 和 SO_4^{2-}

(3)b

(4)加入 NaOH 溶液至沉淀不再减少，过滤，向所得滤液中加入足量稀硫酸，充分反应

考查内容：必修各部分知识的综合

题目难度：难

第三节 编制学业水平考试命题蓝图

命题蓝图，是命题和组卷的基础，也是后续试题评价及教学诊断的主要依据。因此，要特别重视命题蓝图的编制与应用。

一、 命题蓝图的作用

由区域和学校组织的考试常常没有命题蓝图，一是觉得命题蓝图的必要性不大，即没有认识到命题蓝图在考试命题中的重要作用；二是不会编制命题蓝图，即缺少编制方法。

命题蓝图是贯穿考试、诊断和教学改进等各环节的提纲性工具和基础。

在命题阶段，命题蓝图的作用有：第一，保证考试对于所测量领域的代表性，提高考试的准确性，命题蓝图是考试方案具体化的主要体现；第二，保证在不同时间实施相同性质的考试，能够测量到相同的能力和知识结构，增加测量效度，是指导命题的重要依据。

在学习诊断阶段，命题蓝图的作用有：第一，是评估试题质量的主要参考依据，尤其是命题蓝图中对试题难度和区分度的预估与实际测量值的比较，可以说明试题的质量；第二，是诊断教学效果的主要框架，命题蓝图对考试试题进行了多维分类，从多维度对教学效果进行分析，发现学习的优势与不足。

在教学改进阶段，命题蓝图的作用有：第一，班级教师和学生可以依据命题蓝图及考试结果的数据做出更精准的分析，聚焦学习薄弱的维度和内容；第二，依据命题蓝图中的维度指导改进教学，分析具体表现和原因，设计更有针对性的教学改进方案。

通常而言，测验分数结果越重要，测验分数的风险性越高，命题蓝图中对测验的相关细节描述得越详细。命题蓝图应形成于开始编写试卷之前，但是可以在试卷编制过程中不断调整。

二、 命题蓝图的类别

一般可将命题蓝图划分为两类：一是卷蓝图，即对试卷整体结构组成的描述，包括在二维结构中内容维度中的每个内容领域、能力维度中的每个能力领域所占分数或题型的百分比等；二是题蓝图，即对试卷中的每道题目特征的描述，包括对题目基本信息、类属特征、测量学特征的说明。

卷蓝图呈现了试卷间架结构，题蓝图是在题目水平上对卷蓝图的深度化、具体化与操作化。在某些低风险的日常校内测试中，只有卷蓝图也是可以的。

例如，表 3-15 是某年北京市初中化学教育教学质量监测中的卷蓝图（纸笔测试部分），卷面满分 80 分，作答时长 60 分钟。

表 3-15　卷蓝图（纸笔测试部分）

能力领域	物质的构成与化学变化		身边的化学物质		化学基本实验		化学与社会发展		合计	
	题量	分值	题量	分值	题量	分值	题量	分值	题量	分值
概念理解	10	18	14	25	0	0	4	5	28	48
科学探究	0	0	0	0	6	12	0	0	6	12
实际应用	3	6	3	5	0	0	5	9	11	20
合计	13	24	17	30	6	12	9	14	45	80

表 3-16 是某年北京市初中化学教育教学质量监测中的题蓝图。

表 3-16　题蓝图

题号	题型	内容领域				能力领域			题目指标预计						
		物质的构成与化学变化	身边的化学物质	化学基本实验	化学与社会发展	概念理解	科学探究	实际应用	内容标准编号	题目描述	理论得分等级	满分值	预计平均分	难易程度	预计区分度
一、1	选择题	*				*			1.5.1	了解化学变化的基本特征	0，2	2	1.9	易	低
2	选择题		*			*			2.2.3	了解溶解现象	0，2	2	1.9	易	低

续表

题号	题型	内容领域				能力领域			题目指标预计						
		物质的构成与化学变化	身边的化学物质	化学基本实验	化学与社会发展	概念理解	科学探究	实际应用	内容标准编号	题目描述	理论得分等级	满分值	预计平均分	难易程度	预计区分度
3	选择题	*				*			1.4.2	用化学式表示物质的组成	0，2	2	1.8	易	中
4	选择题	*				*			1.2.2	识别氧化物	0，2	2	1.9	易	低
5	选择题			*			*		3.1.3	配制溶液	0，2	2	1.8	易	低
6	选择题	*				*			1.4.2	正确书写化学式	0，2	2	1.8	易	中
7	选择题			*			*		3.1.6	二氧化碳的收集	0，2	2	1.8	易	低
8	选择题		*			*			2.4.5	了解化肥的作用	0，2	2	1.9	易	低
9	选择题	*				*			1.5.3	催化剂的作用	0，2	2	1.8	易	低
10	选择题			*			*		3.1.5	过滤操作	0，2	2	1.9	易	低
11	选择题	*				*			1.2.4	原子可以结合成分子	0，2	2	1.8	易	中
12	选择题	*				*			1.6.1	识别反应类型	0，2	2	1.8	易	低
13	选择题		*			*			2.1.3	氧气的性质	0，2	2	1.6	较易	中
14	选择题		*			*			2.2.4	溶解度的含义	0，2	2	1.5	较易	中

续表

题号	题型	内容领域				能力领域			题目指标预计						
		物质的构成与化学变化	身边的化学物质	化学基本实验	化学与社会发展	概念理解	科学探究	实际应用	内容标准编号	题目描述	理论得分等级	满分值	预计平均分	难易程度	预计区分度
15	选择题		*			*			2.4.3	盐的性质	0，2	2	1.1	较难	高
二、1	综合题				*	*			4.3.2	了解六大类营养素	0，1	1	0.85	易	低
					*			*	4.3.1	了解钙元素对人体的作用	0，1	1	0.9	易	低
2	综合题	*						*	1.2.2	用微粒观点解释现象	0，2	2	1.7	易	低
3	综合题	*				*			1.4.3	化学式计算	0，2	2	1.5	较易	中
		*						*	1.4.4	看懂标签	0，2	2	1.6	较易	中
三、1	综合题				*			*	4.2.2	合成材料对环境的影响	0，2	2	1.8	易	低
2	综合题				*			*	4.4.2	大气污染	0，1，2	2	1.4	较易	中
3	综合题		*			*			2.3.3	了解金属锈蚀的方法	0，2	2	1.8	易	低
			*			*			2.4.1	酸的性质和用途	0，2	2	1.7	易	低
4	综合题				*	*			4.4.3	合理使用化学物质	0，1，2	2	1.5	较易	中
四、1	综合题	*				*			1.3.2	常见元素	0，1	1	0.8	易	低

续表

题号	题型	内容领域				能力领域			题目指标预计						
		物质的构成与化学变化	身边的化学物质	化学基本实验	化学与社会发展	概念理解	科学探究	实际应用	内容标准编号	题目描述	理论得分等级	满分值	预计平均分	难易程度	预计区分度
2	综合题		*					*	2.3.1	金属材料的作用	0，1，2	2	1.6	较易	中
			*			*			2.4.1	盐酸的性质	0，1，2	2	1.3	较易	高
3	综合题	*				*			1.6.2	金属活动性	0，1	1	0.8	易	低
				*			*		3.2.7	分析现象，得出结论	0，1，2	2	0.9	较难	高
4	综合题		*			*			2.3.4	炼铁原理	0，1，2	2	1.4	较易	高
					*			*	4.4.1	废气处理	0，2	2	1.6	较易	低
五、1	综合题				*	*			4.1.4	认识化石燃料	0，1	1	0.9	易	低
					*	*			4.1.6	资源综合利用的意义	0，1	1	0.8	易	低
2	综合题				*			*	4.1.2	防范爆炸措施	0，1，2	2	1.8	易	低
3	综合题		*			*			2.1.3	氧气性质	0，1，2	2	1.7	易	高
				*			*		3.1.6	制取氧气	0，1，2	2	1.6	较易	高
4	综合题		*					*	2.4.4	用碱的性质解释现象	0，1，2	2	1.3	较易	高
六、1	综合题		*			*			2.2.7	了解乳化现象	0，1	1	0.9	易	低

续表

题号	题型	内容领域				能力领域			题目指标预计						
		物质的构成与化学变化	身边的化学物质	化学基本实验	化学与社会发展	概念理解	科学探究	实际应用	内容标准编号	题目描述	理论得分等级	满分值	预计平均分	难易程度	预计区分度
2	综合题		*			*			2.4.1	碱的性质	0，1	1	0.9	易	中
		*						*	1.7.2	化学方程式的书写	0，1，2	2	0.9	较难	高
3	综合题		*			*			2.4.4	用氢氧化钠的性质解释现象	0，1，2	2	1.4	较易	高
4	综合题			*			*		3.1.4	根据性质检验物质	0，1，2	2	0.8	较难	高
5	综合题		*			*			2.4.1	酸和碱的性质	0，1	1	0.8	较易	高
			*					*	2.2.5	溶质质量分数的计算	0，1	1	0.35	较难	较低

注：1. 难易程度的划分标准：难(0～0.20)、较难(0.21～0.50)、较易(0.51～0.80)、易(0.81～1.0)。

2. 区分度的划分标准：低(0.19 及以下)、较低(0.20～0.29)、较高(0.30～0.39)、高(0.40 以上)。

表 3-17 是某年北京市高中学业水平合格性考试卷蓝图和题蓝图。

表 3-17　卷蓝图和题蓝图

题号	题型		考查内容		预计区分度			预计难度			认知层次				此题总分	预计得分	备注
	客观	主观	主题	内容标准	低	中	高	低	中	高	知道	了解	理解	应用			
一、1	*		简单的有机化合物及其应用	物质及其变化的分类方法	*			*				*			2	1.95	
2	*		常见无机物及其应用	焰色反应	*			*			*				2	1.95	

续表

题号	题型		考查内容		预计区分度			预计难度			认知层次				此题总分	预计得分	备注
	客观	主观	主题	内容标准	低	中	高	低	中	高	知道	了解	理解	应用			
3	*		化学与社会发展	化学方法在实现物之间转化中的作用	*			*				*			2	1.95	
4	*		常见无机物及其应用	知道酸碱盐是电解质	*			*			*				2	1.95	
5	*		简单的有机化合物及其应用	高分子的结构特点	*			*			*				2	1.95	
6	*		化学科学与实验探究	物质的分离和提纯的常用方法	*			*				*			2	1.95	
7	*		物质结构基础及化学反应规律	同周期元素性质的递变规律与原子结构的关系	*			*				*			2	1.95	
8	*		常见无机物及其应用	胶体的丁达尔效应	*			*			*				2	1.95	
9	*		物质结构基础及化学反应规律	离子键	*			*			*				2	1.85	
10	*		简单的有机化合物及其应用	糖类的元素组成及性质	*			*			*				2	1.86	
11	*		常见无机物及其应用	合金材料及其应用	*			*				*			2	1.88	

续表

题号	题型		考查内容		预计区分度			预计难度			认知层次				此题总分	预计得分	备注
	客观	主观	主题	内容标准	低	中	高	低	中	高	知道	了解	理解	应用			
12	*		常见无机物及其应用	钠的主要化学性质	*			*				*			2	1.70	
13	*		物质结构基础及化学反应规律	认识化学平衡的特征	*			*				*			2	1.90	
14	*		物质结构基础及化学反应规律	认识化学能与电能的转化关系及其应用	*			*				*			2	1.92	
15	*		物质结构基础及化学反应规律	核电荷数、质子数、中子数、质量数之间的关系		*			*			*			2	1.85	
16	*		简单的有机化合物及其应用	乙醇、乙酸的性质	*			*				*			2	1.75	
17	*		简单的有机化合物及其应用	反应类型	*			*				*			2	1.85	
18	*		物质结构基础及化学反应规律	用电子式表示常见物质结构		*			*				*		2	1.80	
19	*		物质结构基础及化学反应规律	元素在周期表中的位置与电子层结构的关系		*			*			*			2	1.82	

续表

题号	题型		考查内容		预计区分度			预计难度			认知层次				此题总分	预计得分	备注
	客观	主观	主题	内容标准	低	中	高	低	中	高	知道	了解	理解	应用			
20	*		化学科学与实验探究	基本的安全措施和意外事故的紧急处理方法	*			*				*			2	1.80	
21	*		物质结构基础及化学反应规律	化学反应速率及其影响因素		*			*			*			2	1.90	
22	*		常见无机物及其应用	氮循环		*			*			*			2	1.70	
23	*		常见无机物及其应用	离子方程式		*			*				*		2	1.70	
24	*		化学科学与实验探究	物质的量、物质的量浓度、气体摩尔体积等物理量之间的关系		*			*				*		2	1.65	
25	*		常见无机物及其应用	铁离子、氯离子、碳酸根离子、硫酸根离子的检验方法		*			*				*		2	1.55	
二、1		*	化学与社会发展	有机物、无机物的用途	*			*				*			3	2.85	
2		*	常见无机物及其应用	无机物的性质	*			*			*				4	3.80	

续表

题号	题型		考查内容		预计区分度			预计难度			认知层次				此题总分	预计得分	备注
	客观	主观	主题	内容标准	低	中	高	低	中	高	知道	了解	理解	应用			
3		*	常见无机物及其应用	基本操作	*			*				*			3	2.85	
4		*	常见无机物及其应用	氧化还原反应的含义		*			*				*		4	3.30	
5		*	常见无机物及其应用	氨的实验室制法和性质			*			*				*	4	3.20	
6		*	化学与可持续发展	常见材料的组成和分类		*			*				*		8	7.50	
7		*	物质结构基础及化学反应规律	周期表和周期律的应用	*			*					*		8	5.70	
8		*	必修各部分知识的综合	氨、钠的化合物的性质，混合物的分离	*			*					*		8	5.50	
9		*	化学科学与实验探究	铁的化合物综合探究		*			*					*	8	4.90	
题量合计	25	9	—		22	11	1	22	11	1	7	17	8	2	—	—	
题量百分比	73.5%	26.5%	—		64.7%	32.4%	3%	64.7%	32.4%	3%	20.6%	50%	23.5%	5.9%	—	—	
分值合计	50	50	—		60	36	4	60	36	8	16	36	36	12	100	85.68	
分值百分比	50%	50%	—		60%	36%	4%	60%	36%	8%	16%	36%	36%	12%	—	85.68%	

三、 命题蓝图的编制

命题蓝图有两种，一般先依据考试方案中的试卷结构等要求编制卷蓝图，然后将其具体化成题蓝图。

(一)卷蓝图的编制

第一步，确定恰当的、能够全面反映学生学习结果的认知能力维度框架(或者教学目标)，确定恰当的、能够反映教学内容的内容维度框架。此二维框架主要源于测验框架，有时可能是单维或多维的。在当前国际测验中，有时还会将情景主题作为除内容维度和能力维度之外的第三个维度。维度只是体现了从哪些角度来看待试卷及其内部的结构。

例如，在上述卷蓝图中，初中化学的考试内容维度包括物质的构成与化学变化、身边的化学物质、化学基本实验和化学与社会发展，划分依据主要来自化学课程标准；认知能力维度为概念理解、科学探究、实际应用三个方面，划分主要参考 NEAP 的测试框架。

又如，在高中化学学业水平合格性考试蓝图中，化学学业水平合格性考试内容维度包括化学科学与实验探究、常见无机物及其应用、物质结构基础及化学反应规律等；认知层次分为知道、了解、理解和应用四个方面。

第二步，确定试卷的内在结构，即内容维度各个部分、能力维度各个部分间的分值和题量比例等权重数据。

例如，在表 3-15 中，内容领域中的“身边的化学物质”部分占 30 分，占总卷分数值的 37.5%；题量 17 道，约占总题量的 37.8%。能力领域中的“科学探究”部分占总卷分数值的 15%，题量约占总题量的 13.3%。这些权重数值的确定依据源于考试方案中的相关规定和要求。

通常可采用专家调查判断法得到这些数值，即对来自教学领域中各群体(课程专家、教师)的调查结果进行分析和总结，从而判断、决定内容领域每部分、认知能力领域每部分在测验中的相对权重。

第三步，确定题量大小及考试时间长度。

题量大小、考试时间长度与考试分数的精准度有关，有足够题量和时间长度的考试才能对能力有足够精确的估计。题量越大，设置的作答时间越长，对能力的估计越准确。此外，考试时间的长短还与学生年龄、考试题型、对考试结果的反馈与解释要求有关。

通常而言，根据国际考试标准的要求，整卷试题不少于32道题目(32个测查点)。如果需要提供各个部分的分数，那么每个部分的题量都不得少于8道。例如，高中学业水平合格性考试，考试时间90分钟，满分100分。整卷试题为34道题目，其中客观题25道，主观题9道。

(二)题蓝图的编制

题蓝图包括对每道试题特征的具体描述，体现试题或考查点对框架中内容标准的关系。

第一步，确定题蓝图的结构。概括来说，题蓝图大多包括题目基本信息情况、题目领域类属情况、题目作答方式与内容描述、题目测量学特征等内容。题目基本信息情况包括所属题册编号、题目编号等，题目领域类属情况包括题目属于哪个内容分领域或认知过程分领域等，题目作答方式与内容描述包括题目形式、题目描述、选项安排等，题目测量学特征包括题目的难度、区分度、权重等。题蓝图也可选择性呈现上述信息。

例如，以上初中化学考试的题蓝图包括题号、题型、内容领域、能力领域、内容标准编号、题目描述、理论得分等级、满分值、预计平均分、难易程度、预计区分度信息。

第二步，确定每道题目的考查点，即填写内容标准及题目描述这两列。首先，保证每道试题只涉及内容维度和能力维度中的一个考查点，即同维度的不同部分间不能交叉。其次，所有题目涵盖的考查点要尽可能覆盖到框架的合理范围，以保证考查内容的代表性。

内容标准主要依据化学学科课程标准中的课程内容。例如，《义务教育化学课程标准(2011年版)》在课程内容中列出5个一级主题、19个二级主题、共114条内容标准。题蓝图中的内容标准可直接从以上114条内容标准中选取。此外，北京市教研部门研制的《初中化学学业标准》依据课程标准，对114条内容标准进行了细化和拆解，分成合格、良好和优秀三个学业水平，将114条拓展成410条内容标准细目，比课程内容中的内容标准更细化、具体，针对性更强，也可作为题蓝图的参考。《义务教育化学课程标准(2011年版)》中的内容标准“说出空气的主要成分”，在《北京市初中化学学业标准》中化成以下细目(见表3-18)。

表 3-18　细目介绍

<table>
<tr><th rowspan="2">一级主题</th><th rowspan="2">二级主题</th><th rowspan="2">内容标准</th><th rowspan="2">内容标准细目</th><th colspan="3">学业水平层次</th></tr>
<tr><th>合格</th><th>良好</th><th>优秀</th></tr>
<tr><td rowspan="5">2. 身边的化学物质</td><td rowspan="5">2.1　我们周围的空气</td><td rowspan="5">2.1.2　说出空气的主要成分</td><td>2.1.2.1 能准确说出空气的主要成分为氮气、氧气及其体积分数</td><td>✓</td><td></td><td></td></tr>
<tr><td>2.1.2.2 能准确说出空气中各成分及其体积分数</td><td rowspan="2"></td><td rowspan="2">✓</td><td rowspan="2"></td></tr>
<tr><td>2.1.2.3 能用事实说明空气中各成分的存在</td></tr>
<tr><td>2.1.2.4 能解释拉瓦锡测定空气中氧气含量实验的原理、装置及操作过程</td><td rowspan="2"></td><td rowspan="2"></td><td rowspan="2">✓</td></tr>
<tr><td>2.1.2.5 能设计简单实验测定空气中氧气的含量，对相关方案进行评估</td></tr>
</table>

在通常的考试中，大多采用一份考试卷，卷上试题是所覆盖内容的代表性抽样。但是在许多大规模质量监测中，由于采用多份平行题本进行测查，所有题本试题可以覆盖所有的内容。

第三步，确定每道题目的类型。根据考查点，确定适宜的题目类型及作答方式。根据作答方式，题目大体可划分为选择类反应、建构类反应两种类型。两者各有优势与不足，可根据测试目标、时间要求、资金成本等现实要求进行选择。

第四步，确定满分值。确定分值是传统命题中的重要环节，科学的分值确定应与完成题目所需要的认知加工的深度、广度与投入的时间有密切的关系。

在解决问题过程中，加工的深度体现在所需要的思维深刻性与复杂性方面，加工的广度则体现在综合性方面。问题越深入、越综合、越复杂，解决其所花费的时间就会越多，因此，也应该被赋予更高的分值。这也是一道题目分值是另一道题目分值的两倍的原因。然而，在现实的命题工作中，出于整卷难度、题型编排等考虑，往往会出现题目越难、赋值越低的情况，从而忽略对能力测评本身公平性、科学性的追求。

建构反应类题目往往是多级计分的题目，那么一共有几个级别，每个级别的约略特征是什么也要在题蓝图上呈现。例如，题蓝图中第六大题 41 小题，满分为 5 分，理论得分等级为 0、1、2、3、4、5，并给出了与分数相对应的特征描述。

第五步，确定测量学预估指标。测量学预估指标大多围绕着基于经典测量理论的试题难度与区分度展开，主要采用完全经验估计与基于以往实测数据的经验估计展开。预估值与实测值的差异也是后期进行试题质量评析的重要指标。

第四章　学业水平考试试题的编制

初步完成考试方案的制订和命题蓝图的编制后，即进入每道试题的编制阶段。需要再次强调的是，试题编制必须依据考试方案和命题蓝图，如果直接进入该阶段，则会影响试题的质量和考试的效果。

本章主要介绍当前化学学业水平考试的常用方式及试题类型的编制方法。随着课程改革和考试评价改革的深入，尤其是现代信息技术更广泛、更深入地被应用于教育测量评价领域，计算机考试、计算机模拟实验过程等更多样的方式会陆续出现。

第一节　化学纸笔测试试题的编制

从考试方式上分，化学学业水平考试主要有两种形式：第一种是纸笔测试，俗称试卷考试；第二种是表现性评价，包括实验操作、探究活动、学生档案袋评价等。本节重点介绍纸笔测试中各类型试题的编制。

一、化学试题的常见类型

化学学业水平考试的纸笔测试中有选择题、填空题等从形式角度分类的试题；也有实验题、计算题等从内容角度分类的试题；还有客观题、主观题等从答案开放程度分类的试题。从教育测量学进行分析，主要有以下三种分类角度和题型。

（一）客观题与主观题

客观题与主观题，这似乎是最常用的也是教师和教育评价研究人员最熟悉的一组题目分类方式。对于这类题目并没有严格公认的精准定义，但大多阐述的角度相似。在此，我们从《教育大辞典》给出的定义出发进行分析。

客观题——以具有明确评分标准为特征的一类题目。包括多选题、判断题以及填空题等多种形式。现代标准化考试主要采用客观题。它使考试具有信度高、信息量大、适合机器阅卷和节省时间、精力等特点，但标准答案固定，限制了考生的独立发挥，难以测量考生的表达能力和创造性水平。因此某些考试仍需有一定的主观题配合。

主观题——没有确定的答案和评分标准的题目类型，如作文题和论述题等。主观题的得分受评分者的影响很大，不甚可靠，但能够测量用客观题难以测量的方面，如被试的知识面、表达能力和创造性水平等。在标准化考试中，一般采用少量的主观题作为客观题的补充。

从上述定义可以看出，客观题和主观题在定义上均从两个重要的角度出发：其一是答案的唯一性，也就是学生的角度；其二是评分者之间的一致性，也就是作为评分者的教师的角度。

对于客观题，其典型的题型包括选择题(单选题或多选题)、配对题、连线题以及填空题，其中填空题是有唯一正确的答案，且答案内容相对较少的题目，如书写化学方程式、计算式或结果等。

其中，无论是选择题、配对题还是连线题，都是从题目中给出的固定范围中选择符合要求的选项作为答案，在阅卷过程中也不会出现两位或多位评分者之间对于相同的答案给分不一致的情况；即使是填空题，也因为答案的唯一，阅卷评分者之间具有较强的一致性。因此从作答和评分两个角度明确了其客观性。

对于主观题，则可以按照主观性程度的不同分为多种题目类型。以下几个示例分别对典型的题目类型进行了说明。

试题示例 1：

某实验小组将制作皮蛋的原料生石灰、纯碱和食盐放入水中，充分反应后过滤，得到澄清溶液。对该溶液的组成，甲、乙同学分别做出以下推测，如图 1 所示。

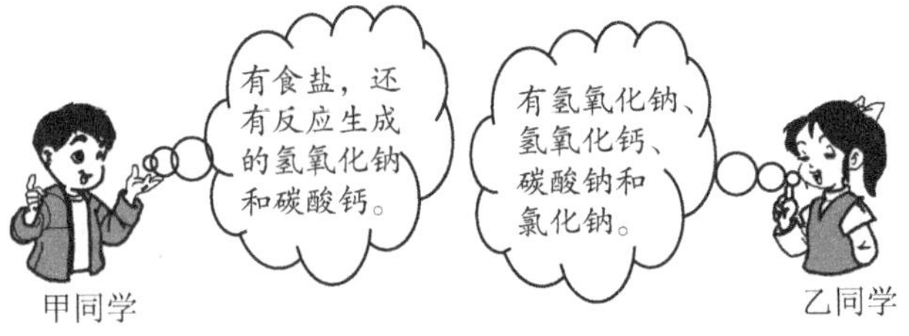

图 1

为进一步确定该溶液中溶质所有可能的组成，还需设计实验并填写表1(可不填满，也可补充)。

表 1

实验操作 (填所加试剂的化学式)	实验现象	实验结论	该溶液的组成
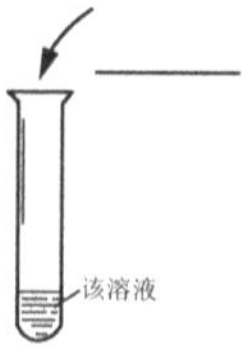			
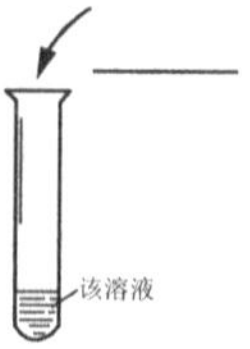			

试题示例 2：

实验室里有 CuO 和 Cu 粉的混合物，请你利用给出的实验仪器及试剂设计两种测定该样品(已称得其质量为 m g)中氧化铜的质量分数的方法，并填写表 2 中要求填写的有关内容。

实验可能用到的主要仪器：①托盘天平；②启普发生器；③硬质玻璃管；④泥三角；⑤烧杯；⑥坩埚；⑦酒精灯；⑧玻璃棒；⑨漏斗；⑩干燥管。

实验可能用到的试剂：a. 锌粒；b. 稀硫酸；c. 氯化钠溶液；d. 浓硫酸。

表 2

实验方法	实验过程中发生反应的化学方程式	所用实验仪器	实验需直接测定的有关物理量
1			
2			

试题示例 1 和试题示例 2 都是典型的、比较开放的主观题。试题示例 1 从学生作答的角度看，学生依据对溶液中物质组成的判断，应用相关物质的性质设计检验的实验方案。不同的学生对物质组成的判断不同，即使

相同，所加的试剂和实验操作顺序也不同。从教师评阅的角度看，只要学生设计的方案合理，且加入试剂与现象、结论相一致即判定为正确。试题示例2是一个开放型试题，解答没有固定的、现成的模式可循，学生不能用常规的方法去套用，必须经过主动的思索，自己来设计解题方案，从而培养解决问题的能力。

试题示例3：

为测定21.2 g某变质氢氧化钠固体中碳酸钠的含量，将其配成500 mL溶液，分别取出50 mL，用两种方法进行测定，如表3所示。已知：$Na_2CO_3 + BaCl_2 = BaCO_3\downarrow + 2NaCl$。

表3

方法	加入的试剂	测得数据
方法1	足量$BaCl_2$溶液	$BaCO_3$沉淀1.97 g
方法2	足量稀硫酸	CO_2气体0.44 g

请任选1种方法的数据，计算该固体中碳酸钠的质量分数(写出计算过程及结果)。

试题示例4：

工业废气和汽车尾气排出的氮的氧化物，是空气的重要污染源。为了消除NO_x的污染可通入适量氨气，将NO_x还原为无毒物质N_2和H_2O，即$NO_x + NH_3 \longrightarrow N_2 + H_2O$。现有含氮氧化物NO与$NO_2$的混合气体3.0 L，用同温、同压下的3.5 L NH_3恰好使该混合气体完全反应并转化为N_2，则混合气体中NO与NO_2的体积比是(　　)。

A. 1∶4　　B. 1∶3　　C. 1∶2　　D. 1∶1

试题示例3和试题示例4都是解题过程的主观体现。从学生作答的角度看，学生可以选择不同的方法进行解答。从教师评阅的角度看，答案是唯一正确的，只要答案正确且解题过程完整、正确，无论哪种方法都会被判定为正确。

试题示例5：

H_2O_2可作增氧剂。在常温下，用4% H_2O_2溶液进行实验，研究pH对H_2O_2分解所得溶液中溶氧量的影响，测定结果如图2所示。分析图2得到的结论是________。

试题示例 6：

无水乙酸又称冰醋酸(熔点 16.6 ℃)。在室温较低时无水乙酸会凝结成像冰一样的晶体。请简要说明，若在实验室中遇到这种情况，你如何从试剂瓶中取出无水乙酸。

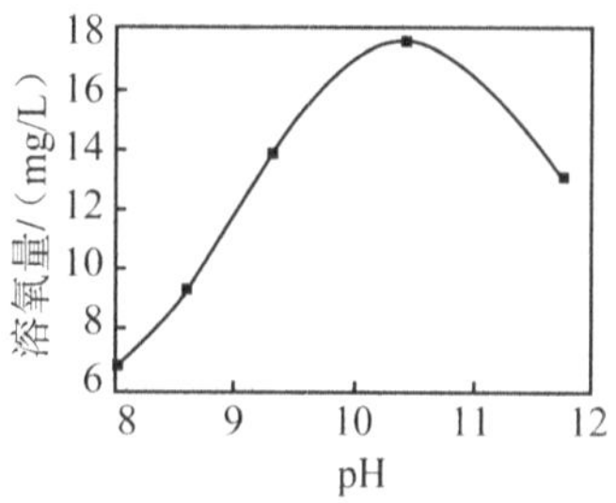

图 2

试题示例 5 和试题示例 6 都是有多种正确答案的主观题。试题示例 5 的作答角度一是：说明峰值结果；作答角度二是：说明变化规律，可以是整个过程的变化规律，也可以是前半段变化规律或后半段变化规律。试题示例 6 无现成的答案，只要求不用明火加热，故可采取多种实验方法和措施，结论具有多样性。

(二)封闭型试题与开放型试题

封闭型试题和开放型试题较多出现在化学学科中。这也是一种从题目答案的形式角度给出的分类。且在这种分类下，通常重在讨论开放型试题。结合开放型试题的多种定义，可以看出所谓“开放”大体也都以答案的不唯一性、作答过程的多样性两个角度为重要的定义角度。而封闭型试题指的是答案固定的题目。由此可以看出，这一定义与上述客观题—主观题概念在学生作答角度上的定义具有很高的相似性。

(三)选择反应类试题与建构反应类试题

通过上述分析可以看到，客观题与主观题题型表述方式在我国的测验领域是常用的，它在一定程度上体现了题目答案的唯一性与评分的一致性的特点。但是在与其他题目类型进行对应时，会出现一定程度的交叉。如果不看具体试题，很难判断一道“填空题”究竟是主观题还是客观题。

在国际上，一组常用的题型界定方式避免了此类问题，这就是选择反应类试题与建构反应类试题。对照上述题型可以看到，诸如“填空题”“简答题”“连线题”等题型表述方式是针对题目要求的作答方式而言的，但这种方式并不涉及学生的认知水平。“封闭型试题”“开放型试题”是针对题目本身的形式而言的。而“选择”与“建构”则在一定程度上表示了与思维过程对应的思维动作。“选择”显然指的是从给定的内容中挑选符合题意的内容，而“建构”则需要或低或高的思维加工水平来产生答案。

表 4-1 全面比较了两种类型的试题特点。图 4-1 呈现了在“选择—建

构”这一认知过程量尺上不同题目的位置，有助于理解多种题型之间的关系。

表 4-1　选择反应类试题与建构反应类试题的比较[①]

比较项目	选择反应类试题	建构反应类试题
评分过程与结果	评分快速高效，客观公正，评分信度高	评分费时费力，主观性强，误差控制难度大，评分信度较低
能力考查	适于考查对知识的知道、了解、直接应用和比较的能力	适于考查对知识的理解、归纳、综合、评价与创造能力及实验与探究能力
作答时间和内容取样	作答时间短，试题数量多，有较大的覆盖范围，取样容易做到有代表性	作答时间长，只能容纳较少试题，覆盖范围有限，内容代表性相对较弱
编制过程	试题设计的难度大、耗时多	试题的设计相对容易、耗时少
对学习的效应	能促进学生记忆、直接地解释和应用，结论性辨别学习正误，知其然	能促进学生认识、综合和表达自己的观念，有利于鼓励学生自由发挥与创造
学生应答的控制	限制了学生的应答范围，能避免表达、书写等非测量因素的影响，猜测的概率高	学生能自由应答，可以使学生表现自己的潜能，能有效地降低猜测的概率
评价的导向	过于强调试题结果的导向，削弱过程与方法，不利于形成良好的思维品质	能表现学生的思维过程，展示学习的成效与不足，有利于为教学提供信息反馈

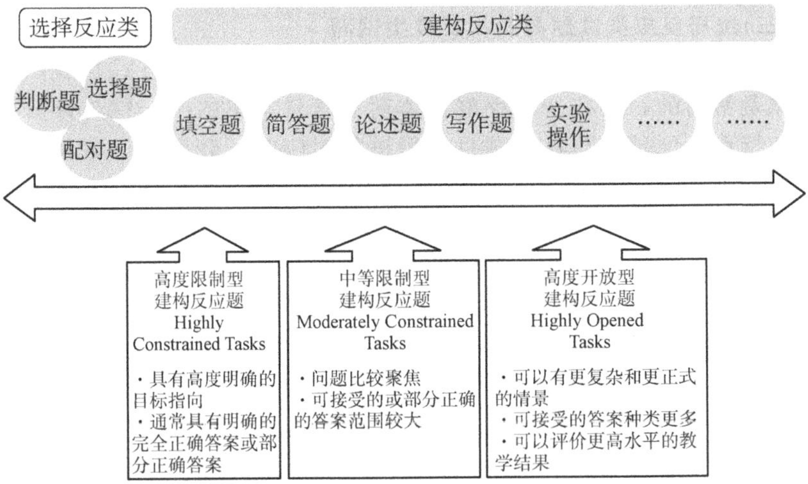

图 4-1　选择反应类试题与建构反应类试题的关系图

① 唐力：《化学试题编制原理与技术》，59 页，广州，广东教育出版社，2015。

本节后续两部分重点介绍选择反应类试题的代表(选择题)和建构反应类试题的代表(填空题)的编制。

二、 化学选择题的编制

选择反应类试题是学生从几个给定的反应中做出选择的一种题型；也叫客观题，包括选择题、判断题、匹配题等多种形式。现代标准化考试主要采用选择反应类试题。它使考试具有信度高、信息量大、适合机器阅卷和节省时间、精力等特点，但答案的固定限制了考生的独立发挥，难以测量考生的表达能力和创造性水平。因此某些考试仍需有一定的建构反应类试题配合。

选择题是化学学业水平考试中最常见的一类题型，本部分重点介绍这种选择反应类试题的编制方法。

选择题包括题干与选项两部分。题干要清楚陈述问题背景、答题条件以及所问问题，分为直接问句和不完全叙述；选项包括正确选项和干扰选项，分为单选、多选、组合型选择等类型。

(一)选择题题干的编写

1. 严格按照命题蓝图规定的内容维度和能力维度，保证考查内容的信度

命题蓝图是命题的主要依据，尤其要依据命题蓝图中每道试题的内容维度、能力维度、难度等信息选择适宜的情境素材。

特别注意的是，很多试题表面上考查的内容维度相近，但由于试题情境呈现的差异，可能涉及其他内容，也可能考查的能力维度不同。

例如，以下试题的考查内容标准都是“说出空气的主要成分”，也可用内容标准细目表述为“能准确说出空气的主要成分为氮气、氧气及其体积分数”。

试题示例 1：在空气的成分中，体积分数约占 21%的是(　　)。

A. 氮气　　B. 氧气　　C. 二氧化碳　　D. 稀有气体

试题示例 2：图 1 为空气成分示意图(按体积计算)，其中“a”代表的是(　　)。

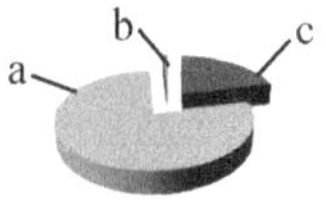

图 1

A. 氧气　　B. 氮气

C. 二氧化碳　　D. 稀有气体

试题示例 3：载人航天器工作舱中的空气成分要与地球上的空气成分

基本一致。

资料：在同温同压下，气体的体积之比等于分子个数之比。

用微观示意图表示工作舱中空气的主要成分，图 2 中最合理的是(　　)。

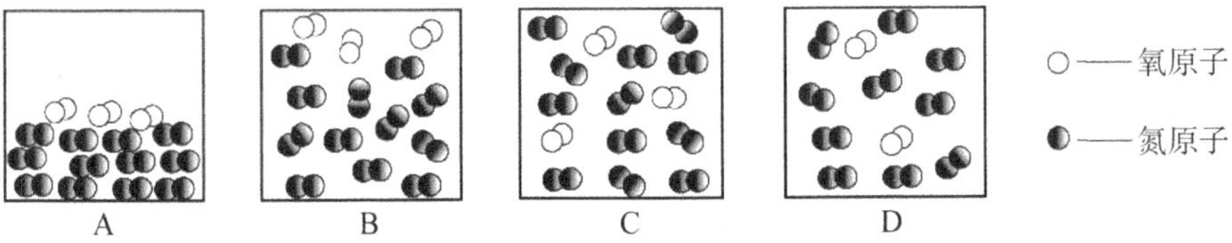

图 2

试题示例 1 是直接、单一地考查内容标准的试题，能力维度是了解；试题示例 2 用统计图表示空气中气体的成分，能力维度是理解，即将体积分数用图表示；试题示例 3 除了考查空气成分之外，还涉及用分子性质解释混合物特征等知识内容，能力要求更综合、更高，达到了初步应用水平。虽然以上选择题的内容维度相似，但具体涉及的知识内容和能力水平有较大差异，因此编制试题时要严格对应命题蓝图。

又如，以下试题的考查内容标准都是"了解物质的分离和提纯的常用方法(过滤、蒸发、蒸馏、萃取、分液)"中对过滤的考查。

试题示例 4：热干面是武汉的传统小吃。下列制作热干面的主要操作中，属于过滤的是(　　)。

A. 调酱　　B. 煮面　　C. 捞面　　D. 拌面

试题示例 5：下列传统酿醋工艺的主要步骤中，包含溶解和过滤操作的是(　　)。

A. 蒸拌原料　　B. 淀粉发酵　　C. 清水浸淋　　D. 放置陈酿

试题示例 6：我国化学家侯德榜发明了联合制碱法，对世界制碱工业做出了巨大贡献。联合制碱法的主要过程如图 3 所示(部分物质已略去)。

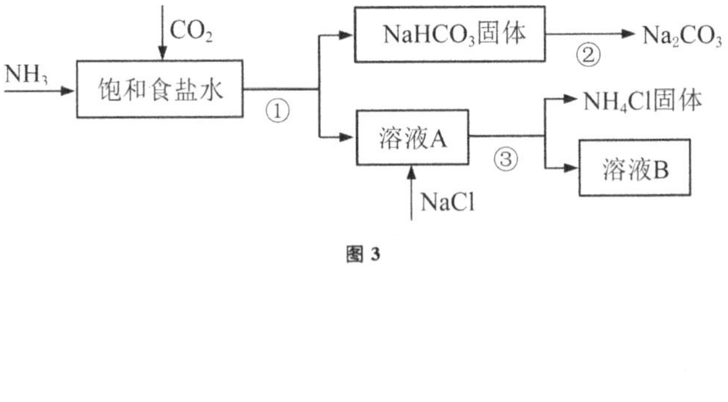

图 3

（1）①～③所涉及的操作方法中，包含过滤的是________（填序号）。

（2）……

试题示例 4 是通过制作热干面过程中捞面的操作将化学实验操作中的固体与液体分离的方法——过滤进行了迁移，考查了学生知识迁移的能力；试题示例 5 是将对过滤操作的考查融入传统酿醋工艺中，与试题示例 4 不同的是将溶解与过滤两个操作放在一起考查；试题示例 6 则是将过滤作为联合制碱法的工业流程中的一种重要的分离方法，强调了其实际应用价值，同时期待学生对整个流程中的具有固体与液体分离的方法进行筛选，难度较前两个示例更大一些，达到了应用的水平。对同一内容的考查，可以采用不同的方式与角度。由于试题情境不同，对于学生的要求也有所差异。

2. 采用新颖的情境素材设计，尽量避免教材语言或教学语言

为减少对简单记忆的考查，建议尽量避免直接用教材语言或教学语言，而选取适宜、新颖的情境素材，考查学生在新情境中运用知识和技能的能力。

试题示例 1：下列丝绸之路贸易中的商品，主要成分属于合金的是（　　）。

A. 青铜器皿	B. 陶瓷	C. 丝绸	D. 中草药

试题示例 2：我国酒文化历史悠久，传统酿造工艺博大精深。下列传统酿酒工艺的主要步骤中，涉及蒸馏的是（　　）。

A. 汲取泉水	B. 粮食发酵	C. 煮蒸白酒	D. 封缸窖藏

试题示例 1 和试题示例 2 中选用了体现我国传统历史文化的素材，图文并茂，既考查对概念的理解，又是对爱国主义、国家情怀的培养。

试题示例 3：通过实验测定了空气的组成成分的科学家是(　　)。

A. 门捷列夫　　B. 达尔文　　C. 拉瓦锡　　D. 牛顿

试题示例 3 选用纪念邮票作为考查化学史中代表人物的素材，但 C 选项中的邮票用错了，邮票中是有机化肥科学家李比希，不是拉瓦锡。因此，在选用情境素材时，要特别注意素材的真实性、科学性等。

3. 精简题干文字和信息，减少阅读题目所花的时间

选择题具有短小、数量多、考查覆盖率高的特点。为减少学生阅读题目所花的时间，而为思考和作答提供更充分的时间，要求选择题的题干信息尽量精简，减少与试题联系不大的内容。

试题示例 1：我国明代科学家宋应星所著的《天工开物》中，详细记述了金、铜、铁、锌等金属的开采和冶炼方法。记述的金属中活动性最强的是(　　)。

A. 金　　B. 铜　　C. 铁　　D. 锌

试题示例 1 开始介绍了《天工开物》，文字较多，而重点就是考查金、铜、铁、锌四种金属的活动性顺序。因此，可以删除前面的介绍，直接简化成"以下四种金属的活动性最强的是(　　)"。

试题示例 2：某外控型食品保鲜剂以淀粉、二氧化硅(SiO_2)为载体，吸附酒精制作而成。保鲜原理是酒精缓慢挥发，在食品周围形成一定浓度的气体保护层。下列说法不正确的是(　　)。

A. SiO_2 中 Si 的化合价为 +4　　B. 起保鲜作用的物质是酒精

C. 该保鲜剂不能与明火接触　　D. 酒精挥发时分子体积变大

试题示例 2 的题干信息与选项、作答过程相关，需要保留必要的内容。

试题示例 3：原电池原理的发现和各种电池装置的发明，改变了人们的生活方式。下列关于图 1 所示原电池装置的说法，不正确的是(　　)。

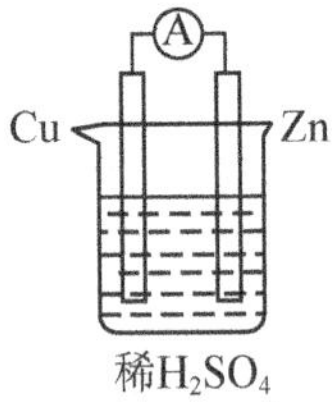

图 1

A. Zn 为原电池的负极

B. 能将化学能转化为电能

C. 电子从 Cu 经导线流向 Zn

D. Cu 上发生的反应为 $2H^+ + 2e^- = H_2\uparrow$

试题示例 3 开始介绍了原电池发明的重大作用，重点就是考查铜、锌做电极的原电池工作原理。因此，可以删除前面的介绍，直接简化成“下列关于图 1 所示原电池装置的说法，不正确的是( )”。

试题示例 4：在一定温度下，在恒容密闭容器中发生反应：$H_2O(g)+CO(g) \rightleftharpoons CO_2(g)+H_2(g)$。当 H_2O、CO、CO_2、H_2 的浓度不再变化时，下列说法正确的是( )。

A. 该反应已达化学平衡状态

B. 正、逆反应速率相等且等于零

C. H_2O 和 CO 全部转化为 CO_2 和 H_2

D. H_2O、CO、CO_2、H_2 的浓度一定相等

试题示例 4 的题干信息中的化学反应与选项、作答过程相关，需要保留必要的内容。

4. 在题干中点明中心思想，而不是在选项中

尽量在选择题的题干中点明考查的核心内容，而不是在选项中。如果在选项中呈现中心思想，一种情况是可能出现重复，另一种情况是选项相互独立、没有关联，相当于一道题考查了多个内容，这是不符合命题要求的。

试题示例 1：下列叙述不正确的是( )。

A. 空气是混合物　　B. 铁是单质

C. 水是氧化物　　D. 石灰水是纯净物

试题示例 1 按照以上原则可以改成“下列关于物质分类的叙述，不正确的是( )”。

试题示例 2：下列说法不正确的是( )。

A. 硝酸属于酸　　B. 液氯属于纯净物

C. 碳酸钠属于碱　　D. 二氧化硫属于氧化物

试题示例 2 按照以上原则可以改成“下列关于物质分类的叙述，不正确的是( )”。

5. 组合型试题内容设计相互独立，不宜相互牵涉

近年来出现了“一拖多”的组合型选择题，即主题干信息相同，每个小题的题干不同，分别考查同一内容主题下不同的内容标准细目。

试题示例：依据实验和溶解度曲线回答 1～4 题。

在 25 ℃时，向下列 4 只盛有 100 g 水的烧杯中，分别加入不同质量的 KCl 固体，使其充分溶解。

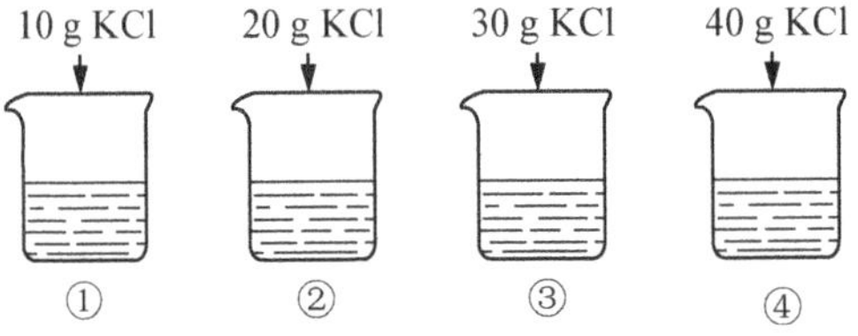

图 1

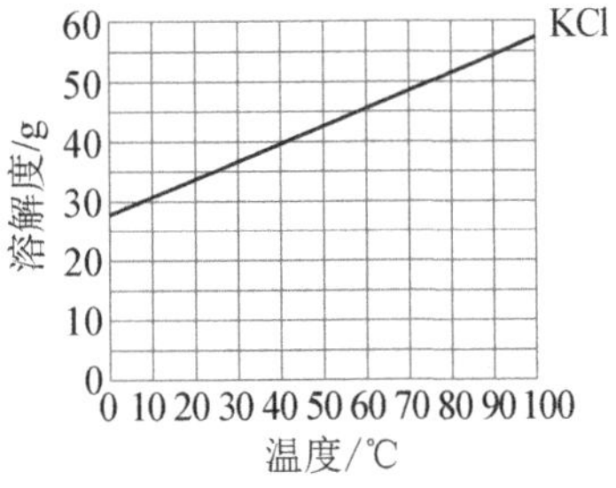

图 2

(1) ①中溶液的质量为(　　)。

A. 10 g　　B. 90 g　　C. 100 g　　D. 110 g

(2)上述溶液为饱和溶液的是(　　)。

A. ②③④　　B. ②④　　C. ③④　　D. ④

(3)能将不饱和 KCl 溶液变为饱和 KCl 溶液的方法是(　　)。

A. 升高温度　　B. 加水　　C. 加 KCl 固体　　D. 倒出部分溶液

(4) ④中溶液的溶质质量分数约为(　　)。

A. 26%　　B. 29%　　C. 35%　　D. 40%

组合型选择题注意小题之间的考查内容要保持独立，不要有牵涉。例如，前一题是后一题的解题线索，小题之间有重复考查的内容等。

(二)选择题选项的编写

1. 明确每个选项考查的含义

选择题的选项不是随意列出的，而要根据命题蓝图的要求和题干信息，对每个选项的考查内容、目的等进行精心设计。

例如，某年北京市初中化学教育教学质量监测中列出了每道选择题的选项含义，如表 4-2 所示。

表 4-2　某年北京市初中化学教育教学质量监测选择题设计表

题号	题目描述	选项含义	
		选项	错误类型
1	了解化学变化的基本特征	A	错在不明确变化本质
		B	错在不明确变化本质
		C	正确答案
		D	错在不明确变化本质

续表

题号	题目描述	选项含义	
		选项	错误类型
2	了解溶解现象	A	正确答案
		B	错在没有生活经验
		C	错在没有做过实验
		D	错在不知道溶解性
3	用化学式表示物质组成	A	错在对角标含义理解不清
		B	错在对化学式含义理解不清
		C	正确答案
		D	错在不能区分原子和离子
4	识别氧化物	A	错在不理解氧化物只含两种元素
		B	错在不理解氧化物只含两种元素
		C	错在不明确氧化物属于化合物
		D	正确答案
5	配制溶液	A	错在对实验步骤理解不清
		B	错在对实验步骤理解不清
		C	错在对实验步骤理解不清
		D	正确答案
6	正确书写化学式	A	错在不知道常见元素化合价
		B	错在不知道常见元素化合价
		C	正确答案
		D	错在含变价元素的物质命名
7	二氧化碳的收集	A	错在对排空气法收集气体装置中进气管位置不清
		B	正确答案
		C	错在对二氧化碳的溶解性理解不清
		D	错在对二氧化碳的密度理解不清
8	了解化肥的作用	A	正确答案
		B	错在对化肥分类不清
		C	错在对化肥分类不清
		D	错在对化肥分类不清

续表

题号	题目描述	选项含义	
		选项	错误类型
9	催化剂的作用	A	错在不理解催化剂对反应的影响
		B	错在不理解催化剂对速率的影响
		C	正确答案
		D	错在不理解催化剂对反应和速率的影响
10	过滤操作	A	错在不会使用滴管
		B	正确答案
		C	错在不会读数
		D	错在不会检查气密性
11	原子可以结合成分子	A	错在对原子概念理解不清
		B	错在对宏观和微观理解不清
		C	正确答案
		D	错在观察不细和不会书写方程式
12	识别反应类型	A	错在不熟悉化学基本反应类型的特点
		B	错在不熟悉化学基本反应类型的特点
		C	正确答案
		D	错在不熟悉化学基本反应类型的特点
13	氧气的性质	A	错在对木炭燃烧现象的观察或记忆不清
		B	正确答案
		C	错在对镁条燃烧现象的观察或记忆不清
		D	错在对铁丝燃烧现象的观察或记忆不清
14	溶解度的含义	A	错在对溶解度概念理解不清
		B	错在看不懂图
		C	错在看不懂图和对溶质质量分数不清
		D	正确答案
15	盐的性质	A	错在不明确题目要求
		B	错在不明确题目要求
		C	错在不明确题目要求
		D	正确答案

根据以上选项设计编制的选择题示例如下。

试题示例 1：根据图 1 判断，下列说法不正确的是(　　)。

A. 20 ℃时，20 g B 可全部溶解于 100 g 水中

B. B 的溶解度随温度的升高而增大

C. t ℃时，A 和 B 的饱和溶液中的溶质质量分数相等

D. 将 t ℃时 A 的饱和溶液升温到 20 ℃，其溶质质量分数增大

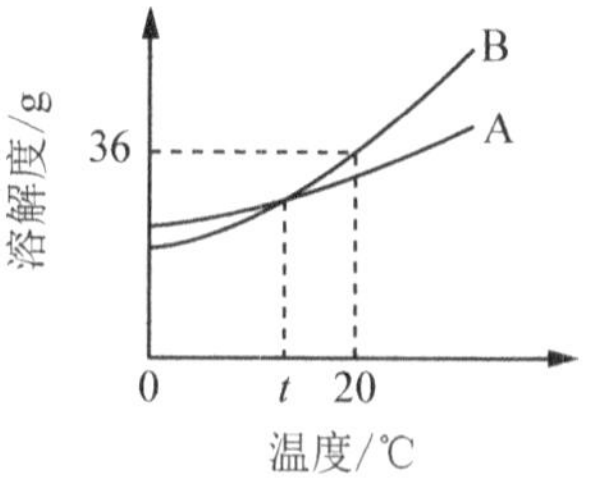

图 1

以上试题综合考查饱和溶液、溶解度、溶质质量分数等概念，考查根据图像信息进行综合分析和判断的能力。A 选项重点考查溶解度的读数及判断将一定质量的固体加入 100 g 水中的溶解情况；B 选项考查分析溶解度曲线的变化趋势；C 选项考查溶解度曲线中两种物质的饱和溶液与溶质质量分数的比较；D 选项考查一种溶液温度变化后饱和溶液及溶质质量分数的变化。

试题示例 2：下列“实验操作及现象”与“实验结论”不符的一组是(　　)。

选项	实验操作及现象	实验结论
A	向蔗糖中滴加浓硫酸，蔗糖变黑	浓硫酸有吸水性
B	向 KI 淀粉溶液中滴加氯水，溶液变成蓝色	氧化性：$Cl_2 > I_2$
C	向某盐溶液中滴加 KSCN 溶液，溶液变为红色	该溶液中含有 Fe^{3+}
D	向某盐溶液中加入浓 NaOH 溶液，加热，产生的气体能使湿润的红色石蕊试纸变蓝	该溶液中含有 NH_4^+

以上试题是针对“实验操作及现象”与“实验结论”的一致性进行的考查，考查了浓硫酸的特性、卤素的性质、Fe^{3+} 的检验方法和 NH_4^+ 的检验方法。A 选项考查的是对浓硫酸脱水性的判断；B 选项考查的是通过卤素之间的置换反应判断氧化性的强弱；C 选项考查的是 Fe^{3+} 的检验方法；D 选项考查的是 NH_4^+ 的检验方法。

2. 尽量保持选项在内容和语法结构上同质

选项尽量用相对统一的表达方式，以使选项具备诱答力。此外，同一试题中图形的应用也要一致，实验装置图都是立体图或都是平面图；图片的风格也应尽量统一。

试题示例1：木炭在氧气中燃烧并检验生成物的实验如图1所示，下列说法不正确的是(　　)。

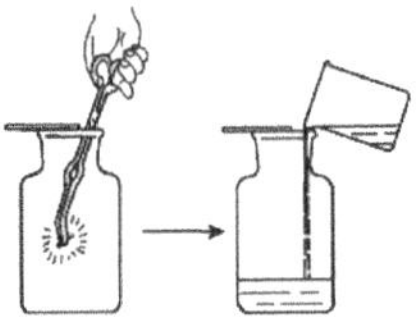

图1

A. 燃烧发白光

B. 该反应放热

C. 生成一种无色气体

D. 烧杯中的物质是水

以上试题的A、B、C选项描述的都是化学反应的实验现象或产物，而D选项说明的是烧杯中的物质，与这个反应没有直接关系，与前几个选项的内容不太一致，容易引起学生注意而被选择。建议修改成“反应后加入水”，以使其他选项更具干扰性。

试题示例2：碳在自然界的循环过程如图2所示。下列说法不正确的是(　　)。

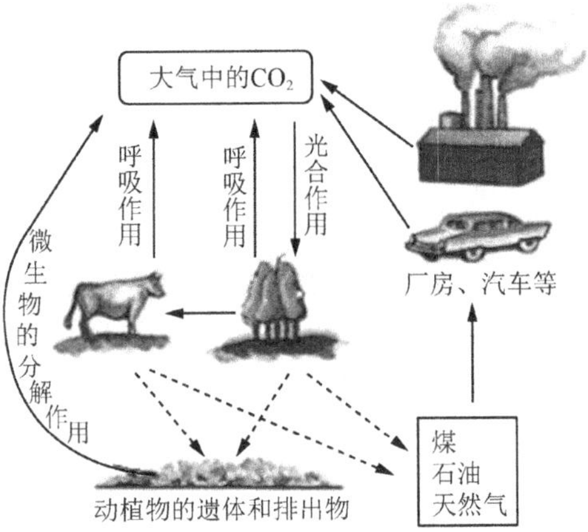

图2

A. 氧元素未参与该循环过程

B. 绿色植物的光合作用可吸收CO_2

C. 动植物遗体被微生物分解可产生CO_2

D. 控制化石燃料的使用可减少碳的排放

以上试题的A、B、C选项都与碳在自然界中的循环过程相关，而D选项说明的是控制化石燃料的使用可减少碳的排放，与上图没有直接关系，与前几个选项的内容不太一致。建议修改成“碳的循环涉及氧化还原反应”。

3. 避免使用“以上都是”或“以上都不是”的选项

将“以上都是”或“以上都不是”作为选项的选择题，需要学生综合考虑其他所有选项，在一定程度上增加了试题难度，等同于将单选题变成了多选题。因此，要尽量减少这种选项的设置。

试题示例：一元碱A与0.01 mol/L的一元强酸等体积混合后所得溶液的pH为7。以下说法正确的是(　　)。

①若A为弱碱，其溶液的物质的量浓度大于0.01 mol/L

②若A为强碱，其溶液的物质的量浓度等于0.01 mol/L

③反应前，A溶液中$c(OH^-)$一定是0.01 mol/L

④反应后，混合溶液中阴离子的浓度大于阳离子的浓度

A. ①②　　B. ①③　　C. ①②③　　D. ①②③④

答案：C。

建议将本题改为：

一元碱A与0.01 mol/L的一元强酸等体积混合后所得溶液的pH为7。以下说法不正确的是(　　)。

A. 若A为弱碱，其溶液的物质的量浓度大于0.01 mol/L

B. 若A为强碱，其溶液的物质的量浓度等于0.01 mol/L

C. 反应前，A溶液中$c(OH^-)$一定是0.01 mol/L

D. 反应后，混合溶液中阴离子的浓度大于阳离子的浓度

答案：D。

4. 选项尽量按照逻辑顺序或数字顺序来呈现

选项的排序不应有提示作用，除了随机排布及在组卷时考虑正确选项的分布之外，应尽量按照一定的逻辑关系。例如，数字可以从大到小或从小到大排序，字数可以从少到多排序等，见以下试题示例。

试题示例1：依据溶解度曲线和实验回答1～2题。

R是硝酸钾或氯化铵中的一种，硝酸钾和氯化铵的溶解度曲线如图1所示。某化学小组进行了如图2所示的实验。

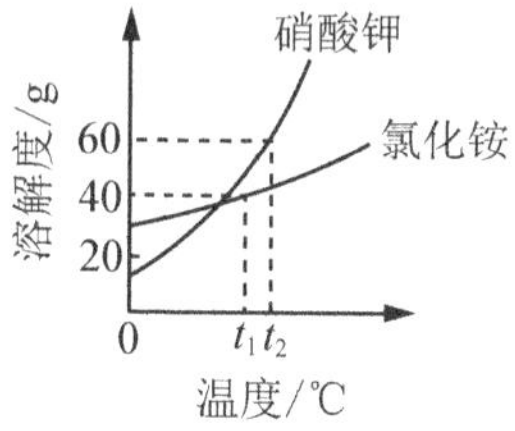

图1

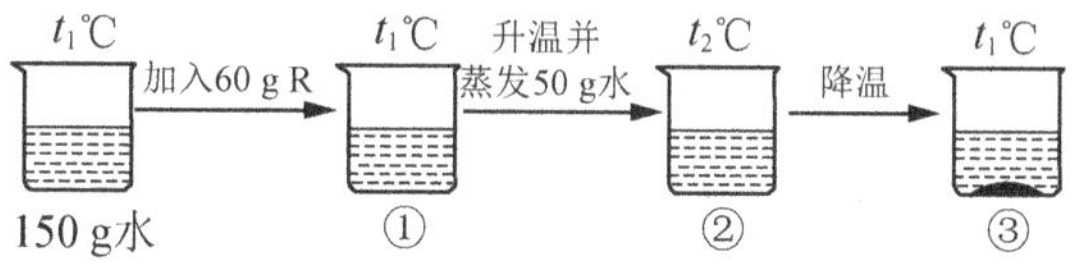

图2

(1) ①中溶液的质量为(　　)。

A. 210 g　　B. 160 g　　C. 150 g　　D. 60 g

(2)关于图 2 中烧杯内的物质，下列说法正确的是(　　)。

A. ①②中溶液的溶质质量分数相等

B. 使③中的固体溶解，可采用降温的方法

C. 在①②③中，只有③中溶液是饱和溶液

D. ①中溶液的溶质质量分数一定比③中溶液的溶质质量分数小

试题示例 2：变量控制是科学研究的重要方法。相同质量的铝与足量 1 mol · L^{-1} 盐酸分别在下列条件下发生反应，在开始阶段化学反应速率最大的是(　　)。

选项	铝的状态	实验温度/℃
A	片状	20
B	片状	30
C	粉末状	20
D	粉末状	30

在实际的实验背景下进行，依据课标必修课程主题 1 中“能运用变量控制的方法初步探究反应规律”的要求，考查学生运用变量控制的实验方法进行实验数据分析的能力，在学科的实际应用背景下考查学科的研究方法等。

试题示例 3：验证牺牲阳极的阴极保护法，实验如下(烧杯内均为经过酸化的 3% NaCl 溶液)。

①	②	③
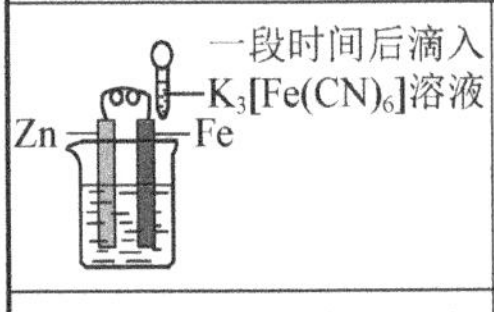	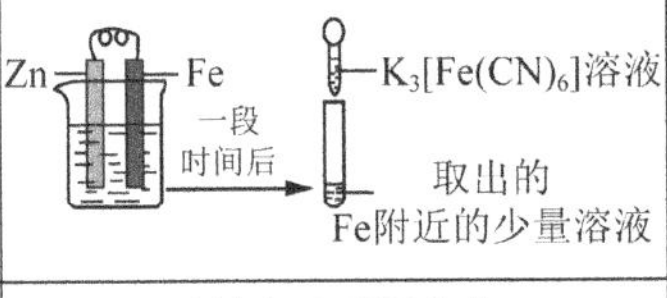	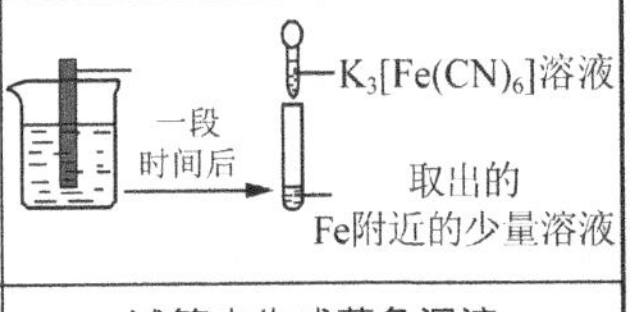
在 Fe 表面生成蓝色沉淀	试管内无明显变化	试管内生成蓝色沉淀

下列说法不正确的是(　　)。

A. 对比②③，可以判定 Zn 保护了 Fe

B. 对比①②，$K_3[Fe(CN)_6]$可能将 Fe 氧化了

C. 验证 Zn 保护了 Fe 时不能用①的方法

D. 将 Zn 换成 Cu，用①的方法可判断 Fe 比 Cu 活泼

答案：D。

本试题是一道实验研究的综合试题，因而内容综合度高，涉及知识、方法等多方面。选项之间因角度和实验依据的不同保持独立，A、B选项是依据不同实验得出的对应结论，C、D选项是对上述结论的应用，因而4个选项存在合理的逻辑关系，共同构成对上述实验研究多角度的分析和表达。

5. 适量使用组合型选项

组合型选项的选择题是指在题干中提供了若干信息，分别用代码表示，选项是以上代码的组合，如以下试题示例。这种选项的选择题相当于多项选择题，在一定程度上提高了试题难度。

试题示例1：欲将下列物质中所含杂质除去，所选除杂试剂正确的是(　　)。

序号	物质	所含杂质	除杂试剂
①	O_2	CO_2	NaOH溶液
②	$CaCO_3$	$CaCl_2$	稀盐酸
③	盐酸	稀硫酸	$BaCl_2$ 溶液
④	KNO_3 溶液	KOH	$FeCl_3$ 溶液

A. ①②　　B. ①③　　C. ②③　　D. ③④

试题示例2：一种芳纶纤维的拉伸强度比钢丝还高，被广泛用作防护材料。其结构片段如图1所示。

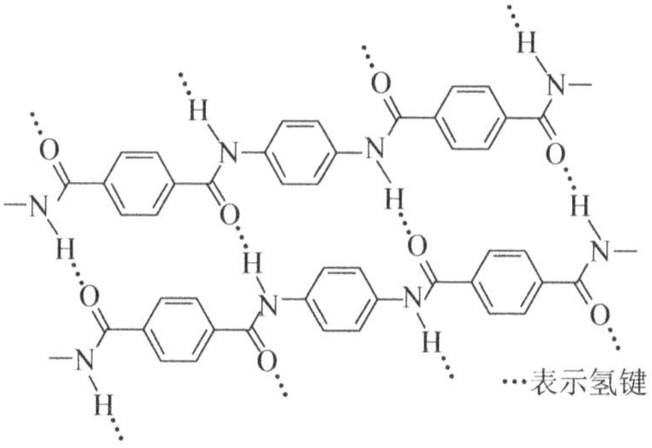

图1

下列关于该高分子的说法正确的是(　　)。

A. 完全水解产物的单个分子中，苯环上的氢原子具有不同的化学环境

B. 完全水解产物的单个分子中，含有官能团—COOH或—NH_2

C. 氢键对该高分子的性能没有影响

D. 结构简式为：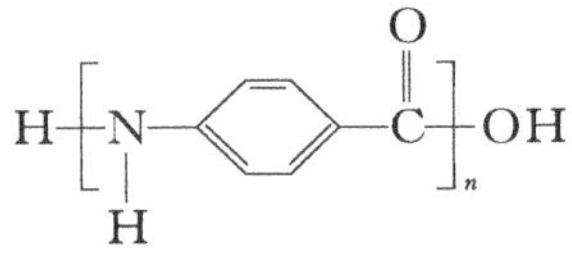

答案：B。

试题示例 3：交联聚合物 P 的结构片段如图 2 所示(图中〰表示链延长)。下列说法不正确的是(　　)。

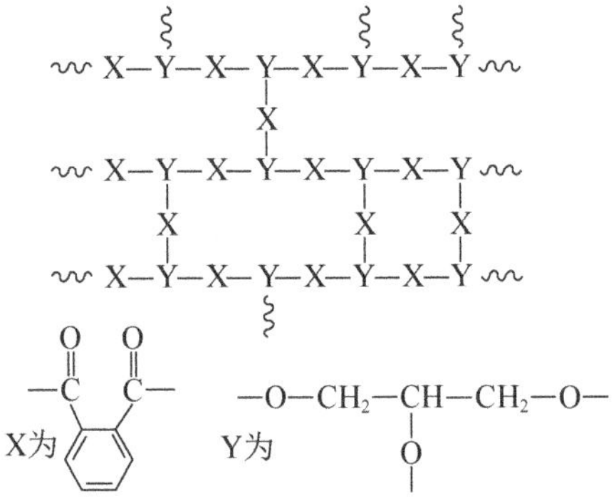

图 2

A. 聚合物 P 中有酯基，能水解

B. 聚合物 P 的合成反应为缩聚反应

C. 聚合物 P 的原料之一丙三醇可由油脂水解获得

D. 邻苯二甲酸和乙二醇在聚合过程中也可形成类似聚合物 P 的交联结构

答案：D。

试题示例 2 和试题示例 3 均以实际的高分子为背景材料，综合考查有机化合物的组成、结构、性质，基于官能团、化学键与反应类型等，以及认识有机化合物的一般思路等知识与方法。各选项从不同的角度考查具体的有机物分子的结构和变化，综合度高。同时，以结构图示的方式呈现信息，考查学生基于问题分析提取有效信息的能力，重点考查“宏观辨识与微观探析”的化学学科核心素养。

以下两个试题无论形式和内容都是很典型的，是结合陌生实际背景设计专题试题的例子，其中信息的呈现形式多样，角度丰富，有利于试题中问题的多角度设计，也有利于学生解决问题时的多角度分析。在设计试题的过程中，选取素材和设计素材的呈现方式都是重要方面。

试题示例 4：我国在 CO_2 催化加氢制取汽油方面取得了突破性进展，CO_2 转化过程示意图如图 3 所示。

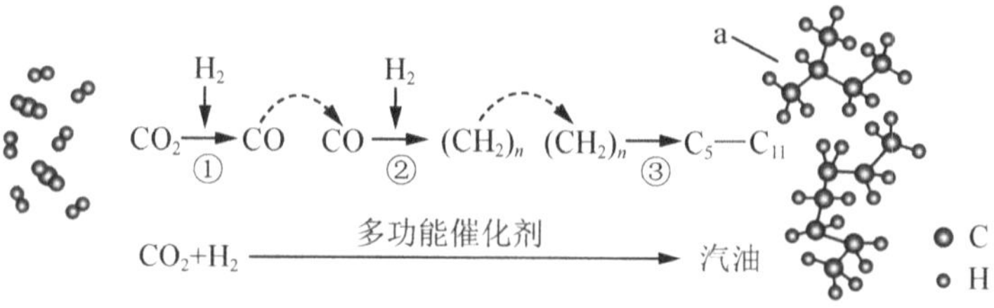

图 3

下列说法不正确的是(　　)。

A. 反应①的产物中含有水

B. 反应②中只有碳碳键形成

C. 汽油主要是 $C_5 \sim C_{11}$ 的烃类混合物

D. 图中 a 的名称是 2-甲基丁烷

答案：B。

试题示例 5：我国科研人员提出了由 CO_2 和 CH_4 转化为高附加值产品 CH_3COOH 的催化反应历程。该历程示意图如图 4 所示。

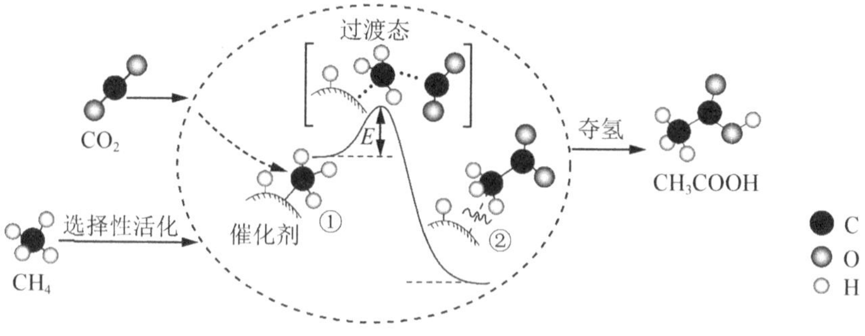

图 4

下列说法不正确的是(　　)。

A. 生成 CH_3COOH 总反应的原子利用率为 100%

B. 在 $CH_4 \rightarrow CH_3COOH$ 过程中，有 C—H 键发生断裂

C. ①→②放出能量并形成了 C—C 键

D. 该催化剂可有效提高反应物的平衡转化率

答案：D。

再如在选择题中常出现的化学用语表述综合考查专题，化学用语是对物质及其变化过程的符号表达，具有宏观、微观、定性、定量等多角度的丰富含义。选择题中常会设计关于化学用语表述的试题。

下面两道试题从不同的角度设计，呈现方式不同，均考查学生对典型物质性质和变化的准确理解。对比两道试题，考查的均为化学用语表达，但考查的内容和方式，以及陌生程度对试题的难度有较大影响，设计试题时需根据试题承担的测试功能和整体规划的难度等合理选择内容和方式。

试题示例 6：下述实验中均有红棕色气体产生，对比分析后所得结论**不正确**的是(　　)。

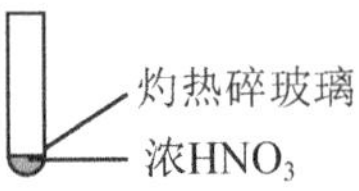	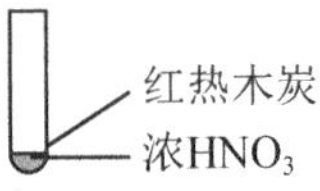	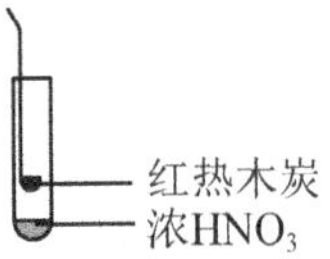
①	②	③

A. 由①中的红棕色气体，推断产生的气体一定是混合气体

B. 红棕色气体不能表明②中木炭与浓硝酸发生了反应

C. 由③说明浓硝酸具有挥发性，生成的红棕色气体为还原产物

D. ③的气体产物中检测出 CO_2，由此说明木炭一定与浓硝酸发生了反应

答案：D。

本试题的背景是真实的实验研究过程，考查实验研究的方法，以及根据实验现象，运用对比的方法进行分析和推理，得出合理的结论的能力。属于选择题中综合度和难度较高的试题，一般区分度较好。

从上述几个例子可以看出，在设计综合考查专题的试题时，一般选择具有一定综合度的主题，既包含知识结构，又包含研究及分析问题的方法，背景材料的综合度高，多角度呈现问题，这样利于考查学生解决问题的综合能力，较好地考查学生的学科核心素养。

试题示例 7：研究表明，氮氧化物(NO_x)和二氧化硫在形成雾霾时与大气中的氨有关，其转化关系如图 5 所示。

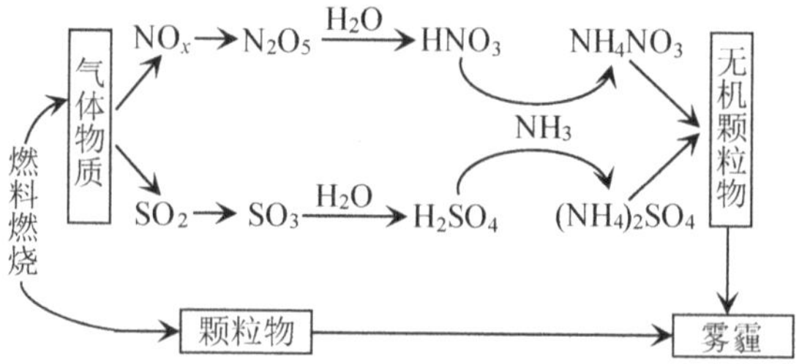

图 5

下列关于雾霾及其形成的叙述，不正确的是（　　）。

A. 与燃料燃烧有关

B. 涉及氧化还原反应

C. 雾霾中含有 NH_4NO_3 和 $(NH_4)_2SO_4$

D. NH_3 是形成无机颗粒物的催化剂

答案：D。

本试题以雾霾形成的部分原理的研究为背景，依据课标必修课程主题1中“能有意识运用所学的知识或寻求相关证据参与社会性议题的讨论（如酸雨和雾霾防治、水体保护、食品安全等）”的要求，综合考查物质转化的相关问题。利用实际的综合度高的背景材料，可以多角度地设计问题，考查学生的知识结构化的水平、整合知识解决实际问题的能力，引导学生学习和教师教学重视对知识的结构化理解和应用。

三、 化学填空题的编制

根据前面的建构反应类试题的定义辨析可以看出，绝大部分的建构反应类试题旨在给学生充分的空间展示其认知能力，并使教师可以通过学生作答判断其在所要考查的内容和能力上的水平。因此建构反应类试题所对应的能力必然是较高水平的认知能力。在这一基本前提下，在命制建构反应类试题的过程中，注意一些基本原则和方法，有助于保证题目质量。

化学学业水平考试中常用的填空题是一种限制性试题，介于主观题和客观题之间，一般要求学生用一个词、一个数字或符号、一个短语或词组，最多不超过三个句子来回答问题。填空题既可以是选择反应类试题，多考查记忆、复现和了解的能力；也可以是建构反应类试题，多考查理解、应用等高水平的认知能力。前者试题的答案多是唯一的，后者多是主观题、开放型试题，要关注评阅特点和要求。

(一)题干素材的选择及表达

与选择题的命制要求一致，填空题首先要严格按照命题蓝图规定的内容维度和能力维度，保证考查内容的信度；其次要采用新颖的情境素材，尽量避免教材语言或教学语言；最后要精简题干文字和信息，减少阅读题目所花的时间。

试题示例 1：在我国发行的第五套人民币中，铸造 1 元、5 角和 1 角硬币的主要材料含有铁、镍(Ni)、铜等。

(1)选择铁、镍、铜等金属作为铸造硬币的原料，主要考虑的因素有________(答出一条即可)。

(2)如图 1 所示，观察到铁丝和镍丝表面均有固体析出，则上述三种金属的活动性由强到弱的顺序为________。

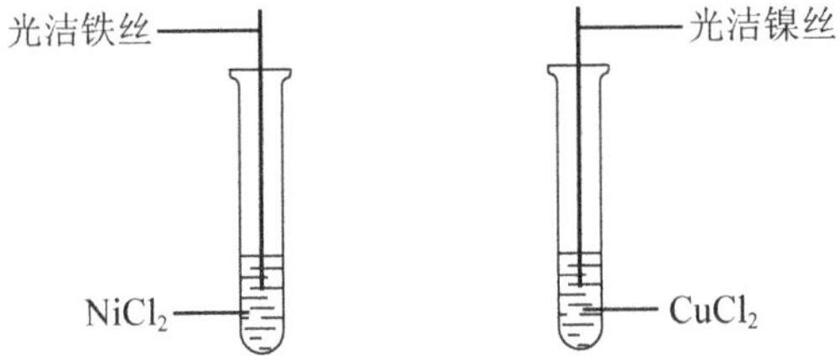

图 1

以上试题对应考查的内容标准分别是：能说明金属的物理特征与用途间的联系；能设计实验说明常见金属的活动性顺序。试题的情境素材是我国人民币中硬币的金属材料，体现了用化学原理分析、解释生活中的应用的特点。

试题示例 2：为纪念元素周期表诞生 150 周年，国际纯粹与应用化学联合会等向世界介绍 118 位优秀青年化学家，并形成一张“青年化学家元素周期表”。中国学者雷晓光、姜雪峰、刘庄分别成为“N”“S”“Hg”元素的代言人。

(1)汞的原子结构示意图为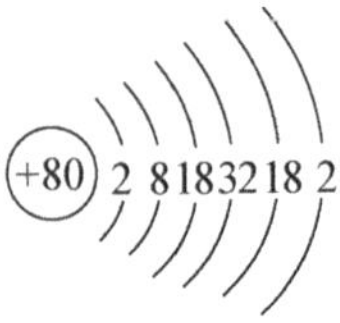

。汞是周期表的第________周

期元素。

(2)汞的应用历史悠久。我国古代将丹砂(HgS)在空气中煅烧得到汞和二氧化硫，该反应的化学方程式为______________。

(3)NH_3、H_2O、H_2S 分别为氮、氧、硫 3 种元素对应的氢化物，其中最稳定的氢化物是__________。

(4)硒(Se)与硫位于同一主族，均是生命必需元素。下列推断正确的是__________(填序号)。

①硒元素的最低负化合价为−2 价

②二氧化硒(SeO_2)具有还原性

③硒的最高价氧化物对应的水化物属于酸

以上试题对应考查了元素周期律(表)的相关内容。题干以在元素周期表诞生 150 周年活动中，我国三位科学家分别成为"N""S""Hg"元素的代言人为背景，考查以三种元素为主的元素周期律(表)的相关知识，强化了元素周期律(表)在化学科学研究中的重要作用，同时也体现了我国科学家在化学研究工作中的重大贡献，提升了民族自豪感。

(二)问题设计与考查能力匹配

1. 选择适宜的问题类型

化学学业水平考试中填空题常见的类型包括文字填空、符号或数字填空、画图(实验装置图、微观示意图等)、计算过程、连线匹配、是否判断等。每类填空题的限制度不同，考查能力也有差异。相比而言，符号或数字类填空题主要是客观题，答案比较唯一，如化学式、化学方程式的书写，化学结果的计算等；文字叙述类填空题偏向主观题；连线匹配、是否判断等试题基本是唯一答案，类似于选择反应类试题；计算和画图类填空题是典型的主观题，是建构反应类试题。应依据命题蓝图和题干，选择适宜的问题类型。

试题示例 1：实验室可通过图 1 所示装置得到金属铁，该反应的化学方程式为______________，该反应也是工业冶炼铁的主要原理。图中酒精灯的作用是__________。

以上初中化学试题中的第一空考查化学方程式的书写，是典型的符号类填空题，要求书写正确、规范；第二空是文字叙述类填空题，要求表达正确、完整、清晰。

试题示例 2：氧化铁与氧气在点燃条件下反应，其微观示意图如图 2 所示，请在方框中补全相应微粒的图示。

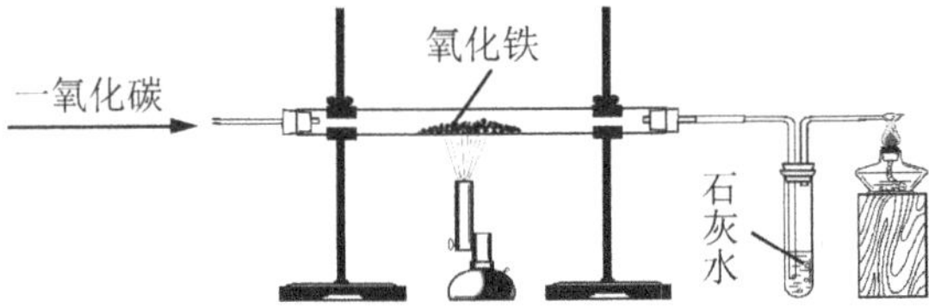

图 1

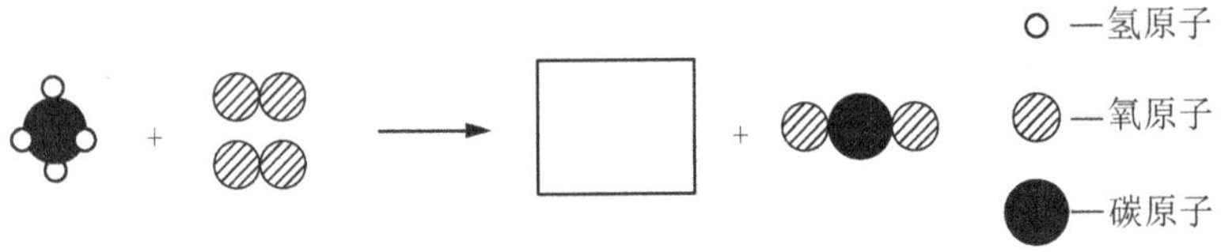

图 2

以上初中化学微观示意图试题，要求学生画出生成物的微观示意图。学生依据质量守恒定律中的原子种类和个数不变，推算出未知生成物是 2 个水分子，要用微观示意图表示。学生可能有多种画法，如直线形水分子、用“2”代表 2 个水分子、水分子中两个氢原子连一起等，这些不是规范的画法，但都有正确的推算。这是典型的主观题。

试题示例 3：乙炔(C_2H_2)是生产聚氯乙烯的重要原料。用电石(主要成分为 CaC_2)与水反应可制取乙炔，最终还可得到电石渣。某电石渣中含氢氧化钙 92.5%，其余为杂质，此电石渣可用于处理电镀厂排出的酸性废水。

(1)乙炔中碳元素、氢元素的质量比为________。

(2)100 kg 上述电石渣中氢氧化钙的质量为________ kg。

(3)用上述电石渣处理含硫酸 196 kg 的酸性废水(假设电石渣中的杂质、废水中其他成分均不参加反应)，求至少需要电石渣的质量(写出计算过程及结果)。

以上是初中化学方程式计算题，第(1)小题和第(2)小题要求直接写出计算结果，第(3)小题则要求写出计算过程及结果。学生可采用不同的计算方法，体现了试题的开放性和主观性。

试题示例 4：请从 21-A 或 21-B 两题中任选一个作答，若两题均作答，按 21-A 计分。

21-A　补齐物质与其用途的连线	21-B　补齐标识与其含义的连线
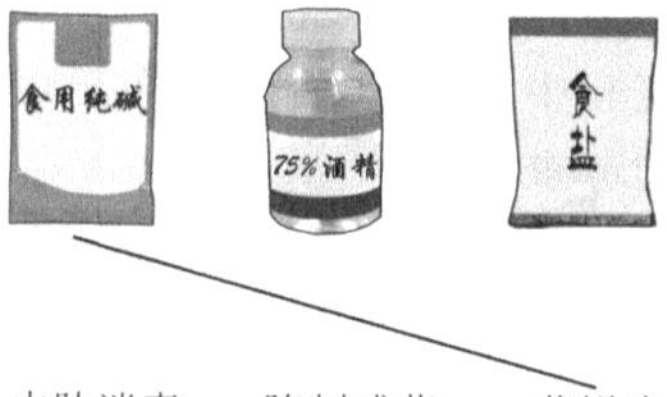	
皮肤消毒　腌制咸菜　蒸馒头	可回收物　节约用水　禁止吸烟

以上试题是连线匹配题，是典型的选择反应类试题。此外，该试题为学生提供了选做的机会，体现了试题的开放性和主观性。

试题示例 5：某学习小组用下图装置研究 SO_2 的性质。

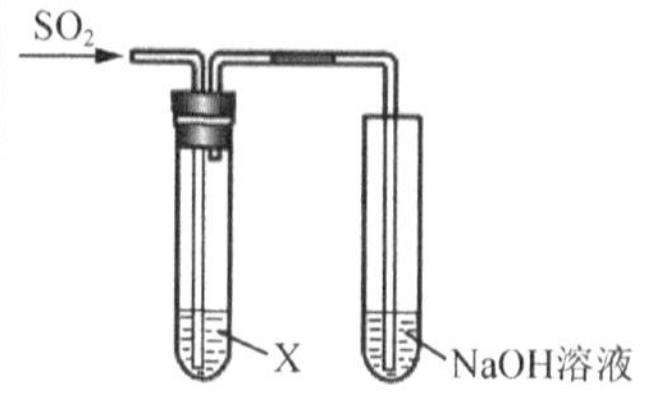

序号	X	实验现象
Ⅰ	紫色石蕊溶液	现象 a
Ⅱ	品红溶液	溶液由红色变为无色，加热后又恢复原来的颜色
Ⅲ	酸性 $KMnO_4$ 溶液	溶液由紫色变为无色

请回答：

(1)在实验Ⅰ中，现象 a 是________。

(2)根据实验Ⅱ，推断 SO_2 的化学性质是________。

(3)根据实验Ⅲ，推断无色溶液中所含的离子是 K^+、Mn^{2+}、H^+ 和________。

(4)结合离子方程式说明实验中 NaOH 溶液的作用是________。

这是化学合格性考试中涵盖的三个认知层级的典型题目，第(1)小题和第(2)小题以教材中典型代表物 SO_2 的漂白性和其水溶液的酸性为情境问题，旨在考查学生对原型知识的辨认、再现与复述。第(3)小题的实验现象与第(2)小题的实验现象虽然相似(均变无色)，但反应物不同，反应原理也不同，学生须根据氧化还原反应原理进行分析：酸性 $KMnO_4$ 溶液是常见的强氧化剂，具有强氧化性，SO_2 具有还原性，从而推出二者发生了氧化还原反应，再根据反应前后锰元素的化合价由 +7 价降为 +2 价，推出硫元素的化合价由 +4 价升为 +6 价，从而推断出实验Ⅲ中所得无色溶液中还含有 SO_4^{2-}，这显然是对“理解”思维层级的考查。第(4)小题学生

依据 SO_2 有毒推知最后一个装置应是尾气处理装置，再根据 SO_2 作为酸性氧化物能与碱反应的规律，推知 SO_2 与 NaOH 溶液反应的产物为 Na_2SO_3 和水，最后根据离子方程式的书写规则将实验中 NaOH 溶液的作用进行完整表达，这显然是对“综合应用”思维层级的考查。

试题示例 6：以 Na_2SO_3 溶液和不同金属的硫酸盐溶液为实验对象，探究盐的性质和盐溶液间反应的多样性。

实验	试剂		现象
	滴管	试管	
 2 mL	$0.2\ mol \cdot L^{-1}$ Na_2SO_3 溶液	饱和 Ag_2SO_4 溶液	Ⅰ. 产生白色沉淀
		$0.2\ mol \cdot L^{-1} CuSO_4$ 溶液	Ⅱ. 溶液变绿，继续滴加产生棕黄色沉淀
		$0.1\ mol \cdot L^{-1} Al_2(SO_4)_3$ 溶液	Ⅲ. 开始无明显变化，继续滴加产生白色沉淀

(1)经检验，现象Ⅰ中的白色沉淀是 Ag_2SO_3。用离子方程式解释现象Ⅰ：________。

(2)经检验，现象Ⅱ的棕黄色沉淀中不含 SO_4^{2-}，含有 Cu^+、Cu^{2+} 和 SO_3^{2-}。

已知：$Cu^+ \xrightarrow{稀 H_2SO_4} Cu + Cu^{2+}$，$Cu^{2+} \xrightarrow{I^-} CuI\downarrow$(白色)$+I_2$。

①用稀 H_2SO_4 证实沉淀中含有 Cu^+ 的实验现象是________。

②通过下列实验证实，沉淀中含有 Cu^{2+} 和 SO_3^{2-}。

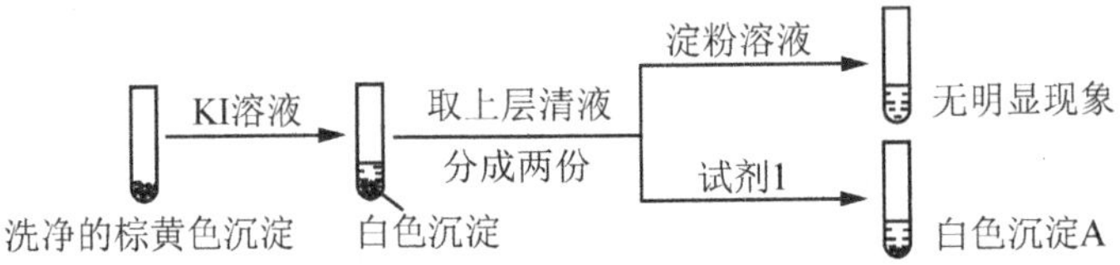

a. 白色沉淀 A 是 $BaSO_4$，试剂 1 是________。

b. 证实沉淀中含有 Cu^{2+} 和 SO_3^{2-} 的理由是________________。

(3)已知：$Al_2(SO_3)_3$ 在水溶液中不存在。经检验，现象Ⅲ的白色沉淀中无 SO_4^{2-}，该白色沉淀既能溶于强酸，又能溶于强碱，还可使酸性 $KMnO_4$ 溶液褪色。

①推测沉淀中含有亚硫酸根和________。

②对于沉淀中亚硫酸根的存在形式提出两种假设：i. 被 $Al(OH)_3$ 所

吸附；ii. 存在于铝的碱式盐中。对假设ⅱ设计了对比实验，证实了假设ⅱ成立。

a. 将对比实验方案补充完整。

步骤一：

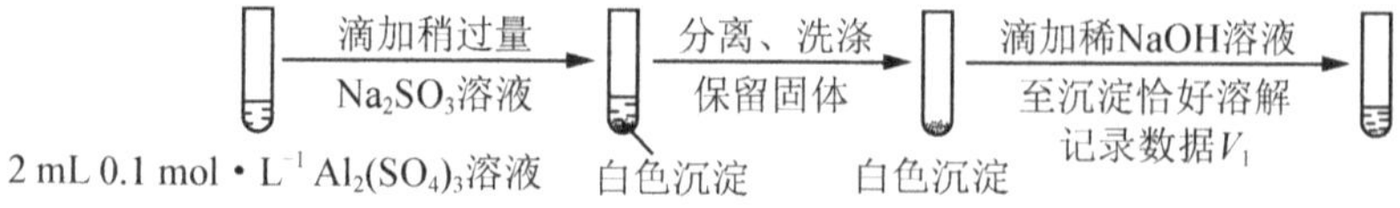

步骤二：________（按上图形式呈现）。

b. 假设ⅱ成立的实验证据是________。

（4）根据实验，亚硫酸盐的性质有________。盐溶液间反应的多样性与________有关。

本题以 Na_2SO_3 溶液和不同金属的硫酸盐溶液为实验对象，探究盐的性质和盐溶液间反应的多样性。题目中使用了“解释、证实、推测、假设、对比实验、实验证据、根据实验”等词，考查了考生从试题提供的新信息中准确提取实质性内容，并将其与已有知识模块整合，重组为新知识模块的能力；考查了考生在解决化学问题的过程中，运用科学方法，初步了解化学变化规律，并对化学现象提出科学合理解释的化学实验与科学探究能力。

2. 在命题中使用恰当的动词对应考查能力

建构反应类试题要体现对于高水平思维能力的考查，即如果命制一道建构反应类试题仅仅是为了考查对知识的记忆或提取，那么命题者应考虑是否可以将这个题改成选择反应类试题（例如，选择题）。因此，若要突出填空题作为建构反应类试题的特点，要特别注意设计适宜的问题对应考查的高阶能力。

布卢姆以识记、理解、应用、分析、评价、创造六个行为动词概括了个体的认知思维过程，这些过程是按照思维水平不断递进的，各学科及类型的试题对以上动词的体现有所不同。以 2017 年在《考试研究》上发表的一篇文章为例进行说明，文中研究者结合当前高考英语阅读写作题型对布卢姆的认知层级理论进行了深入的学科化分析，并通过图 4-2 概括地呈现了其结果。化学学业水平考试中的科普阅读题也有一致的表现。

结合阅读写作这一题型，“记忆”“理解”两个认知过程被解读为信息再现，对应获取、识别文中信息的题型；“应用”“分析”两个认知过程被解读

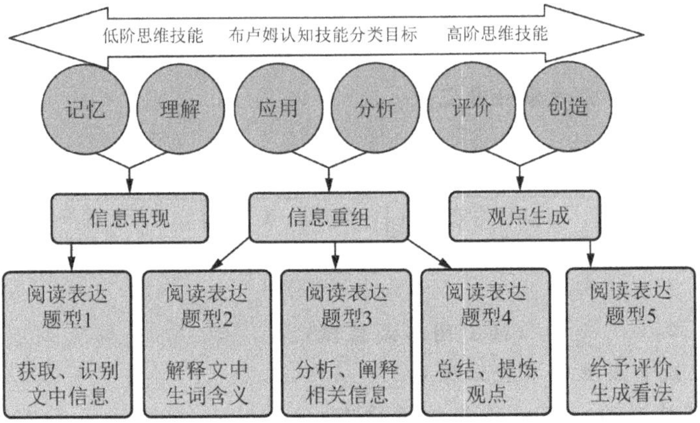

图 4-2　阅读写作题中布卢姆认知能力分类目标分析

为信息重组，对应比较多的题型；而“评价”“创造”两个认知过程被解读为观点生成，对应给予评价、生成看法的题型。

试题示例：阅读下面科普短文(原文作者：段翰英等)。

我国制作泡菜的历史悠久。泡菜是把新鲜蔬菜泡在低浓度的盐水里，经发酵而成的。泡菜品种繁多、风味独特、口感鲜脆。

蔬菜中含有硝酸盐。硝酸盐对人体无直接危害，但转化成亚硝酸盐后，就会产生危害。亚硝酸盐[如亚硝酸钠($NaNO_2$)]与胃酸(主要成分是盐酸)反应，产生亚硝酸(HNO_2)和氯化物(如 NaCl)。亚硝酸不稳定，产生的二氧化氮进入血液与血红蛋白结合，导致中毒。

泡菜中含亚硝酸盐吗？含量有多少？含量受什么因素影响呢？

经实验测定发现，食盐水浓度和泡制时间对泡菜中亚硝酸盐含量有一定影响。图 1 为在室温下，食盐水浓度和泡制时间与芹菜泡制过程中亚硝酸盐含量的关系。

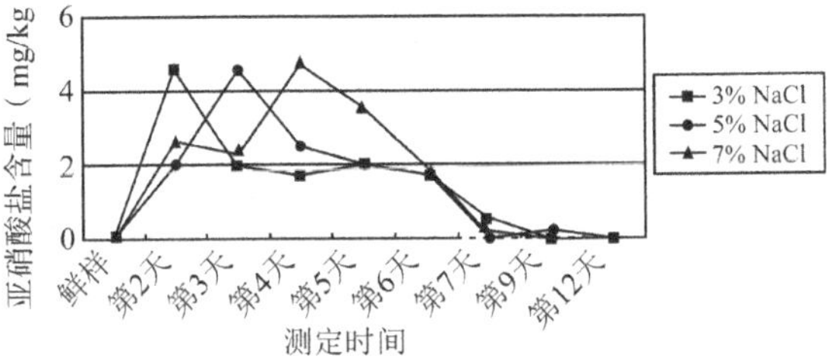

图 1

用不同的蔬菜进行测定，变化趋势均与芹菜相似。

实验表明，发酵温度对泡菜中亚硝酸盐的生成量及生成时间具有明显的影响。在泡菜发酵过程中，泡制温度较高，亚硝酸盐含量最大值出现得早，且数值低。这与温度较高有利于乳酸菌的繁殖有关。

实验还表明，泡制过程中添加姜汁和维生素 C，能有效地减少亚硝酸盐的生成。

现代医学证明，泡菜中的乳酸和乳酸菌对人体健康有益，具有抑制肠道中的腐败菌生长、降低胆固醇等保健作用。但是，有些泡菜的盐分或糖分过高，对高血压和糖尿病等慢性病患者不利。另外，泡制过程也会造成某些营养素的流失。(有删改)

依据文章内容，回答下列问题。

(1)泡菜中的亚硝酸盐是由________转化生成的。

(2)亚硝酸钠能与盐酸反应，该反应属于基本反应类型中的________反应。

(3)在室温下，用芹菜制作的泡菜，最佳食用时间是________(填字母序号，下同)。

A. 泡制 2～3 天　B. 泡制 5～6 天　C. 泡制 12 天后

(4)下列关于制作泡菜的说法，合理的是________。

A. 最好加入一些姜汁

B. 最好在较低温度下泡制

C. 最好加入一些富含维生素 C 的水果

D. 最佳食用期的泡菜中亚硝酸盐含量与泡制时的食盐水浓度无关

(5)请你为喜欢吃泡菜的人提一条食用泡菜的建议：____________。

以上是初中化学科普阅读理解题，第(1)小题考查的是获取、识别文中信息，属于信息再现，对应“记忆”“理解”；第(2)小题考查的是分析、阐释相关信息，属于信息重组，将文中信息与化学原理结合，对应“应用”“分析”；第(3)小题考查的是总结、提炼观点，属于信息重组，对应“应用”“分析”；第(4)小题是不定项选择题，考查分析、阐释相关信息及总结提炼观点，对应“应用”“分析”，综合性更强；第(5)小题考查的是给予评价、生成看法，属于观点生成，对应“评价”“创造”，更具有主观性和开放性。

以下是高中化学试题，考查的学生能力类型更丰富，能力水平更体现出高阶化、综合化。

第一，旨在考查学习理解的试题。

试题示例：物质中的化学能在一定条件下可转化为电能。

(1)将锌片放入盛有稀硫酸的烧杯中，反应的离子方程式是________。(辨识记忆)

(2)将锌片、铜片按照图1所示装置连接，能证明化学能转化为电能的实验现象是：铜片上有气泡产生、________。(概括关联)

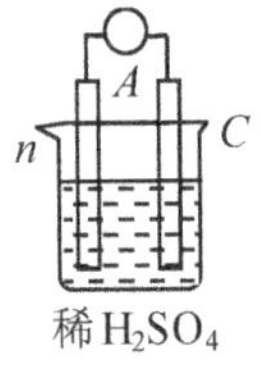

图1

(3)稀硫酸在图1所示装置中的作用是：传导离子、________。(概括关联)

(4)下列反应通过原电池装置，可实现化学能直接转化为电能的是________(填序号)。请对你答案做出解释：________。(推论预测)

①$CaO+H_2O═Ca(OH)_2$

②$2H_2+O_2═2H_2O$

③$Cu+2Ag^+═Cu^{2+}+2Ag$

第二，旨在考查应用实践的试题。

试题示例："以废治废"是基于"绿色化学"观念治理污染的思路。用工业废碱渣（主要成分为Na_2CO_3）吸收烟气中的SO_2，得到亚硫酸钠(Na_2SO_3)粗品。其流程如下：

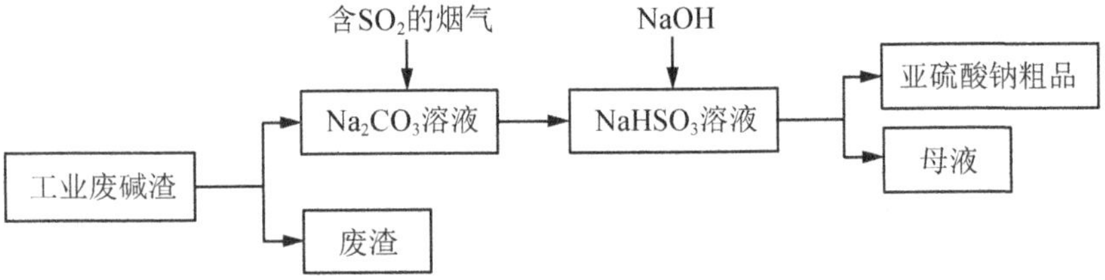

(1)为加快工业废碱渣中Na_2CO_3的溶解，可采取的措施是________(写出一种即可)。(推论预测)

(2)上述流程中，加入NaOH后，发生反应的化学方程式为________。(概括关联)

(3)亚硫酸钠粗品中含有少量Na_2SO_4，原因是__________。(分析解释)

(4)设计实验证明亚硫酸钠粗品含有少量Na_2SO_4：在一支试管中，加入少量亚硫酸钠粗品，用适量蒸馏水溶解，________，出现白色沉淀，则证明含有Na_2SO_4。(简单设计)

第三，旨在考查迁移创新能力的试题。

试题示例：某小组同学探究$FeCl_3$溶液与KI溶液的反应是否存在限度。

【查阅资料】

a. Fe^{3+}能将I^-氧化为I_2，所得溶液呈黄色或棕黄色。

b. 利用色度计可测定溶液的透光率，通常溶液颜色越深，透光率数值越小。

【实验过程】

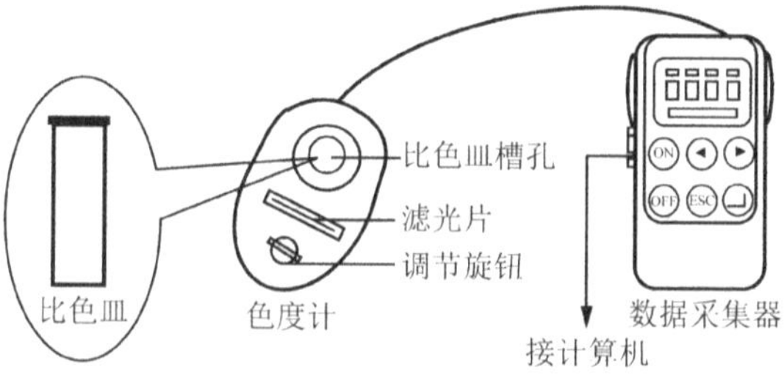

图1　实验装置

用图1所示装置进行如表1所示的3个实验。

表1

序号	实验步骤1	实验步骤2
实验Ⅰ	将盛有2 mL蒸馏水的比色皿放入色度计的槽孔中	向比色皿中逐滴滴入5滴(每滴约0.025 mL)0.1 $mol\cdot L^{-1}FeCl_3$溶液，同时采集上述过程中溶液的透光率数据
实验Ⅱ	将盛有2 mL 0.05 $mol\cdot L^{-1}$KI溶液的比色皿放入色度计的槽孔中	同上
实验Ⅲ	将盛有2 mL 0.1 $mol\cdot L^{-1}$KI溶液的比色皿放入色度计的槽孔中	同上

实验数据：

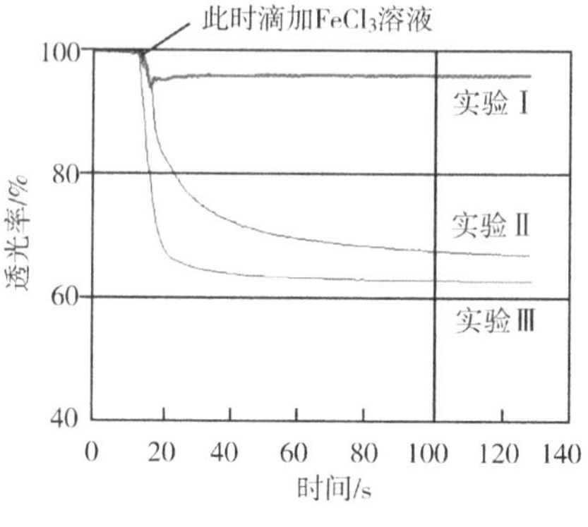

图2　溶液的透光率变化

【分析与解释】

(1) $FeCl_3$ 溶液呈________色。(辨识记忆)

(2)实验Ⅰ的目的是________。(分析解释)

(3)通过上述实验可推断：$FeCl_3$ 溶液与 KI 溶液的反应存在限度。其证据及相应的推理过程是________。(系统探究)

(4) $FeCl_3$ 溶液与 KI 溶液反应的离子方程式为________。(复杂推理)

总体而言，对于布卢姆理念体系下的认知动词的学科化是测验开发者在命题前应整体考虑的重要内容。非选择题的命制由于涉及的思维层级高，认知过程复杂，则更需要进行前期的清晰界定。

(三)主题型填空题的编制

与选择题相比，化学学业水平考试更提倡组合型填空题，每道组合型填空题都围绕一个情境主题，所以被称为主题型填空题。围绕同一情境主题，可以设计不同能力要求、不同问题类型的问题，如以上初中化学科普阅读理解题。

北京市 2010 年初中化学教育教学质量监测中的二卷部分，分别以化学与健康、化学与环境、化学与材料、化学与能源、化学与日用五个主题设计试题。以下是化学与健康的试题示例。

试题示例 1：下面为某品牌乳饮料和纯牛奶的营养成分表，请根据表 1 和表 2 回答问题。

表 1

乳饮料	
每 100 mL	
能量	274 kJ
蛋白质	2.4 g
脂肪	2.8 g
糖类	7.6 g
钠	55 mg
钙	65 mg

表 2

纯牛奶	
每 100 mL	
能量	260 kJ
蛋白质	3.1 g
脂肪	3.6 g
糖类	4.8 g
钠	60 mg
钙	105 mg

(1)乳饮料和纯牛奶可提供人体所需的营养素，除水外还有________类；从更有利于补钙的角度分析，最好选择________饮用。

(2)能闻到牛奶有乳香味，说明分子具有的性质是________。

(3)向乳饮料中加入蔗糖(化学式为 $C_{12}H_{22}O_{11}$)可改变口感。蔗糖中氢、氧元素的质量比为________；饮用 200 mL 乳饮料比饮用等量的纯牛奶摄取糖类的质量多________ g。

以上试题既有直接考查营养物质种类的化学与健康主题内容的问题，也有考查图表分析能力的问题，还有考查从微粒角度解释常见现象的物质构成主题内容及化学式计算等的问题。可见，利用化学与健康主题的情境素材也可以从多个内容维度和能力维度进行命题。

试题示例 2：直接排放含 SO_2 的烟气会形成酸雨，危害环境。利用钠碱循环法可脱除烟气中的 SO_2。

(1)用化学方程式表示 SO_2 形成硫酸型酸雨的反应：________。

(2)在钠碱循环法中，Na_2SO_3 溶液作为吸收液，可由 NaOH 溶液吸收 SO_2 制得，该反应的离子方程式是________。

(3)在吸收液吸收 SO_2 的过程中，pH 随 $n(SO_3^{2-}):n(HSO_3^-)$ 变化的关系如表 3 所示。

表 3

$n(SO_3^{2-}):n(HSO_3^-)$	91∶9	1∶1	9∶91
pH	8.2	7.2	6.2

①由表 3 判断，$NaHSO_3$ 溶液显________性，用化学平衡原理解释：________。

②当吸收液呈中性时，溶液中离子浓度关系正确的是(选填字母)________。

a. $c(Na^+)=2c(SO_3^{2-})+c(HSO_3^-)$

b. $c(Na^+)>c(HSO_3^-)>c(SO_3^{2-})>c(H^+)=c(OH^-)$

c. $c(Na^+)+c(H^+)=c(SO_3^{2-})+c(HSO_3^-)+c(OH^-)$

(4)当吸收液的 pH 降至约为 6 时，需送至电解槽再生。再生示意图如图 1 所示。

①HSO_3^- 在阳极放电的电极反应式是____________。

②当阴极室中溶液 pH 升至 8 以上时，吸收液再生并可循环利用。简述再生原理：________。

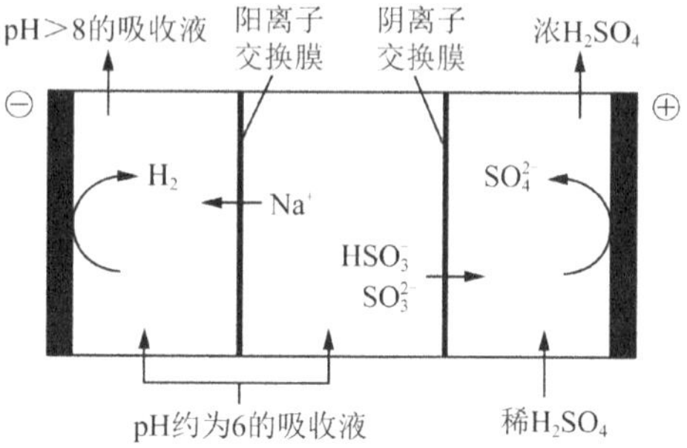

图 1

本题以钠碱循环法可脱除烟气中的 SO_2 为素材，以多选题和填空题两种形式组合，考查硫酸型酸雨的形成原理、Na_2SO_3 溶液作为吸收液吸收 SO_2 的过程中溶质离子的变化以及能使吸收液再生的化学原理。其中当吸收液呈中性时，溶液中有 5 种离子，存在电荷守恒、原子守恒、质子守恒三个等量关系，溶液中存在的水解平衡和电离平衡导致离子的原有定量关系发生变化。这些内容如果在填空总数不变的前提下以非选择题的形式考查，则只能检测某一方面的内容，因而只有以选择题的形式增加信息量，才能更全面地检测出学生对溶液中离子平衡和离子反应的总体认知情况。正是选择题与非选择题相搭配，以贴近生活的 SO_2 对环境的污染及治理为背景，全面考查元素化合物、电解质溶液、氧化还原反应、离子反应、化学平衡、电解原理等知识，体现了科学、技术、社会的相互关系和实践“绿色化学”思想的重要性，以及化学与社会和谐发展的学科思想。

试题示例 3：近年来，研究人员提出利用含硫物质热化学循环实现太阳能的转化与存储。过程如下：

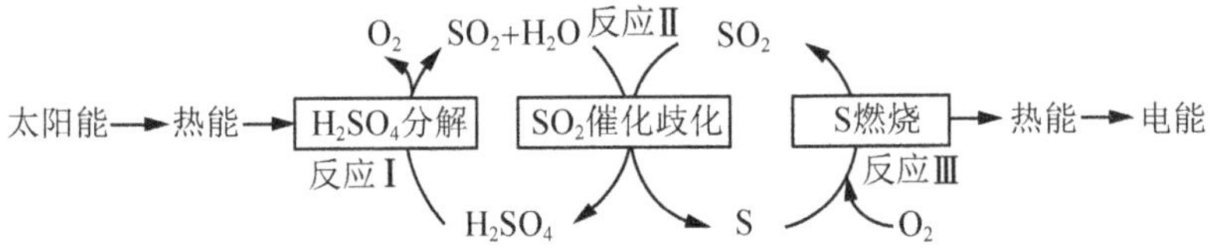

(1)反应Ⅰ：$2H_2SO_4(l) = 2SO_2(g) + 2H_2O(g) + O_2(g)$

$H_1 = +551\ kJ \cdot mol^{-1}$

反应Ⅲ：$S(s) + O_2(g) = SO_2(g)$　　$H_3 = -297\ kJ \cdot mol^{-1}$

反应Ⅱ的热化学方程式：＿＿＿＿＿＿＿＿。

(2)对于反应Ⅱ，在某一投料比时，两种压强下，H_2SO_4 在平衡体系中物质的量分数随温度的变化关系如图 2 所示。p_2 ＿＿＿＿ p_1（填“>”或“<”），得出该结论的理由是＿＿＿＿＿＿＿＿。

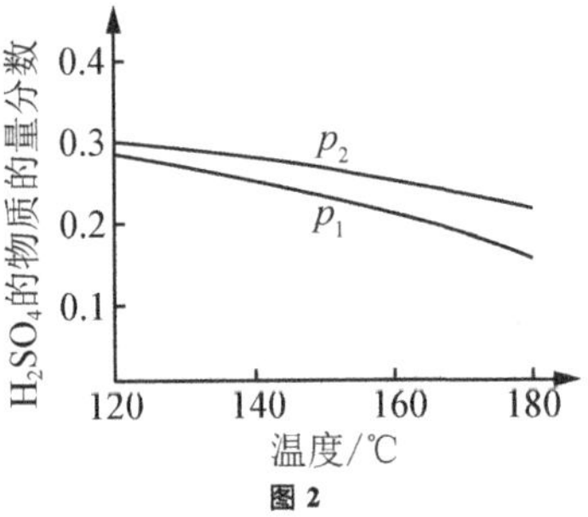

图 2

(3)I^- 可以作为水溶液中 SO_2 歧化反应的催化剂，可能的催化过程如下。将ⅱ补充完整。

ⅰ. $SO_2 + 4I^- + 4H^+ = S\downarrow + 2I_2 + 2H_2O$

ⅱ. $I_2 + 2H_2O +$ ＿＿＿＿ $=$ ＿＿＿＿ $+$ ＿＿＿＿ $+ 2I^-$

(4)探究ⅰ、ⅱ反应速率与 SO_2 歧化反应速率的关系，实验如下：分别将 18 mL SO_2 饱和溶液加入 2 mL 下列试剂中，密闭放置，观察现象。(已知：I_2 易溶解在 KI 溶液中)

序号	A	B	C	D
试剂组成	$0.4\ mol \cdot L^{-1}$ KI	$a\ mol \cdot L^{-1}$ KI $0.2\ mol \cdot L^{-1}\ H_2SO_4$	$0.2\ mol \cdot L^{-1}$ H_2SO_4	$0.2\ mol \cdot L^{-1}$ KI $0.0002\ mol\ I_2$
实验现象	溶液变黄，一段时间后出现浑浊	溶液变黄，出现浑浊较 A 快	无明显现象	溶液由棕褐色很快褪色，变成黄色，出现浑浊较 A 快

①B 是 A 的对比实验，则 $a=$________。

②比较 A、B、C，可得出的结论是________。

③实验表明，SO_2 的歧化反应速率 D>A。结合ⅰ、ⅱ反应速率解释原因：________________。

本题以太阳能的转化与存储为背景，以含硫物质热化学循环过程中 SO_2 的歧化反应为素材，第(1)小题考查盖斯定律的应用，第(2)小题考查温度和压强对平衡转化的影响，第(3)小题考查考生对催化剂概念及氧化还原反应概念的理解与应用，第(4)小题通过进一步探究反应速率与 SO_2 歧化反应速率的关系，考查实验探究能力。虽然 4 个小题考查的内容各不相同，但均围绕同一素材同一主题，层层递进设问，逻辑关系清晰，体现了以核心素养为导向、以真实情境为载体、用化学核心知识解决实际问题的命题理念。

(四)主观性试题的评阅

1. 明确评分要点、制订评分细则

明确评分要点事实上与命题蓝图编制中所提到的“考查点不交叉”是相对应的。换句话说，命题蓝图编制中的这个要求是否得到落实，一方面体现在题目的命制上，另一方面体现在评分时所采用的方式上。

试题示例 1：H_2O_2 可作为增氧剂。在常温下，用 4%的 H_2O_2 溶液进行实验，研究 pH 对 H_2O_2 分解所得溶液中溶氧量的影响，测定结果如图 1 所示。分析图 1 得到的结论是________。

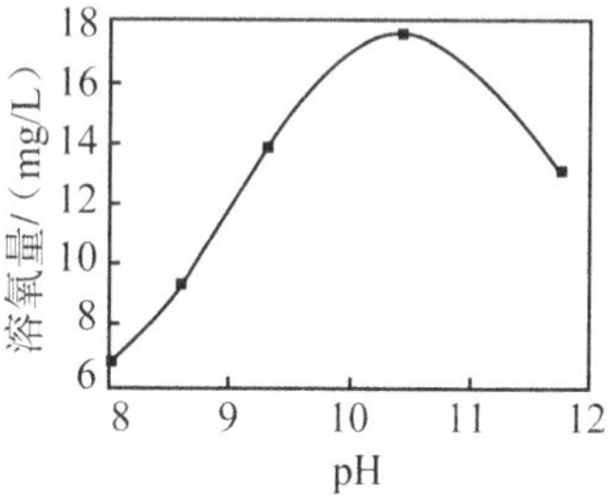

图 1

该试题考查的是分析图表信息或数据得出结论的能力。参考答案是：在常温下，在实验研究 pH 范围内，随着 pH 的升高，溶液中的溶氧量先增大后减小。要求学生能全面描述曲线的整体变化趋势。从能力考查要求看，只要学生能关注到图表中某一部分或某一处规律或特征并描述准确、清晰即可给分。因此，结合学生的作答情况，将评分标准细化如表 1 所示。

表 1

	得分情况	不得分情况	
整体描述曲线（不需特意强调 pH 范围）	①随着 pH 的增大，溶氧量先增大后减小 ②当 pH＜10.5（或 10～11 的任何数）时，随 pH 的增大，溶氧量增大；当 pH＞10.5（或 10～11 的任何数）时，随着 pH 的增大，溶氧量减小	整体描述曲线	①pH 对溶氧量有影响（无具体描述） ②当 pH＜10.5 时，溶氧量增大；当 pH＞10.5 时，溶氧量减小（无对应关系） ③当 pH＜10 时，随着 pH 的增大，溶氧量增大；当 pH＞10 时，随着 pH 的增大，溶氧量减小。或当 pH＜11 时，随着 pH 的增大，溶氧量增大；当 pH＞11 时，随着 pH 的增大，溶氧量减小（错读 pH 范围）
分段描述曲线（必须说明此段曲线对应的 pH 范围即起点和终点）	③当 pH 在 8～10.5（或 9、10、10 到 11 的任何数）范围内时，随着 pH 的增大，溶氧量增大 ④当 pH 在 10.5（10～11 的任何数、11）～12（11.8 左右的数）范围内时，随着 pH 的增大，溶氧量减小	分段描述曲线	④当 pH＜10.5 时，随着 pH 的增大，溶氧量增大（pH 范围描述不全） ⑤当 pH＞10 时，随着 pH 的增大，溶氧量减小（错读 pH 范围） ⑥当 pH 在 8～10.5 范围内时，溶氧量增大；当 pH 在 10.5～12 范围内时，溶氧量减小（无对应关系）
描述极值点	⑤当 pH 为 10.5 时，溶氧量达到最大值 ⑥当 pH 在 10～11 范围内时，溶氧量达到最大值 ⑦当 pH 为 8 时，溶氧量达到最小值	描述极值点	⑦当 pH 为 8 时，溶氧量为 7 mg/L（只读起点含义）

试题示例 2：A（C_6H_6O）是一种重要的化工原料，被广泛用于制造树脂、医药等。以 A、B 为原料合成扁桃酸衍生 F 的步骤如下。

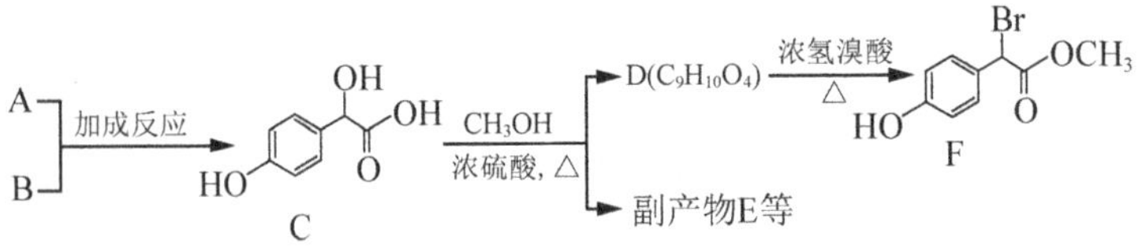

A 的名称是________。

评分标准：写出苯酚得 1 分，写出苯酚的结构简式 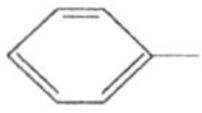—OH 得 1 分，错别字（“苯”写为“笨”）不扣分，仅做标注，其他情况得 0 分。

从题目的要求可以看出，这是一道要求学生通过写名称来反映其信息提取与整合信息能力的题目，写名称不可避免地会有错别字出现。在通常“严格”的日常测验中，评卷人认为将“苯酚”写成“笨酚”是不对的，这样对于一个满分值为 1 分的题目，即使学生从题目给定的条件中准确提取并正确解读了有机物 A 的信息，在分数上也是 0 分。当老师仅通过看分值来判断学生的学习情况时，就会认为学生对根据分子式和加成反应来综合确定有机物的结构的认知没有达到应有的水平，并不知道学生是因为写错字或名称与符号之间的关联能力有缺失而未得分。

因此，评分者在评分时应时刻记住，分数是用来反映学生能力的，阅卷时要时刻提醒自己当前的题目要求的能力是什么，给出的分数是否能够反映这种能力的有无以及程度的高低。能够清楚记住并实践这一点，也就很好地落实了上述要求。

2. 选择适当的评分方法

常用的非选择题的评分方法有整体性评分、分析性评分、编码评分以及运用 SOLO 分类理论进行评分。下面仅介绍 SOLO 分类理论在化学非选择题评阅中的应用。

SOLO 分类理论的基础是结构主义学说，它将学生对问题的反应按照思维结构的复杂程度划分为从低到高五个不同的层次。

①前结构——完全错误或者不相关的答案。学生没有所面对的问题的相关知识或者没有真正理解问题，所以他的回答是完全错误的，或者与所问的问题是完全不相关的，或者使用了与问题要求相比过于简单的方式回答问题。

②单一结构——对所给问题涉及的某一个相关信息的使用。学生只抓住或者使用了回答问题所需要的几个方面的信息之一，然后就直接跳回到了问题上，或者仅仅靠记忆进行回答，并不理解。

③多元结构——对所给问题的多个相关信息的连续使用。学生抓住或者使用了回答问题所需要的所有方面或者其中几个方面的信息，甚至能够在其中建立起两两之间的联系，但是对于这些方面的使用仍然是孤立的，没有形成所有方面的有机联系。

④关联结构——对所给问题的全部相关信息进行综合，并形成一个唯一的结论或者概括。学生能够抓住并使用回答问题所需要的所有方面的信息，并且能够将这些方面进行综合和概括，从而形成一个统一的整体。这个水平就是一般意义上的对问题的充分理解，表现为能回答或解决较为复杂的具体问题。但是这个水平的学生在回答问题中所使用的信息仍然是与问题直接相关的，不会使用没有直接涉及问题但是与问题本身有联系的其他信息，不会将问题置于更一般的、更广阔的情境中进行考虑或者对问题质疑。

⑤拓展结构——通过对各种相互影响系统的综合使用，以形成一个对问题的反应。学生能够在关联的基础上，联系与问题相关的所有影响系统，包括问题中没有直接提到但是有影响的系统，将问题置于一个更广阔的情境中，对问题进行全面的思考以及更高水平的概括和归纳。这个水平的反应最终可能形成一个一般的假设、开放性的答案或者形成一个新的主题或者领域。这一层次的学生表现出更强的钻研和创造意识。

试题示例：元素铬(Cr)在溶液中主要以 Cr^{3+}（蓝紫色）、$Cr(OH)_4^-$（绿色）、$Cr_2O_7^{2-}$（橙红色）、CrO_4^{2-}（黄色）等形式存在。$Cr(OH)_3$ 为难溶于水的灰蓝色固体。

Cr^{3+} 与 Al^{3+} 的化学性质相似。在 $Cr_2(SO_4)_3$ 溶液中逐滴加入 NaOH 溶液直至过量，可观察到的现象是________。

该题目旨在考查学生的近迁移能力。命题者采用 SOLO 分类法将答案进行分类，得到的结果为：

前结构的学生对题目的理解是完全错误的或者脱离了题目的要求。例如，

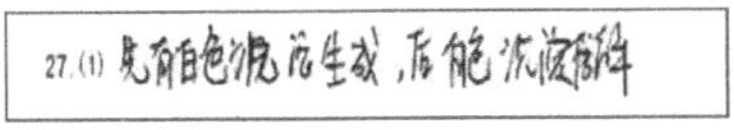
27.(1) 先有白色沉淀生成，后能沉淀溶解

单一结构的学生能够理解题目中的某一个信息，如颜色、沉淀等，所以他们的理解仅停留在向 $Cr_2(SO_4)_3$ 溶液中逐滴加入 NaOH 溶液时溶液的颜色变化或生成沉淀上。例如，

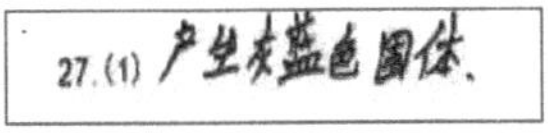
27.(1) 产生灰蓝色固体.

多元结构的学生能够理解题目的多个信息，如颜色、沉淀、性质相似、过量等，但还不充分，没有在这些内容之间建立有机的联系。例如，

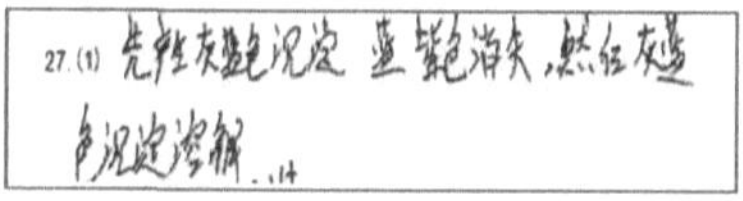

27.(1) 先产生灰蓝色沉淀 蓝紫色消失，然后灰蓝色沉淀溶解

27.(1) 先产生灰蓝色沉淀，之后 沉淀消失，溶液变为绿色

关联结构的学生能够理解题目中的多个信息，如颜色、沉淀、性质相似、过量等，能够把这些信息作为一个整体，将各部分建立有机的联系。例如，

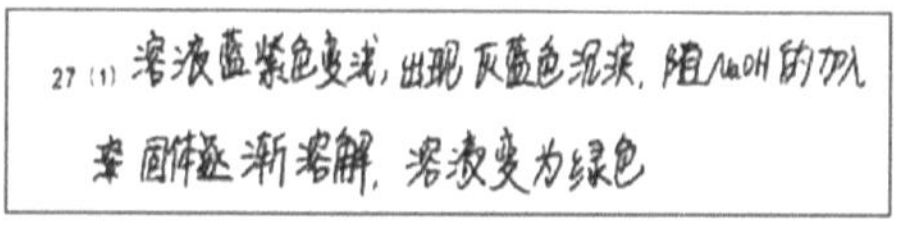

27 (1) 溶液蓝紫色变浅，出现灰蓝色沉淀，随NaOH的加入 固体逐渐溶解，溶液变为绿色

需要指出的是，SOLO 分类并非在所有的问题情境下都能够分析出完整的五个层级结构；想要以 SOLO 分类的理论框架进行赋分的重要前提是题目能给予学生足够的展示思维的空间，材料需多样且充分或者要调动的信息需充分。

3. 编码法可统计每种典型作答的数据

国家测试(如 PISA)对主观题的评阅采用更复杂的编码方式，即收集、整理学生的典型作答并分类，每类作答用编码表示。通过统计编码的数量和百分率，可以更清楚地了解每种作答的人数比率，为教学提供更准确的诊断。

试题示例：以下是 PISA 科学领域的公开试题及其编码。

阅读下文并回答问题。

温室效应：事实还是幻想？

生物需要能量才能生存，而维持地球生命的能量来自太阳。太阳非常炽热，将能量辐射到太空中，但只有一小部分的能量会到达地球。地球表面的大气层，就像包裹着我们星球表面的毯子一样，保护着地球，使它不会像真空的世界那样，有极端的温差变化。大部分来自太阳的辐射能量会穿过大气层进入地球。地球吸收部分能量，其他则由地球表面反射回去。部分反射回去的能量会被大气层吸收。由于这个现象，地球表面的平均温度比没有被大气层吸收能量时的温度高。大气层的作用就像温室一样，因此有了“温室效应”一词。温室效应在 20 世纪越来越显著。事实表明，地球大气层的平均温度不断上升。报纸杂志上常说，二氧化碳排放量增加，是 20 世纪气温上升的主要原因。

小德有兴趣研究地球大气层的平均温度和地球上二氧化碳排放量之间

的关系。他在图书馆找到下面两幅曲线图。小德从曲线图中得出结论，认为地球大气层平均温度上升，显然是由二氧化碳排放量的增加引起的。

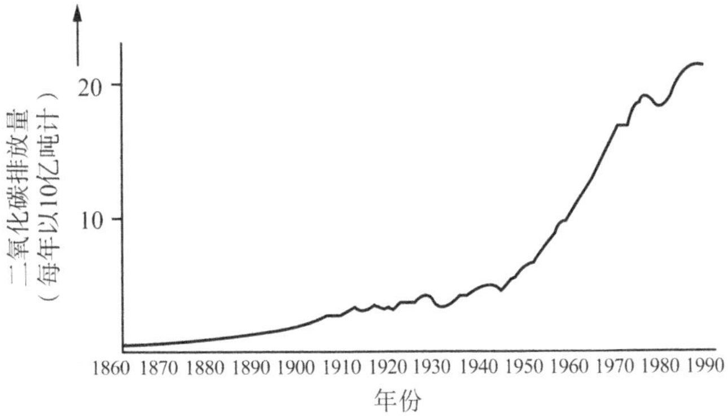

曲线图中有什么数据可以支持小德的结论？

编码指南：

满分：

编码11：指出（平均）温度与二氧化碳排放量均上升（强调与曲线的联系）。

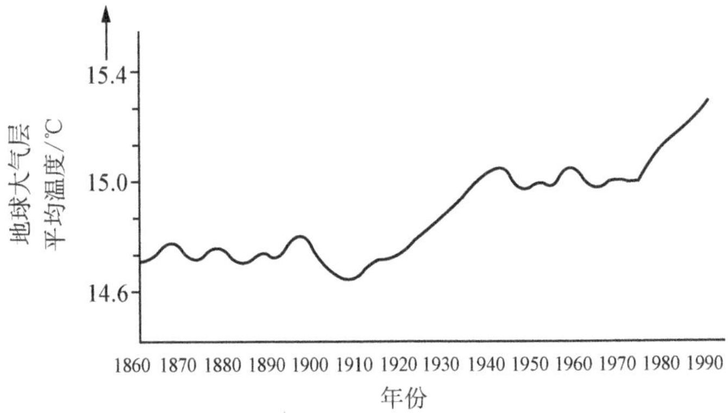

例答：地球大气层平均温度上升，显然是由二氧化碳排放量的增加引起的。

编码12：指出一般而言，气温与二氧化碳的排放量呈正相关。

零分：

编码01：指出（平均）温度或二氧化碳排放量其中有一项上升。

例答：认为地球大气层平均温度上升。

例答：在 1860—1990 年二氧化碳排放量整体上升。

编码 02：指出气温与二氧化碳之间有关系，但没有清楚表明两者有什么关系。

例答：看图中的曲线，看二氧化碳排放量和地球大气层。

例答：相同年份，二氧化碳和平均温度的对应关系。

例答：二氧化碳排放量。

编码 03：没有指明气温与二氧化碳之间有关系，只说曲线趋势相同或呈上升状态。

例答：呈上升状态。

编码 04：没有指明气温与二氧化碳之间有关系。

例答：1980—1990 年的数据。

例答：平均温度变得平稳。

例答：二氧化碳每年的排放量。

编码 99：没有作答。

以上试题评分将满分情况分成两类，分别编码为 11 和 12；将零分情况分成五类，分别编码为 01—04，99 代表没有作答。评分教师的主要工作是判断学生的作答属于哪种类型，即给出准确的编码。一方面，为提高编码的准确性，需要安排多位教师同时对一个作答进行独立编码，并通过计算其一致性指数，来衡量编码的准确度；另一方面，如果准确度过低或差异较大，需要共同研讨、学习编码标准甚至调整、修订编码标准。

4. 执行评分过程中的其他注意事项

在评分过程中，在操作层面需要注意以下几点。

(1)按评分标准进行评阅，不手松也不手紧，自始至终做到一把尺子衡量，给分公平，扣分合理。

(2)评阅人一次只评阅一道试题。将一道试题完整评阅完成之后，再进入下一题的评阅，以避免多次认知转换造成对题目标准把握的偏差。

(3)评阅一道题目时应在差异超过题目满分值一定比例时，由阅卷组组长进行评判。

(4)保留完整的阅卷评分手册。手册中应包括评分标准、作答样例、编码说明等能够将评分过程进行完整呈现的各项内容。

第二节 化学表现性评价试题的编制

表现性评价，又称真实性评价，在我国台湾地区又称实作评量，指的是在真实或建构接近真实的情境中，运用评分规则对学生完成复杂任务的过程表现和/或结果进行判断，包括书面报告、作文、演说、操作、实验、资料收集、作品展示等形式。与通常所看到的以选择反应类试题为主的笔纸测验相比，属于建构反应类试题的表现性评定不仅能够评价学生知道什么，而且能够评价学生能做什么。

表现性评价通常具备几种典型特征：第一，在任务形式上，采用非选择题的测评形式；第二，在任务背景上，要嵌入真实或接近真实的问题情境；第三，在任务指向上，以完成复杂任务为指向，往往需要包括多个完成步骤，需要调动更广泛和更高层阶的认知能力；第四，在评价目标上，既关注体现认知能力的任务作品本身，也关注完成任务作品的过程，特别是关注完成过程的综合表现。

表现性评价根据应用场景与受限制的程度，可以划分为大规模测评中的表现性评价和校内教学中的表现性评价。前者对于任务实施的时间、环境创设、作品呈现、评分规则非常严格，相应的测评结果常被应用于对区域教育质量进行评价，对于学生个人的毕业、升学考试资格的获取等高风险的决策；后者则对于任务实施的时间、环境创设、作品呈现、评分规则的要求相对宽松，评价任务作为教学设计实施的重要组成部分，相应的测评结果只是为了促进、诊断与改进校内的教与学。

实验操作类测验是化学学业水平考试中常见的方式，教育部相关文件要求将2023年前化学实验操作考试结果计入学业水平考试，属于大规模测评中的表现性评价。化学学业水平考试中实验操作类测验主要有两种形式：一种是对课程标准中学生必做实验的重复，重在考查基本的实验操作技能；另一种是提供真实的科学探究任务，重在考查实验方案设计、实验操作、观察现象、得出结论等实验综合能力。

一、 科学探究活动类测验的编制

本书以某年北京市义务教育教学质量监测中化学科学探究活动测验为例，说明其主要编制过程和方法。

(一)依据目标确定考查点，并进行任务分析

科学探究活动测验要依据课程标准和学业标准等相关文件，明确考查内容维度和能力维度。同时，结合实际操作和活动表现性评价的特点，遴选适宜的考查内容细目。

某年北京市义务教育教学质量监测编制了能力维度标准，科学探究活动重点考查科学探究方面的能力。具体内容见表 4-3。

表 4-3　科学探究领域的主要内容

主要内容	相关行为动词
初步学会基本的化学实验技能	初步学会
能完成简单的科学探究活动(包括提出问题、猜想假设、获取信息、设计方案、实验操作、观察记录、归纳结论、评价改进等)	选择、设计、实施、评价、分析、论证、获取、加工等

依据北京市初中化学学业标准，进一步细化和选择考查细目，见表 4-4。

表 4-4　考查细目

	学习主题	内容标准
3. 化学基本实验	3.1　学习基本的实验技能	3.1.1　能进行药品的取用、简单仪器的使用和连接、加热等基本的实验操作
		3.1.2　根据实验目的选择实验药品和仪器，并能安全操作
		3.1.4　初步学会根据某些性质检验和区分一些常见的物质
		3.1.6　初步学习运用简单的装置和方法制取氧气和二氧化碳
	3.2　进行化学实验探究活动	3.2.2　能对问题可能的答案做出猜想或假设，并做出论证
		3.2.3　能依据问题选择和加工信息
		3.2.4　根据所要探究的具体问题能设计简单的化学实验方案
		3.2.6　能依据设计的化学实验方案进行操作，并对观察和测量的结果进行记录
		3.2.7　能对所获得的事实与证据进行归纳，得出正确结论

(二)设置问题情境，设计评价任务

化学科学探究任务的问题情境主要包括联系实际类和化学实验问题类。这次测验选用了常见的日用化工品——彩漂粉作为研究对象，与课程教学内容的距离较远，有利于考查学生的科学探究能力。以下是问题情境的相关说明。

超市出售一种叫作氧系彩漂粉的产品，专门用来漂洗带颜色的衣物。该产品可以除掉污垢，但不损伤衣物的原有颜色，能使白色织物更洁白，彩色衣物更鲜艳。

请你对氧系彩漂粉的主要化学成分进行探究。

以上探究情境是研究化工产品中的有效(或主要)成分，属于对化学实验中物质组成的检验，这是一类常见的科学实验任务。研究物质过碳酸钠虽然不是初中化学要求学习的内容，但其遇水后，生成碳酸钠和过氧化氢，这便将陌生物质转化成熟悉的物质进行检验。因此，在选择适宜的科学探究任务时，一方面要关注与实际的联系，另一方面要注意与考查内容、能力的匹配程度，过于复杂或陌生的情境问题不宜作为考查内容。

(三)撰写完成任务指导

任务指导是指提供给学生参与测试时阅读的说明和要求。科学探究类测验的任务指导包括情境材料的说明、提供的仪器和药品清单、实验方案设计的基本要求、相关思考问题等。以下是“彩漂粉成分探究”的学生任务指导。

根据前面的考查目标和细目，任务指导主要考查了三个方面的能力：①猜想，通过选择题的形式考查，主要考查学生从联系实际问题情境和资源中获取、加工信息的能力；②主要考查学生的设计实验能力，在表格中写出主要操作步骤，实验进行后记录实验现象；③实验的结论，考查学生依据现象分析得出结论的能力。

此外，为了便于学校组织学生测试，命题者还编写了测试员使用说明，包括测试时间、准备的仪器和药品、测试中摄像的基本要求等。

科学探究任务：彩漂粉成分探究

区县________　学校 ____________　姓名________　测试号____________

超市出售一种叫作氧系彩漂粉的产品，专门用来漂洗带颜色的衣物。该产品可以除掉污垢，但不损伤衣物的原有颜色，能使白色织物更洁白，彩色衣物更鲜艳。

请你对氧系彩漂粉的主要化学成分进行探究。

(1)提出问题。

氧系彩漂粉的主要化学成分是什么？

(2)查阅相关资料(资料主要信息如下)。

①市场上常见的洗衣漂白剂有三种：氯系漂白水、氧系漂白水和氧系彩漂粉。

②常被用作洗衣漂白剂的物质有：次氯酸钠($NaClO$)、双氧水(H_2O_2)和过碳酸钠($2Na_2CO_3\cdot 3H_2O_2$)。

③过碳酸钠是一种白色结晶颗粒，溶于水时，分解生成碳酸钠和过氧化氢。

(3)猜想。

氧系彩漂粉的主要化学成分可能是________(填序号)。

A. 次氯酸钠　　B. 双氧水　　C. 过碳酸钠

(4)设计与实验。

设计实验装置，进行实验。

实验报告

序号	主要操作步骤	主要实验现象

(表格不够可转背面，请注明)

(5)实验的初步结论。

氧系彩漂粉的主要化学成分是____________。

北京市义务教育教学质量分析与评价反馈系统

九年级化学　学业水平测试　测试员要求

一、了解并负责测试全过程

时间	内容	时长	地点	备注
8:00—9:00	纸笔测试	60 分钟	教室	回收学生试卷和答题纸
9:00—9:30	学生问卷	30 分钟	教室	回收学生问卷
9:40—10:00	实验探究	20 分钟	化学实验室或教室	每名学生 1 份仪器和药品、1 份试卷 回收学生试卷和录像光盘

注：任课教师问卷请于上述时间内完成，并回收教师问卷。

二、协助化学实验员或教师准备实验探究仪器和药品

可能用到的主要实验装置：

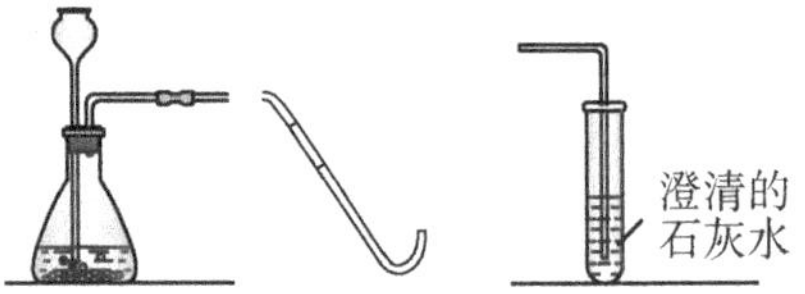

需准备的仪器和药品：

锥形瓶(200 mL 或 250 mL)　双孔胶塞(带长颈漏斗和导气管)　橡胶软管

直角导气管　带尖嘴的玻璃管　试管(15×150)　试管(12×120)

木条（或香）　火柴　药匙　滴管　烧杯(50 mL)

氧系彩漂粉饱和水溶液(将提供彩漂粉，请提前配制成溶液后放在细口瓶中)

MnO_2　稀盐酸　新制的饱和石灰水　蒸馏水

三、协助电教人员进行实验探究操作摄像

1. 任意选择座位相对集中的 4～5 名学生进行全程摄像，尤其注意拍摄实验操作的过程。

2. 在摄像学生的实验探究试卷的右上角注明“摄像”二字。

3. 学生实验结束后，请摄像学生逐一、清晰报出自己的测试号，以便与试卷对应。

4. 测试结束后，请将摄像材料转制成 DVD 光盘，由测试员收回。

(四)设计评分规则(量规)

作为活动表现性评价的一种，科学探究类测验的评分要尽量克服其主观性的不足，提高信度和效度。制订细致、可操作性强的评分规则(量规)

是重要环节。

依据考查内容细目对学生的表现进行分数与等级划分，具体见表4-5。参考答案及评分表共计20分，每步实验设计、操作及现象记录都给予相应分数。其中，“待第③步反应停止后，通过长颈漏斗加入适量稀盐酸”良好水平与优秀水平的差异是，优秀水平能连续完成两个物质的检验(先过氧化氢，后加入稀盐酸)；而良好水平是分别完成两个实验。“操作步骤及现象清晰、准确”的优秀水平要求先完成设计，再进行较熟练的操作，同时全面、准确地记录现象；而良好水平要求边设计边实验或先实验再设计。

表4-5 设计评分规则

序号	主要操作步骤	主要实验现象	考查目的	评分标准	合格水平	良好水平	优秀水平
①	组装装置		组装装置	2分	2分	2分	2分
	检查气密性		检查气密性	2分		2分	2分
②	在锥形瓶中加入少量 MnO_2		固体药品取用	2分	2分	2分	2分
	在试管中加入澄清石灰水		液体的取用	2分	2分	2分	2分
③	通过长颈漏斗加入少量新配制的“氧系彩漂粉”的饱和水溶液	生成大量无色气体		2分	2分	2分	2分
	然后用带火星的木条接近导管口	带火星的木条复燃	验证生成气体的成分	2分		2分	2分
④	待第③步反应停止后，通过长颈漏斗加入适量稀盐酸	生成大量无色气体		2分	1分	1分	2分
	将生成的气体通入澄清石灰水	澄清石灰水变浑浊	验证生成气体的成分	2分		2分	2分
实验报告书写部分			操作步骤及现象清晰、准确	2分		1分	2分
			猜想合理、结论正确	2分	2分	2分	2分
合计				20分	11分	18分	20分

将学生完成科学探究活动的总体表现进行等级划分，等级水平及主要

表现见表 4-6。

表 4-6 等级水平及主要表现

等级水平	主要表现
合格	• 能根据相关资料提出正确的猜想 • 能设计并完成主要实验步骤 　• 通过二氧化锰与彩漂粉溶液反应生成气体证明存在过氧化氢 　• 通过稀盐酸与彩漂粉溶液反应生成气体证明存在碳酸钠 • 能较清楚地记录以上操作步骤和对应的主要实验现象 • 分别完成以上两个验证实验，操作比较规范，能观察到较明显的实验现象 • 能得出正确的实验结论
良好	• 能根据相关资料提出正确的猜想 • 能设计并完成主要实验步骤 　• 进行气密性检验 　• 通过二氧化锰与彩漂粉溶液反应生成气体证明存在过氧化氢 　• 通过稀盐酸与彩漂粉溶液反应生成气体证明存在碳酸钠 　• 检验生成的气体是氧气或二氧化碳 • 能较清楚地记录以上操作步骤和对应的主要实验现象；能按操作顺序记录；记录的步骤、现象与实际进行的实验基本一致 • 分别完成以上两个验证实验，操作比较规范，能观察到较明显的实验现象 • 能得出正确的实验结论
优秀	• 能根据相关资料提出正确的猜想 • 能设计并完成主要实验步骤 　• 进行气密性检验 　• 通过二氧化锰与彩漂粉溶液反应生成气体证明存在过氧化氢 　• 通过稀盐酸与彩漂粉溶液反应生成气体证明存在碳酸钠 　• 检验生成的气体是氧气或二氧化碳 • 先完成设计，再进行较熟练的操作，同时全面、准确地记录现象 • 能较清楚地记录以上操作步骤和对应的主要实验现象；能按操作顺序记录；记录的步骤、现象与实际进行的实验基本一致 • 能连续完成两个物质的检验(先过氧化氢，后加入稀盐酸)，操作比较规范，能观察到较明显的实验现象 • 能得出正确的实验结论

二、实验基本操作类测验的编制

以初中化学中的实验操作考查为例说明编制的主要过程，如实验室制取氧气和粗盐的提纯实验。

①制订测试要点、操作细节及评分标准初稿。

基本操作1：按照化学实验标准操作，请你在实验室完成制备氧气的实验

考查要点	操作细节	评分标准和细则	评分
1.准备工作 （共1分）	检查实验所需仪器和药品	根据原理选择仪器规格和药品的种类（1分）	
2.仪器的连接 （共5分）	i.仪器的选择（试管口径、胶塞大小） ii.仪器的连接顺序 iii.仪器的组装	i.深入试管口的胶塞约为胶塞的2/3（1分） ii.仪器应从下往上、从左往右组装（1分） iii.试管应固定在距试管口约1/3处，且试管必须摆正（1分） iv.试管口略向下倾斜（1分） vii.依据酒精灯火焰的高度来确定试管的高度（1分）	
3.气密性检查 （共2分）	气密性检查的规范操作	i.将导管口末端先插入液面下1～2cm（1分） ii.用手或酒精灯微加热试管（1分）	
4.药品的添加 （共9分）	固体药品的取用	i.取用药品时，试剂瓶的瓶塞倒放在桌面上（1分） ii.试管横放（1分） iii.用药匙或纸槽装入药品（1分） iv.将试管缓慢竖起来（1分） v.固体的用量以盖满试管底部为宜（1分） vi.固体平铺试管底部（1分） vii.取完药品后，将试剂瓶的瓶塞盖上，标签朝外，放置原处（1分） viii.药匙用完后，擦净（1分） ix.药品添加完后，在试管口处放棉花（1分）	
5.试管的加热 （共2分）	酒精灯的使用	i.外焰加热（1分） ii.先整体预热后局部加热（1分）	

“实验室制取氧气”测查试题

6.气体的收集 （共6分）	气体收集的规范操作	若用排水法收集， i.先将集气瓶充满水至凸起（1分） ii.毛玻璃片朝下（1分） iii.慢慢往里推毛玻璃片（1分） iv.倒扣在水槽中至无气泡（1分） v.气体连续并匀速时，再将导管口插入集气瓶口处（1分） vi.收集满时，将盖有毛玻璃片的集气瓶正立放在桌面上（1分） 若用向上排空气法收集， i.选择直角导管（2分） ii.导管伸入集气瓶的底部（2分） iii.并用带火星的木条在集气瓶口处验满（2分）	
7.仪器的整理 （共8分）	仪器的整理规范操作	i.若用排水法收集，实验结束后先撤导管后撤酒精灯；若用向上抹空气法收集，实验结束后先撤酒精灯后拆分仪器（1分） ii.熄灭酒精灯时，用灯帽盖灭（1分） iii.仪器应从右往左、从上往下拆分（1分） iv.将剩余固体倒入指定容器内（1分） v.洗涤试管，直至内壁附着的水既不聚成水滴，也不成股流下（1分） vi.将洗净的试管倒扣在试管架上（1分） vii.将仪器恢复到原位（1分） viii.擦净实验台（1分）	
8.实验记录 （共1分）	实验记录	原理和实验结果的记录（1分）	

“实验室制取氧气”测查试题（续）

基本操作2：请你在实验室完成粗盐提纯的实验

考查要点	评分标准和细则	评分
1.准备工作 （共1分）	根据原理选择仪器规格和药品的种类（1分）	
2.溶解 （共2分）	i.用药匙取少量粗盐于烧杯中（1分） ii.手持玻璃棒上端，转动手腕，使玻璃棒在液体里旋转（1分）	
3.过滤 （共7分）	i.将一张圆形滤纸对折两次，打开使之呈圆锥形（1分） ii.放入漏斗中，用水润湿（1分） iii.滤纸紧贴漏斗内壁，并使滤纸的边缘稍低于漏斗的边缘（1分） iv.倾倒液体，烧杯紧靠引流的玻璃棒（1分） v.玻璃棒的末端轻轻斜靠在三层滤纸的一边（1分） vi.漏斗下端管口紧靠烧杯内壁（1分） vii.漏斗中的液面要稍低于滤纸的边缘（1分）	
4.蒸发 （共5分）	i.把得到的滤液，倒入蒸发皿中，不超过蒸发皿容积的2/3（1分） ii.加热蒸发皿，用玻璃棒不断搅拌（1分） iii.当加热至大量固体出现时，停止加热，利用余热将液体蒸干（1分） iv.用坩埚钳夹持蒸发皿，放置在石棉网上，冷却（1分） v.将冷却后的固体放在指定的容器中，将玻璃棒洗净，放于试管架上（1分）	
5.仪器的整理 （共4分）	i.仪器从上到下拆分（1分） ii.洗涤仪器，直至内壁附着的水既不聚成水滴，也不成股流下（1分） iii.将仪器恢复到原位（1分） iv.擦净实验台（1分）	
6.实验记录 （共1分）	原理和实验结果的记录（1分）	

“粗盐提纯”测查试题

②向学生解读实验考查要点和评分标准。

③选取实验校进行现场评分。

④记录学生操作过程中的“意外”问题，见表 4-7。

表 4-7　学生操作过程中的“意外”问题

实验室制取氧气	粗盐提纯
1. 双顶丝朝下固定铁夹； 2. 酒精灯在试管中部加热； 3. 装药品后才检查气密性； 4. 试管位置太高，酒精灯火焰够不到； 5. 试管向下倾斜角度太大； 6. 排空气法收集氧气时选择玻璃直角短导管； 7. 药匙使用完后随意放在桌面上； 8. 用排水法收集气体未收集满； 9. 用排水法收集气体时只使用橡胶管，未使用玻璃弯管。	1. 药匙用完后未擦净，也未放回试管架上； 2. 溶解或搅拌时玻璃棒发出很大声响； 3. 玻璃棒使用后随便放置； 4. 双顶丝朝下固定铁夹； 5. 仪器未按照从下往上的顺序组装； 6. 用手使滤纸紧贴漏斗内壁； 7. 加热蒸发皿时垫石棉网； 8. 蒸发结束后，直接熄灭在铁架台上燃烧的酒精灯。

⑤基于以上问题，在实验预测查后，经研究讨论，重新修订了测查题目的评分标准和细则。

基本操作 1：按照化学实验标准操作，请你在实验室完成制备氧气的实验

考查要点	操作细节	评分标准和细则	评分
1. 准备工作（共 1 分）	检查实验所需仪器和药品	根据原理选择仪器规格和药品的种类（1 分）	
2. 仪器的连接（共 8 分）	i. 仪器的选择（试管口径、胶塞大小） ii. 仪器的连接顺序 iii. 仪器的组装	i. 深入试管口的胶塞约为胶塞的 2/3（1 分） ii. 仪器应从下往上、从左往右组装（1 分） iii. 拧紧双顶丝的螺丝（1 分） iv. 双顶丝朝上固定铁夹（1 分） v. 铁夹应夹持在距试管口约 1/3 处，且试管必须摆正（1 分） vi. 拧紧固定试管的铁夹上的螺丝（1 分） vii. 试管略向下倾斜，倾斜度不大于 15°（1 分） viii. 依据酒精灯火焰的高度来确定试管的高度（1 分）	
3. 气密性检查（共 4 分）	气密性检查的规范操作	i. 将导管口末端先插入液面下 1～2 cm（1 分） ii. 用手或酒精灯微加热试管（1 分） iii. 导管口有气泡产生（1 分） iv. 手移开或撤掉酒精灯后，一段时间后导管内倒吸一段水柱，且水柱在一段时间内不回落（1 分）	
4. 药品的添加（共 11 分）	固体药品的取用	i. 检查气密性后再装入药品（1 分） ii. 取用药品时，试剂瓶的瓶塞倒放在桌面上（1 分） iii. 试管横放（1 分） iv. 用药匙或纸槽装入药品（1 分） v. 将试管缓慢竖起来（1 分） vi. 固体的用量以盖满试管底部为宜（1 分） vii. 固体平铺试管底部（1 分） viii. 取完药品后，将试剂瓶的瓶塞盖上，标签朝外，放置原处（1 分） ix. 药匙用完后，用滤纸擦净（1 分） x. 将药匙倒置于试管架中（1 分） xi. 药品添加完后，在试管口处用镊子放棉花（1 分）	
5. 试管的加热（共 2 分）	酒精灯的使用	i. 外焰加热（1 分） ii. 先整体预热后局部加热试管底部（1 分）	
6. 气体的收集（共 6 分）	气体收集的规范操作	若用排水法收集， i. 先将集气瓶充满水至凸起（1 分） ii. 毛玻璃片朝下（1 分） iii. 慢慢往里推毛玻璃片（1 分） iv. 倒扣在水槽中至无气泡（1 分） v. 气体连续并匀速时，再将玻璃弯管导管口插入集气瓶口处（1 分） vi. 收集满时，将盖有毛玻璃片的集气瓶正立放在桌面上，若未收集满，至少保证气体的体积占集气瓶容积的 1/2（1 分） 若用向上排空气法收集， i. 选择玻璃直角长导管（2 分） ii. 导管伸入集气瓶的底部（2 分） iii. 并用带火星的木条在集气瓶口处验满（2 分）	
7. 仪器的整理（共 8 分）	仪器的整理规范操作	i. 若用排水法收集，实验结束后先撤导管后撤酒精灯；若用向上排空气法收集，实验结束后先撤酒精灯后拆分仪器（1 分） ii. 熄灭酒精灯时，用灯帽盖灭（1 分） iii. 仪器应从右往左、从上往下拆分（1 分） iv. 将试管中的剩余固体倒入废液杯中（1 分） v. 洗涤试管，直至内壁附着的水既不聚成水滴，也不成股流下（1 分） vi. 将洗净的试管倒扣在试管架上（1 分） vii. 将仪器恢复到原位（1 分） viii. 擦净实验台（1 分）	
8. 实验记录（共 1 分）	实验记录	原理和实验结果的记录（1 分）	

基本操作 2：请你在实验室完成粗盐提纯的实验

考查要点	评分标准和细则	评分
1. 准备工作（共 1 分）	根据原理选择仪器规格和药品的种类（1 分）	
2. 溶解（共 5 分）	i. 用药匙取少量粗盐于烧杯中（1 分） ii. 药匙用完后，用滤纸擦净（1 分） iii. 将药匙倒扣在试管架上（1 分） iv. 手持玻璃棒上端，转动手腕，使玻璃棒在液体里旋转，不能碰触烧杯内壁和底部（1 分） v. 玻璃棒放于烧杯或试管架上，若放于试管架上，需洗净（1 分）	
3. 仪器的连接（共 5 分）	i. 仪器从下往上组装（1 分） ii. 过滤时，依据烧杯的高度确定铁圈的高度（1 分） iii. 拧紧双顶丝的螺丝（1 分） iv. 双顶丝朝上固定铁圈（1 分） v. 蒸发时依据酒精灯的火焰高度确定蒸发皿的高度（1 分）	
4. 过滤（共 10 分）	i. 将一张圆形滤纸对折两次，打开使之呈圆锥形（1 分） ii. 放入漏斗中，使滤纸的边缘稍低于漏斗的边缘（1 分） iii. 用洗瓶中的水将滤纸润湿（1 分） iv. 用玻璃棒使滤纸紧贴漏斗内壁（1 分） v. 玻璃棒的末端轻轻斜靠在三层滤纸的一边（1 分） vi. 倾倒液体，烧杯紧靠引流的玻璃棒（1 分） vii. 漏斗下端管口紧靠烧杯内壁（1 分） viii. 漏斗中的液面要稍低于滤纸的边缘（1 分） ix. 引流后将玻璃棒放于烧杯或试管架上，若放于试管架上，需洗净（1 分） x. 过滤后将漏斗洗净，倒放于实验盒中（1 分）	
5. 蒸发（共 7 分）	i. 把得到的滤液倒入蒸发皿中，不超过蒸发皿容积的 2/3（1 分） ii. 用酒精灯直接加热蒸发皿（1 分） iii. 用玻璃棒不断搅拌（1 分） iv. 当加热至大量固体出现时，停止加热，利用余热将液体蒸干（1 分） v. 将玻璃棒洗净，放于试管架上（1 分） vi. 用坩埚钳夹持蒸发皿，放置在石棉网上，冷却（1 分） vii. 将冷却后的固体放在指定的容器中（1 分）	
6. 仪器的整理（共 4 分）	i. 蒸发结束后，先将酒精灯从铁架台移放到桌面上，再用灯帽盖灭（1 分） ii. 洗涤仪器，直至内壁附着的水既不聚成水滴，也不成股流下（1 分） iii. 将仪器恢复到原位（1 分） iv. 擦净实验台（1 分）	
7. 实验记录（共 1 分）	原理和实验结果的记录（1 分）	

⑥再次测试，评分采样。

⑦分析学生操作的得分情况，调整评价细目。

⑧完善修整，形成评价细目。

第五章　测试与标准的一致性分析

斯塔弗尔比姆指出，评价最重要的意图不是为了证明，而是为了改进。教师分析评价试题及有关考试的数据，有利于认识“教”与“学”的欠缺，及时改进和提高教学。研究试题就是和命题专家对话。教师应深入研究试题，领会试题的设计思路和考查意图，反思“教”与“学”存在的问题与不足，也为进一步提高命题质量提供依据和参考。

本书关于学业水平考试质量的评价主要涉及两个角度：一是与标准的一致性分析，即评价测试与标准的符合程度；二是依据经典试题分析指标对试卷质量进行量化评价。

一致性是反映教育系统中各组成部分共同起作用来实现利益相关者期待目标的程度，这些组成部分包括内容标准、学科或区域课程、课堂教学、学生学习、评价(含测验)等。一致性的分析范式是指判断、分析课程系统各要素之间吻合程度的理念、程序与方法的总和。研究、应用一致性的主要目的在于加强教育系统的整体协同性，体现出标准—课程—教学—评价的“一体化”。

评价与标准的一致性是一致性研究系统的组成部分，特指评价工具与其所指向的课程或学业标准之间的一致性、匹配性程度。在评价和测验研究领域中，评价与标准的一致性研究集中于内容效度环节，即对使用测量工具所得结果进行解释的准确性程度。例如，一个有效的学业水平考试可以区分化学学习上各种成就水平的学生，并与《普通高中化学课程标准(2017 年版 2020 年修订)》中的“学业质量水平”基本一致。

20 世纪 80 年代，美国发起了“由标准驱动并基于标准”的基础教育课程改革，并把课程与教学的一致性作为检测州、学校是否有效落实课程标准的一项关键性指标。在推进“基于标准”的教育改革过程中，研究者越发认识到，只有标准、教材、教学及评价等教育要素之间保持高度一致，教育系统的整体效应才能得到最大限度的发挥。为此，美国联邦政府及各州教育部门均投入大量资金用于分析、评估并加强各教育要素之间的一致性。在此背景下，1998 年，美国教育部与国家科学教育委员会合作，组建了课程与评价一致性分析协会，开发了多种评价与课程标准一致性分析模式、程序和工具，包括韦伯模式、Achieve研究工具、SEC研究工具等。

第一节 一致性分析的理论模型

本节介绍了一些知名的一致性分析模式，可以结合化学学业水平考试的特点综合应用。

一、 韦伯模式

韦伯(N. Webb)于1997年提出了12个判断评价与标准一致性的技术标准，并将其分为5个类别：内容集中性、跨年级与年龄段的准确度、公平与公正、教学意义、系统可应用性。后续一直到2007年的研究中，韦伯从最初12个标准中抽取与内容集中性相关的4个标准作为分析维度，形成了目前评价与标准一致性研究的常用工具。该工具的核心包括框架、内容、方法。

(一)框架——描述“金字塔”结构的课程内容目标体系

韦伯主张，判断学业评价与课程标准的一致性，首先要对课程标准的各级目标加以描述，这样就形成了“金字塔”结构的课程内容目标体系(见图5-1)。

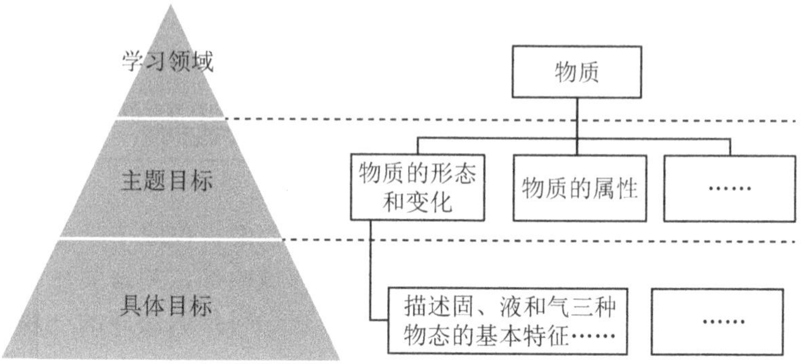

图5-1 “金字塔”结构的课程内容目标体系示意图

金字塔的顶部是对课程内容目标的一般描述，即学习领域；金字塔的中部是“学习领域”的下位目标，即“主题目标”；金字塔的底部是课程标准的操作目标，即“具体目标”。一般来说，分析学业评价与课程标准一致性水平，应该依据“金字塔”结构的课程内容目标体系来进行。

化学学业水平考试依据的义务教育和普通高中课程标准都呈现了结构化的课程目标，包括一级主题、二级主题、内容标准等层级。北京市初中化学学业标准列出了 4 级内容标准。这些结构化的课程内容和目标即考试质量评价的框架。

(二)内容——确定判断一致性的“四个维度”

韦伯模式中的内容包括四个维度，即内容一致性、知识深度一致性、知识广度一致性和分布平衡性(见图 5-2)。其中，分布平衡性维度用来表示检测题目涉及的知识在每个具体课程目标上分布的均匀程度。

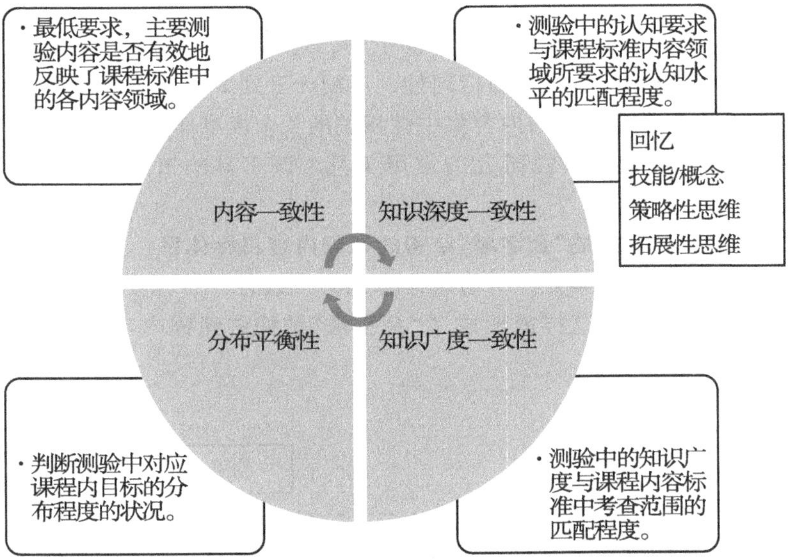

图 5-2 韦伯模式的内容结构示意图

韦伯模式的缺点主要有：①使用范围较为狭窄，仅限于学业评价与课程标准之间的一致性分析；②聚焦于各内容领域内部，并未关注不同内容领域之间的重要性差异；③虽然能较好地考查学科知识层面的一致性，但无法反映学科方法层面的一致性。

(三)方法——确定判断一致性的"四个标准"

第一，内容一致性。标准：来自每一个课程标准内容的试题至少有6道。

例如，某年北京市义务教育化学教学质量监测的每个标准一级主题的试题数量见表5-1。

表5-1 每个标准一级主题的试题数量

标准中的主题	试题数量
物质的构成与化学变化	13
身边的化学物质	17
化学基本实验	6
化学与社会发展	9

能力领域同样要求，每一类或水平的能力维度需要至少6道试题评价其一致性。因此，每个测试维度都要保证一定数量的试题才能具有代表性，达到内容一致性评价的标准。

第二，知识深度一致性。标准：与课程标准知识深度目标对应的测验题目至少要有50%符合该目标的知识深度水平。

命题蓝图中有每道试题预估的难度，一般分为易、中、难三个层次。对比测试后每道试题的得分率(难度)，可以判断试题的知识深度一致性。

例如，某年北京市义务教育化学教学质量监测中的物质的构成与化学变化主题，相关预估与实际难度的数据见表5-2，共13道题，其中11道试题相一致，将近达到85%，说明物质的构成与化学变化这个主题的考查符合该目标的知识深度水平。

表5-2 相关预估与实际难度

题目编号	满分	平均分	预计难度	实际难度	知识深度符合情况
I1	2	1.97	易	0.99	一致
I3	2	1.95	易	0.98	一致
I4	2	1.95	易	0.98	一致
I6	2	1.90	易	0.95	一致
I9	2	1.98	易	0.99	一致
I11	2	1.91	易	0.96	一致
I12	2	1.96	易	0.98	一致

续表

题目编号	满分	平均分	预计难度	实际难度	知识深度符合情况
I17	2	1.89	易	0.95	一致
I18 _ 1	2	1.69	易	0.85	一致
I18 _ 2	2	1.68	易	0.84	不一致
I23	1	0.82	易	0.82	不一致
I25 _ 1	1	0.94	易	0.94	一致
I32 _ 2	2	0.84	较难	0.42	一致

第三，知识广度一致性。标准：某内容领域，若至少有 50%的学习目标得到考查，则认为具有良好的知识广度一致性。

例如，某年北京市化学中考，考试说明中列出 52 条内容要求，试题考查了 45 条内容要求，达到 86.5%，说明具有良好的知识广度一致性。

第四，分布平衡性。标准：平衡性指数值大于或等于 0.7 时，认为该主题下内容分布平衡性水平良好，内容效度高。分布平衡性的公式如下：

$$B=1-\frac{1}{2}\times\left(\sum_{i=1}^{O}\left|\frac{1}{O}-\frac{I_k}{H}\right|\right)$$

其中，O 指测验样本中所有涉及的课程标准中具体知识点的数目；I_k 指对应某一具体知识点的检测题目数；H 指检测题目的总数。

二、 Achieve 研究工具

2002 年，美国非营利教育研究机构教育成就评价机构组织的罗斯曼(R. Rothman)等人提出一致性分析需要揭示的三个基本问题：测验是否仅仅测量标准中所要求的内容；测验在多大程度上测量了标准中的核心内容；测验对于学生是否具有足够的挑战性。该模式系统分析了多方面的影响因素，构建了综合性较强的新型“学业评价—课程标准”一致性研究工具，简称 Achieve 研究工具。

(一)向心性

向心性反映试题所考查的学习要求与内容标准中相应学习目标的一致性水平，包括内容向心性和表现向心性两个指标。内容向心性用于反映试题与对应学习目标在学习内容上的一致性。表现向心性用于反映试题与对应学习目标在认知要求上的一致性。依据试题与学习目标的匹配程度，可区分出三种不同的一致性水平：2 级——精确的一致；1 级——不精确的一致；0 级——不一致。

(二)均衡性

均衡性维度主要评价各内容标准及学习目标是否得到了平衡而合理的反映，包括平衡和范围两个指标。平衡指标主要说明各内容标准得到反映的程度，若测验中考查不同内容标准的试题的数量之比与相应内容标准中的学习目标的数量之比较为接近，则认为该测验较好地反映了内容标准的重要性差异。范围指标主要说明内容标准中学习目标得到反映的程度，若某内容标准中被考查的学习目标占 50%～66%，则达到可接受的程度，而若超过 67%，则达到满意的程度。

(三)挑战性

挑战性维度主要探析试题中所考查的认知要求是否合理地反映了内容标准的需要，包括挑战的来源及挑战的层次两个指标。挑战的来源指标主要关注试题能否精确地反映学生对某学习目标的掌握程度，当试题出现技术层面的错误(如描述错误、图表错误、无答案或有多个答案)或瑕疵(如背景知识影响学生解题)时，则认为其挑战性来源不恰当。挑战的层次指标主要关注试题能否合理地反映课程标准中的认知要求，若测验中考查不同认知要求的试题的比例与课程标准中不同认知要求的学习目标的比例接近，则认为挑战的层次较为恰当。

三、 SEC 研究工具

2001 年，威斯康星州教育研究中心学者安德鲁·帕特(Andrew Porter)、约翰·史密森(John Smithson)以计划课程调查(Survey of Enacted Curriculum，SEC)数据为基础构建了 SEC 研究工具，用于进行课堂教学与学业评价之间的一致性比较。具体步骤如下。

第一，确定描述学习内容主题和认知要求的同一语言：“描述符”。①学习内容主题“描述符”。②认知要求“描述符”(如识记、运算、阐释、推理、应用)。

第二，描述学习内容主题与认知要求在教学实施中的表现水平。

第三，计算一致性指数，公式如下：

$$一致性指数 = 1 - \frac{\sum |X - Y|}{2}$$

其中，X 表示一个矩阵中的评价单元比例；Y 代表另一个矩阵中的标准单元比例。

由于 SEC 工具采用了编码基础上的比较研究方式，缺乏各要素之间学习目标的直接匹配，因此也就无法提供一致性的细节信息，使得定性信息不够丰富。

第二节　一致性分析的实施案例

北京教育科学研究院研究者主要借鉴韦伯模式与 Achieve 研究工具，依据相关国内外研究与已有的研究实践，建构了调研框架(见图 5-3)。

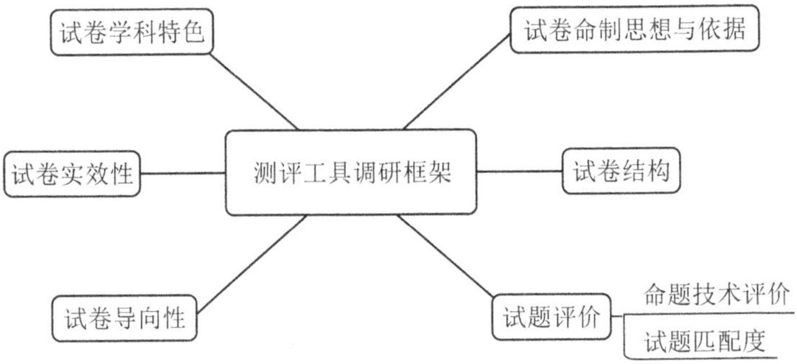

图 5-3　测评工具调研框架

具体研发工具包括试卷内容评定和试题内容评定。其中，前者内含考查试卷命制思想与依据的题目，涉及此试卷的命制体现的教育部颁布的《义务教育化学课程标准(2011 年版)》的程度、此试卷的命制遵循的学生思维发展阶段特征的程度等。考查试卷结构的题目，涉及此试卷中的考查点对于课程标准所要求的核心内容的覆盖程度、此试卷中所考查的各知识领域间分数比例的合理性程度、此试卷中所考查的各认知层级间分数比例的合理性程度等。考查试题评价的题目，涉及此试卷存在的偏题、怪题或有不合理编造痕迹现象的程度，此试题存在的超出国家课程标准内容的程度、此试题存在的科学性错误的程度等。考查试卷导向性的题目，如涉及考查学生对基础知识、基本技能的掌握情况，考查学生解决实际问题能力的情况等。考查试卷实效性的题目，如此卷试题是否能够测试本年级学生的学业水平，是否能够检验出本学科的教育教学质量等。考查试卷学科特色的题目，如此卷试题中阅读部分选取的内容呈现不同体裁的程度；此卷试题中积累部分的试题体现实用性的程度；此卷试题中是否体现了对写字质量的检测等。后者主要考查与课程标准内容目标、能力目标的匹配程度，与细目蓝图内容目标、能力目标的匹配程度。

在研发本土化的一致性分析工具的基础上，相关人员开展了系列的实证研究。2002 年，针对北京市各区县初中毕业升学考试测评工具，聘请 5 位化学学科专家对 15 个区县自主命制的 15 份初中化学毕业升学试卷进行评价。除化学外，还对数学、语文学科测评工具进行了评价。

下面以北京市区域义务教育阶段教学质量测验与课程标准的一致性分析研究为例，对一致性分析进行简要说明。

研究背景：受北京市教委委托，全面了解各区县教育教学质量测评工具质量情况。依据国家课程标准及相关测验理论的要求对测评工具进行相应的分析，并依据研究结果为区县及学科提供指导和改进工具质量的建议。保证测评工具的科学导向性，为以后发挥其诊断功能，真正有目的、有针对性地减负增效奠定基础。

研究方法：专家评价判断法。

研究工具：试卷内容评定问卷、试题内容评定表。

研究设计：双盲设计，评价专家与被评试卷均匿名。

测评工具：包括框架、细目蓝图、试卷、评分标准、试题分析等。

测试结果(见表 5-3)：在对试卷的整体评价上，各科的评定等级都接近或超过了较好水平，彼此间存在统计上的显著性差异。数学的等级最高，化学其次，语文最低。

在指导思想、整卷基本质量、整卷创新性、整卷实效性方面，三门科目在 0.05 水平上存在显著性差异。其中，数学科等级最高，超过较好水平；化学科其次，接近较好水平；语文科等级较低，略好于一般水平。

在学科独特性方面，统计上的显著性差异仍然存在。其中，数学等级较高，为较好水平；语文其次，略高于一般水平；化学等级较低，略高于较差水平。

表 5-3 测试结果

平均等级					
项目	数学	语文	化学	F	p
指导思想	4.55	3.54	3.93	82.95	<0.05
整卷基本质量	4.27	3.72	3.84	30.88	<0.05
整卷创新性	3.91	2.95	3.56	47.01	<0.05
整卷实效性	4.31	3.25	3.87	73.51	<0.05
学科独特性	4.00	3.32	2.66	192.51	<0.05
整体评价	4.25	3.44	3.67	52.04	<0.05

优势与问题：

依据国家课程标准，注重课标与实际生活的关联，树立发展性评价观，遵循青少年认知思维发展规律。命题观念：课标观念，有些试题超越课程标准要求，或者在课标中未涉及；死记硬背的题目过多，缺乏考查灵活思维性的题目。命题流程：大部分试卷缺少命题蓝图或命题蓝图编制简易、不科学；评分标准编制简单，体现不出对学生思维等级的判断。命题内容：过多采用北京市考试原题或相似题等；部分试题存在较多的科学性错误；知识点考查覆盖单一，同一知识点反复测查。

改进建议：

1. 关于课程标准的学习使用

①课程标准：深入理解课程标准，明确课程标准的含义，注重课程标准与实际生活的联系，将课程标准渗透到测评工具的编制中。

②市级测试框架：目前因各区县研究水平良莠不齐，建议尽量采用市级测试框架(集合了更多的专家团队进行精心打造，具有很强的标准性)，做到资源的充分利用；避免超标的现象。

③市级学业标准：目前市级层面已经完成了部分学科的学业标准开发，将课程标准与北京的实际情况结合，开发各年级的学业标准，建立统一的标准，开展市级培训。

2. 关于命题规范化

工作环节完整、流程完善、科学规范，如成立命题小组，明确职责，认真负责，增强试卷规范化，杜绝科学性错误，描述规范。命题制度和流程不规范的区县，要推行审校制度，要有预测、有命题蓝图，规范图表及语言表述，要重基础，宽覆盖，难易适中，杜绝科学性错误和低级错误。

最后做到命题把关，涉及对命题质量的追踪评价、审查、专家评定、一致性分析、效度研究等。做到命制的试题从科学角度的信效度要好；应用角度贴近学生实际，符合课程标准的要求，遵循学生思维的发展规律；评价上科学有效，有针对性。

3. 关于命题技术

①把握命题原则，研究命题技术。

②培训教师命题技术，提高教师命题能力。细目蓝图的编制依据框架，结合试卷命制的依据和思想，将内容标准、知识点明确地渗透在细目蓝图中，为命制试题打下基础；细目蓝图应包括知识与能力考查的双向细目(内容、题型、认知层次)及分值分配比例，主观题、客观题、评分标准的命制规则和方法等。

4. 关于测查方式

①对于实践类考查的方式，如科学类实验操作等，采用多元化测查手段，全面了解、掌握学生的能力发展状况。

②高级思维能力的测查。在常规命题环节的基础上，注意对学生高级思维能力的测查，如问题解决能力。PISA 2012 测查和分析学生具体情境中的问题解决能力，这是高于学科之上的一种对综合能力的测查。这一方面有待和教师一起学习完善。更多关注对学生的不同思维水平、认知加工方式的评价与教学。

第六章　试卷质量分析

试卷质量分析是评价试卷优良程度的必要环节。试卷质量分析常常有以下几种功能。第一，检验试卷是否达到考试目标，即试卷是否完成了命题人员赋予它的使命，如高考的考试目标是为高校公平、科学、客观地选拔人才，义务教育质量监测的考试目的是检测学生的学业成绩是否达到国家课程标准的要求。第二，提高命题质量、试卷质量。根据分析结果，选择质量较好的题目、修正质量中等的题目、删去质量较差的题目等。第三，为诊断与改进学生学习、教师教学服务，并为设计、编写教材和教辅资料提供依据。根据分析结果，及时发现日常教与学中存在的问题，并将这些信息反馈给学生、教师群体、研究人员或政策制定者，为今后教与学的改进提供依据。

试卷质量分析包括定性和定量两种方法，定性分析聚焦于制作蓝图、题目的编制过程，可划分为试卷分析和试题分析。试卷分析主要考查试卷的命制思想与依据、试卷结构、题目是否符合命题规则、试卷对于教学的导向性、试卷实效性等方面。而试题分析主要考查每道题目与课程标准、测试框架等内容目标及能力目标的匹配程度，与细目蓝图中内容目标及能力目标的匹配程度。定量分析则聚焦于对题目后期的量化数据分析，通常依据经典测量理论(classical testing theory，CTT)或项目反应理论(item response theory，IRT)来进行分析。经典测量理论常常会采用难度、区分度、信度、效度等指标，而项目反应理论则多采用难度(与 CTT 中难度的计算不同)、拟合度、信息量等指标。这两种理论各有利弊。经典测量理论相对简洁易懂，应用广泛，所需样本量较小(100～200 人即可)，但其指标通常会受到所抽样本的影响。项目反应理论的指标受抽样的影响较小，但往往需要复杂的计算和较大的样本量。因此，考虑到实用性，本章将主要介绍经典测量理论下的试卷质量分析指标，同时会简单补充项目反应理论下的一些指标。

第一节　基于经典测量理论的质量分析

经典测量理论(也称真分数理论)指在测验分数的基础上对测试结果进行分析，其核心的测量假设理论及方法体系是真分数理论。经典测量理论的数学模型为：$X=T+E$。其中，X 为观察分数，即实际测量到的分数；T 为真分数，即体现某种特质真正水平的分数；E 为随机误差，即观察分数与真分数的差异。经典测量理论构建了丰富的概念体系，该体系主要包括难度、区分度、信度、效度等基本概念。以下从试卷质量分析指标和试题质量分析指标两个方面进行详细说明。

一、　基于经典测量理论的试卷质量分析指标

(一)难度

难度主要指试卷的难易程度。它通常用得分率来衡量，以难度系数 P 来表示，其计算方法为，学生在试卷中取得的平均分除以该试卷的满分：$P=$平均分/满分。P 值介于 0～1 之间，与试卷难度呈反序关系。经典测量理论中的难度系数 P 的大小实则反映的是容易度，即难度系数越大，试卷难度越小(越容易)。

(二)分数的集中趋势和离散程度

1. 平均数

平均数是描述分数集中趋势的统计指标，反映全体考生成绩的集中情况，即所有考生分数之和除以考生人数。

2. 标准差

标准差是描述分数分布离散程度的统计指标，反映全体考生成绩的离散程度，即考生成绩与平均分之差的平方和的均值的平方根。

标准差越大，说明大部分考生分数与平均分之间的差异越大；标准差越小，说明大部分考生分数越接近平均分。

(三)分数的分布形态

1. 偏度

偏度是描述分数分布对称性的统计量。学生成绩分布形态有三种，如

图 6-1 所示。一为正态分布（或近似正态分布），学生成绩分布呈对称分布，低分段和高分段学生人数基本相同。二为正偏态分布，该分布中频数分布最多的数据位于分布的左侧，即低分段学生人数较多。在一般情况下，在较难的测验中，考试分数会形成正偏态分布。三为负偏态分布，该分布中频数分布最多的数据集中于分布的右侧，即高分段学生人数较多。在一般情况下，在较容易的测验中，考试分数会形成负偏态分布。

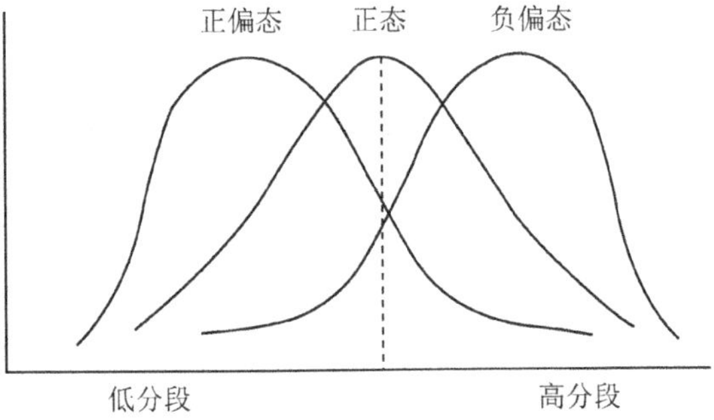

图 6-1　学生成绩分布形态

学生成绩的理想分布形态随着测验目的的不同而不同。当测验目的是考查学生在一段时间内的学习是否达到国家课程标准的要求时，理想的分布形态是负偏态分布，如学业水平考试(见图 6-2，偏度为－1.19)。但是当测验目的是选拔少数的优秀学生时，理想的分布形态可能是正偏态分布，如高中化学竞赛等。

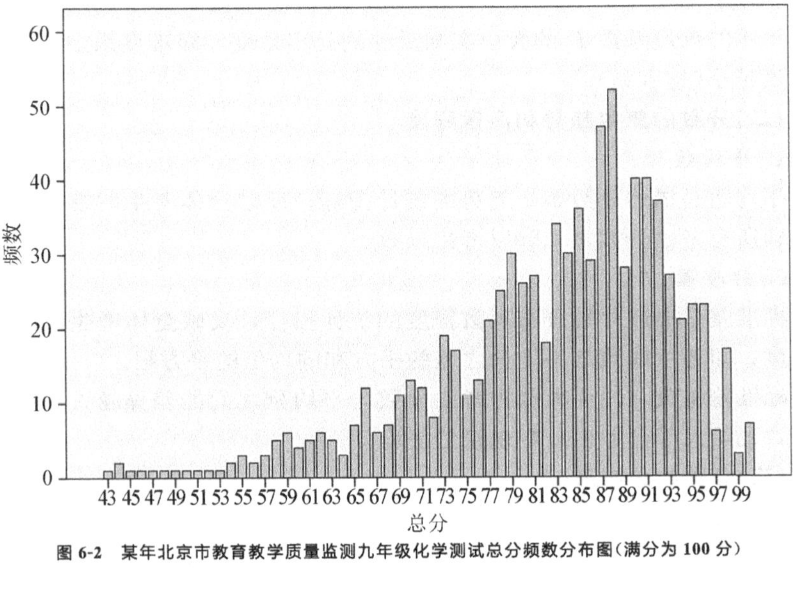

图 6-2　某年北京市教育教学质量监测九年级化学测试总分频数分布图(满分为 100 分)

2. 峰度

峰度是描述分数分布形态陡缓程度的统计量。一般而言，正态分布的峰度为 0；当峰度大于 0 时，其分布比正态分布更加陡峭；当峰度小于 0 时，其分布比正态分布更加扁平。例如，某校九年级化学测试的成绩分布图的峰度为 2.00，每个分数段的学生人数变化较大。

总体来看，可以通过平均分、难度、标准差、最高分、最低分、偏度和峰度等指标了解学生在试卷上的整体作答情况，同时结合学生总分频数分布表和分布图进一步了解学生成绩的具体分布情况。下面以某年北京市教育教学质量监测九年级化学整卷数据分析为例说明。整卷难度为 0.83，满分为 100 分，学生平均分为 82.62，标准差为 10.83，最低分为 29 分，最高分为 100 分，分数为负偏态分布，58.3%的学生成绩主要集中在 81～95 分(见表 6-1、表 6-2)。

表 6-1 某年北京市教育教学质量监测九年级化学整卷数据分析表

测试卷满分	实际学生人数	平均分	难度	标准差	最高分	最低分	偏度	峰度
100	839	82.62	0.83	10.83	100	29	−1.19	2.00

表 6-2 某年北京市教育教学质量监测九年级化学测试总分频数分布表(满分为 100 分)

分数区间	人数/人	百分比/%	累计百分比/%
0 分	0	0	0
1～5 分	0	0	0
6～10 分	0	0	0
11～15 分	0	0	0
16～20 分	0	0	0
21～25 分	0	0	0
26～30 分	1	0.1	0.1
31～35 分	0	0.0	0.1
36～40 分	3	0.4	0.5
41～45 分	3	0.4	0.9
46～50 分	4	0.5	1.4
51～55 分	6	0.7	2.1

续表

分数区间	人数/人	百分比/%	累计百分比/%
56～60 分	20	2.4	4.5
61～65 分	26	3.1	7.6
66～70 分	49	5.8	13.4
71～75 分	67	8.0	21.4
76～80 分	115	13.7	35.1
81～85 分	145	17.3	52.4
86～90 分	196	23.4	75.8
91～95 分	148	17.6	93.4
96～100 分	56	6.7	100.1
合计	839	100.1	100.1

（四）信度

信度是指对测量结果一致性程度的估计，是衡量测验质量的重要指标。信度的高低对于测验性能的影响极大。在经典测量理论中，信度就是一组测验分数中真分数方差占实测分数方差的百分比。如果测验中包含很多误差成分，信度就低；反之，信度就高。因此，当信度系数为 0 时，测验分数中所包含的成分全是误差，没有真正的分数。但是当信度系数为 1 时，则全部是真正的分数。

在评价测验质量时，常用的信度估计方法有重测信度、复本信度、内部一致性信度等。例如，2010 年北京市义务教育化学监测试卷的 Alpha 系数(信度系数)为 0.82，这说明该测试卷的内部一致性信度较好。

信度系数达到多高才能算是一份可靠的测验，其实并没有标准答案，主要由测验的目的来决定。一般而言，能力特质的定义比较清楚，且能力测验往往有明确的答案和评分标准，信度通常比较高。能力测验或者成就测验的信度最好能在 0.8 以上。而某些测验受到多种因素的影响，可能造成信度偏低。例如，性格量表的题目不仅受到性格特质的影响，而且受到情境因素的影响，因此性格量表的信度会比较低，信度为 0.7 以上的性格量表已经能基本令人满意。

此外，影响信度的因素很多，包括测验本身的因素、考生与评分者的因素、测验情境以及信度估计方法等。这里只简单介绍测验本身的因素。

首先，测验内容是否同质会影响信度的高低。例如，学业水平考试测验主要测量学生的化学学科能力，因此这种测验的信度较高；但是理综考试包含不同的学科，测量学生不同的学科能力，因此这种测验的内部一致性信度会略为偏低。其次，测验题目的多少会影响信度的高低。在实际情况中，为提高信度，可考虑在有限作答时间内增加测验的题目数。测验难度分布越均匀，测验信度越高。

(五)效度

效度即有效程度，指一个测验能准确测出所需测量的特质的程度，是衡量测验质量的重要指标之一。在经典测量理论中，效度就是一组测验分数中由所测量的心理特性引起的方差占实测分数方差的百分比。

寻求效度的过程，就是寻求证据的过程，且每个测验也需要各种来源的证据。根据证据来源的不同，常用的效度估计方法有内容效度、结构效度、效标关联效度等。

1. *内容效度*

内容效度即测验题目对整个测验知识范围和能力范围的代表性程度，对有关知识、能力或行为范围取样的适当性。例如，依据国家课程标准，学生在某个年级要学习掌握 200 个要点。然而，由于受时间限定，此年级的学年终期测验仅能涵盖其中的 60 个要点。只有当这 60 个要点能够代表要求掌握的 200 个要点时，测验结果才会有比较高的内容效度。如果所选取的要点的代表性不好，未能涵盖主干知识与能力，就会影响测验的内容效度，减弱测验分数的解释意义。因此，要对大规模学业成就水平测试的内容效度给以特别关注。

测量内容效度最常见的方法是专家评定法，指要求一组专家(非测验的编制者，但对于所测量的内容领域非常熟悉)独立地判断测验题目是否对所考查的领域有良好的取样代表性。换言之，即对测验题目与所涉及的内容范围是否适当进行判断。这是一种定性分析的方法。以学业成就测验为例，学科专家首先对课程标准和教材有全面了解，然后将其与测验题目进行系统比较，评估题目是否能代表所考查的内容。具体步骤如下：①定义好内容总体，并描绘出有关知识与技能的轮廓；②划分细纲目，并根据重要性规划好各个纲目的加权比例，做出尽可能详细的描述；③确定每道题所测的知识与技能，将自己的分类与测验编制者的纲目做比较；④制订评定量表，从各方面对测验做出评定。

2. 结构效度

结构效度即测验能说明教育学或心理学上的理论建构或特质的程度。其中，结构是指用于解释人类行为的理论框架或心理特质，是心理学中抽象的假设性概念、特性或变量。如果来自结构效度的数据分析表明确实如同构想，则说明测验具有较高的结构效度，否则具有较低的结构效度。

与内容效度不同，结构效度的验证首先要求对所研究的结构或特质进行界定(建立理论框架)，再说明此结构或特质的心理学意义。当前教育测量领域多采用验证性因素分析的方法来对结构效度进行说明，通常深入考查跨样本的分析来调查内部结构的一致性和稳定性。

3. 效标关联效度

效标关联效度又称准则关联效度，即要检验的测验分数与效标分数之间的相关性和一致性。效标是检验效度的重要参照，同样反映了测验所要测量的特性，但通常以另外的测验分数或活动来表示。例如，为了得到某大规模(国家层面)学业成就测验工具的效度，可以学校期末考试成绩为效标，用两者的相关系数来表示效标关联效度。事实上，两者互为效标。如果相关系数高，则说明效标关联效度高，反之则低。常用的相关系数主要包括皮尔逊积差相关系数、二列相关系数等。

二、 基于经典测量理论的试题质量分析指标

(一)难度

试题难度的计算与该题目的计分类型有关。在一般情况下，题目计分方式有两种：一种为二级计分，二级计分题目主要包括选择题、匹配题、填空题等，答对得满分，答错不得分；另一种为多级计分，多级计分题目主要包括简答题、解答题、论述题、作文题等，在 0 分与满分两个等级之间，还有得到部分分数的等级情况。

多级计分的试题难度的计算公式与试卷难度的计算公式一致，即此题目的平均分除以该题目的满分。同样，难度系数越大，题目难度越小。

以下是某年北京市初中化学教育教学质量监测结果的试题难度数据，可以作为试题评价的重要参考，见表 6-3、图 6-3。

表 6-3 经典测量理论分析得到的题目难度分布表

难度①	题量	分值
0.00～0.09	0	0
0.10～0.19	0	0
0.20～0.29	0	0
0.30～0.39	2	6
0.40～0.49	3	6
0.50～0.59	1	1
0.60～0.69	2	3
0.70～0.79	3	4
0.80～0.89	15	30
0.90～1.00	24	50
合计	50	100

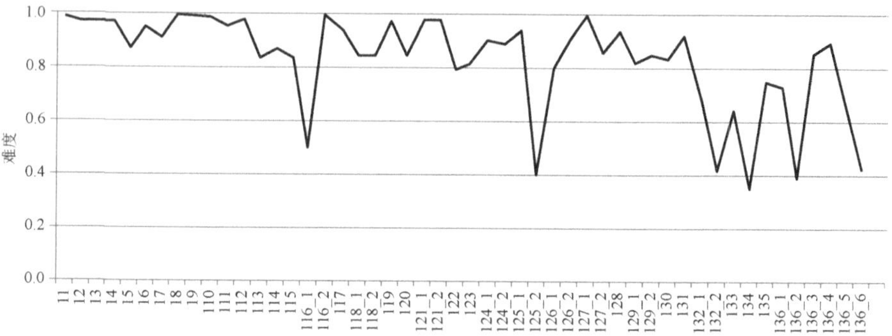

图 6-3 测试卷题目难度分布图

从表 6-3 和图 6-3 可以看出，50 道题目中没有很难的题目(难度小于 0.20)；较难的题目(难度为 0.20～0.49)有 5 道题目，分值占总分的 12%；较易的题目(难度为 0.50～0.79)有 6 道题目，分值占总分的 8%；有 39 道题目难度集中分布在 0.80～1.00，属于容易的题目，分值占总分的 80%；从各部分难度比较来看，整张测试卷的难度分布与此次分析和评价反馈系统预计难度分布基本一致。

① 难度(*P*)：为经典测量理论难度，是指测试题目的难易程度。二级计分题目采用通过率来说明难度，即用答对或通过该题人数的百分比作为指标；多级计分题目则采用该题的平均分与满分的比值来表示，数值越大表示其难度越小。

(二)区分度

区分度是指测验题目区分考生水平高低的程度。区分度高的题目，能够有效区分不同水平的考生；区分度低的题目，则不能有效区分不同水平的考生，表现为水平高和水平低的考生得分较为接近。区分度是衡量题目质量的主要指标之一，是编制测验时筛选题目的重要依据。目前，被广泛采用的区分度指标主要有鉴别指数与题总相关系数，其数值均处于－1～1。

1. 鉴别指数(D)

鉴别指数是题目区分度的统计指标之一，通常通过计算高分组和低分组在某道题目上的通过率或得分率之差得到。步骤如下：首先，将考生在某常模参照测验上的总分从高到低进行排序，将名次位于前25%～33%的学生划分为高分组，名次位于后25%～33%的学生划分为低分组；其次，分别计算高分组和低分组学生的通过率(针对二级计分)或得分率；最后，按照公式$D=P_H-P_L$即可得到鉴别指数D，其中，P_H为高分组的通过率或得分率，P_L为低分组的通过率或得分率。

例如，100名学生参加测试，计算一道选择题的鉴别指数。将高分组定义为前27%的学生，低分组定义为后27%的学生。在高分组27名学生中，25名学生答对。在低分组27名学生中，15名学生答对。

鉴别指数$D=25/27-15/27=0.93-0.56=0.37$。

在标准参照测验中，可以将考生按照最后所报告的学业成就水平等级进行分类，从而划分出优秀水平组和非优秀水平组、良好以上水平组和非良好水平组、合格以上水平组和不合格水平组等，即按照学业水平等级类别进行划分，得到某题目对应相应群体的区分度，如用$D_{优秀}$、$D_{良好}$、$D_{合格}$等来说明对每个学业水平群体的鉴别能力情况。根据以上基本原理与思路，可以得到衍生公式：$D_{合格}=P_{合格组}-P_{不合格组}$。优秀水平与良好水平的鉴别指数的方法与此类同。

1965年，美国教育测量学家埃贝尔(Eebel R. L)根据长期经验提出用鉴别指数评价题目性能的标准的观点：题目的鉴别指数在0.40以上表明该题的区分度优良；0.30～0.39表明该题的区分度较好；0.20～0.29表明该题的区分度不太好，需对题目进行修改；0.20以下则表明该题的区分度欠佳，应被淘汰。现在学者普遍认为是否淘汰该题目，还要结合测验性质而定。

例如，如果是以追求最大区分度为目的的常模参照测验，区分度不佳的题目大多应该被淘汰；如果是以追求测查领域最佳代表性为目的的标准参照测验，对于区分度不佳的题目则要慎重结合具体的内容考查点进行考虑，如考查点是某领域中具有代表性的、应知必会的内容，只要其区分度不为负值，就可以保留。

2. 题总相关系数(r)

题总相关系数(r)是体现题目区分度情况的指标之一，通常通过计算某道题目上的得分与测验总分之间的相关系数得到。题总相关系数越大，区分度越大。根据题目得分类型与测验总分类型的不同，采用的相关系数主要有三种：点二列相关系数、积差相关系数和斯皮尔曼相关系数。由于计算的统计学专业性过强，一般都直接提供统计和计算结果，不再介绍具体计算方法，有兴趣的读者可以参阅相关书籍。

以下是某年北京市初中化学教育教学质量监测结果的试题区分度数据，可以作为试题评价的重要参考，见表 6-4、图 6-4。

表 6-4　经典测量理论分析得到的题目题总相关系数和鉴别指数分布

区分度	题总相关系数(r)		鉴别指数(D)	
	题量	分值	题量	分值
小于 0.00	1	2	0	0
0.00～0.09	3	5	16	29
0.10～0.19	8	17	9	16
0.20～0.29	18	31	10	27
0.30～0.39	12	21	9	17
0.40～0.49	6	20	4	7
0.50～0.59	2	4	1	2
0.60～0.69	0	0	1	2
0.70～0.79	0	0	0	0
0.80～0.89	0	0	0	0
0.90～1.00	0	0	0	0
合计	50	100	50	100

从表 6-4 和图 6-4 可以看出，在题总相关系数上，50 道题目中有 12 道题目(24%)的题总相关系数小于 0.20，分值占总分的 24%，其余 38 道题

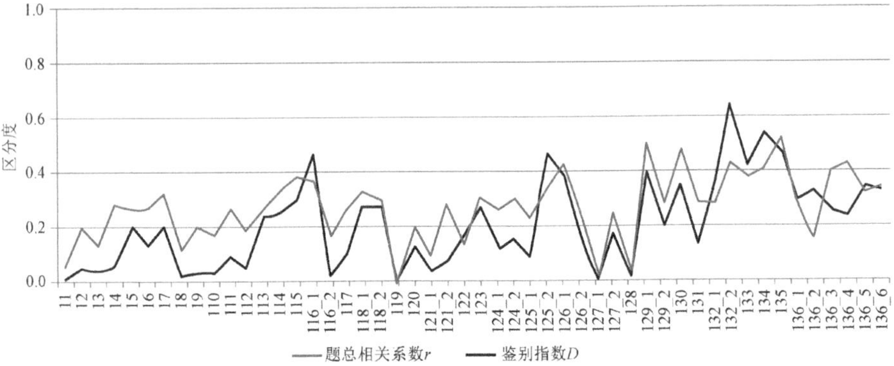

图 6-4　测试卷题目题总相关系数和鉴别指数分布图

目(76%)的题总相关系数均为 0.20 及以上。根据统计要求，这些题目的题总相关系数都是可以接受的。在鉴别指数上，50 道题目中有 25 道题目(50%)的鉴别指数在 0.20 以下，分值占总分的 45%。根据统计要求，这些题目的鉴别指数偏低。其他 25 道题目的鉴别指数都在 0.20 及以上，其中有 15 道题目的鉴别指数都在 0.30 及以上，分值占总分的 28%。

(三)区分度与难度的关系

从统计学的角度来说，区分度与难度的关系极为密切。若题目偏难，考生的得分则偏低，整体测验分数分布曲线呈正偏态，难以有效区分能力较低的学生。若题目偏易，学生的得分则偏高，整体测验分数分布曲线呈负偏态，难以有效区分能力较高的学生。在这两种情况下，题目的区分度均较差。当难度继续接近两端时，即 $P=0$ 或 $P=1$，区分度也接近 0；当难度接近 0.50 时，区分度为最大，即 $D=1$ 或 $D=-1$。区分度为负值的题目将会被删除，难度适中的题目即难度接近 0.50 的题目区分度最佳。区分度与难度的关系如图 6-5 所示。

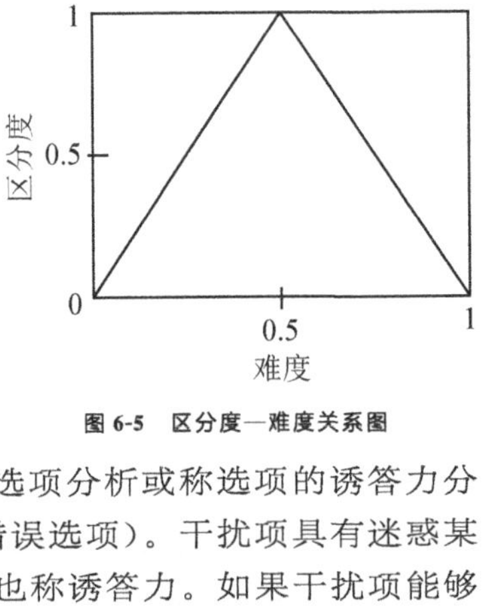

图 6-5　区分度—难度关系图

(四)选择题选项分析

与其他题型相比，选择题可进一步进行选项分析或称选项的诱答力分析。选择题的选项包括正确选项与干扰项(错误选项)。干扰项具有迷惑某些知识不完整、概念不清晰的学生的作用，也称诱答力。如果干扰项能够充分发挥诱答力功能，则能提升题目的区分度。因此，编制题目时，要特别关注干扰项的编制技巧和经验。

分析干扰项的诱答力功能，通常通过计算不同能力水平的学生在每道题目选择干扰项的次数百分比后，再进行判断。可按照计算区分度时所定义的高低分分组，或者按照学业成就水平测验中的优秀、良好、合格、不合格水平进行分类。

选项分析的基本假设：在测验总分上表现好的考生群体选择正确选项的百分比相对较高，选择干扰项的百分比相对较低。依据假设，在进行选择分析时的基本原则包括：

如果正确答案被所有考生选择，说明题目过于容易，且没有区分度，推断题目中可能有某种暗示。

如果高分组对正确答案的选择与低分组相等或低于后者，说明鉴别指数很小或为负数，推断所考查的内容与水平无关或标准答案定错了。

如果同一道题目考生未答人数过多或选择各个备选答案人数相等，说明题目过难，或题意不清，使得考生无法作答或凭猜测作答。

如果某干扰项没有考生选择，说明该选项不具干扰性，错得过于明显。选择比例低于2%，可考虑将其修改或删除(对于具有诊断性的测验，意味着损失了一次机会)。

如果所有考生都选择了同一个干扰项，可能是编制测验时把答案定错了，也可能是教学中出现了错误。

例如，下面是一道高中化学测试单选题。

当光束通过下列分散系时，能观察到丁达尔效应的是(　　)。

A. NaCl 溶液　　B. 蔗糖溶液　　C. $CuSO_4$ 溶液　　D. AgI 胶体

题号	满分值	答案	最高分	最低分	平均分	作答人数	得分率/%	满分率/%	零分率/%	标准差	难度	区分度
单选 4	2	D	2	0	1.70	4008	85.15	85.15	14.85	0.71	0.85	0.43

选项	人数	比率①/%
A	141	3.52
B	175	4.37
C	257	6.41
D	3413	85.15
未选或多选	22	0.55

① 因个别比率太低，在条形图中并未呈现。

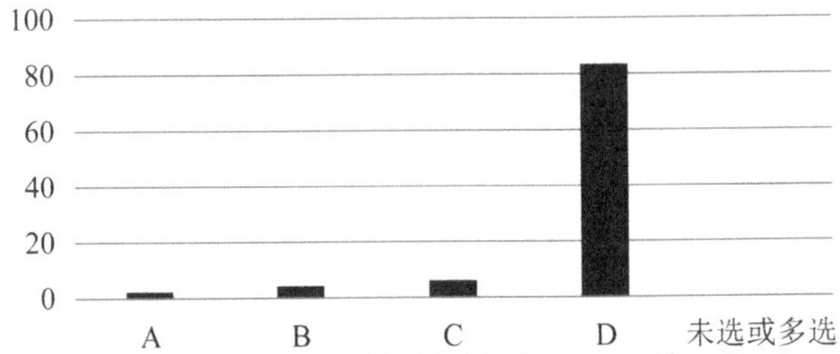

以上试题的正确选项是 D，选择比例是 85.15%；A、B、C 选项的选择相当，分别为 3.52%、4.37%、6.41%。这说明其他选项的干扰性不大，区分度比较小，考查基础落实是合适的。

下列分子中，一定含碳碳双键的是(　　)。

A. C_2H_4　　B. C_2H_6　　C. C_2H_5OH　　D. CH_3COOH

题号	满分值	答案	最高分	最低分	平均分	作答人数	得分率/%	满分率/%	零分率/%	标准差	难度	区分度
单选 5	2	A	2	0	0.92	4008	46.23	46.23	53.77	1.00	0.46	0.55

选项	人数	比率/%
A	1853	46.23
B	448	11.18
C	405	10.10
D	1274	31.79
未选或多选	28	0.70

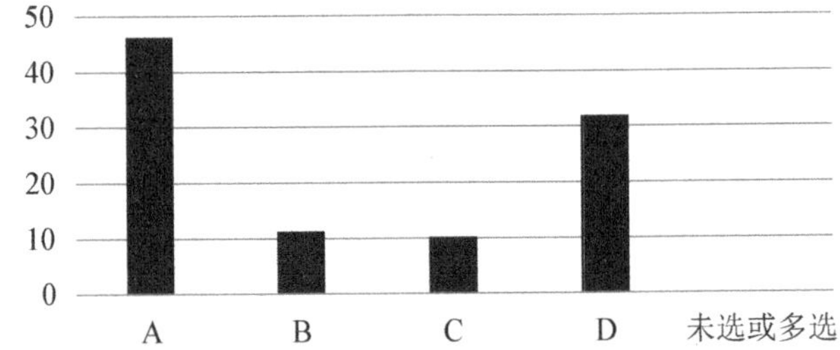

以上试题的正确选项是 A，选择比例是 46.23%；D 选项的选择比例也较高，是 31.79%。说明 D 选项具有较大的干扰性。而干扰的原因是学生认为题目要求的碳碳双键含有双键(羧基中含有碳氧双键)，审题不清。

第二节　基于项目反应理论的质量分析

项目反应理论由美国教育测量学者洛德(Lord)于1952年提出。虽然项目反应理论的数学公式相对比较复杂，但是与经典测量理论相比，有以下三个优点。

第一，题目参数不受样本的影响。这是项目反应理论最主要的优点。具体来讲，在基于经典测量理论的试卷分析中，相同的化学测验，对化学学科能力较高的学生群体来说，难度可能很小，但是对于那些化学学科能力较低的学生群体来说，难度可能很大却具有更高的区分度。而基于项目反应理论的题目难度、区分度等统计指标不会因样本的不同而发生变化。

第二，能充分反映考生能力。具体来讲，如表6-5所示，对于5道难度不同的题目，学生A和B同样做对4道题目，但是学生A做错的是一道较易的题目，学生B做错的是一道较难的题目，基于经典测量理论，学生A和B均会获得4分(每题1分，满分5分)，而这时如果基于项目反应理论，学生A的能力值会高于学生B。可见，项目反应理论在估计学生能力的同时考虑到了题目特征对能力估计的影响。

第三，将题目难度和学生能力放在同一个尺度上。该理论更适合用于选择和考生能力匹配的试题，如计算机自适应测验。因此，即使考生做不同的测验题目，其分数也可以直接比较，而且，使用较少的题目就可以达到良好的估计精度，这是传统测验达不到的。

表6-5　经典测量理论和项目反应理论的对比

题目	难度	学生A	学生B
1	较易	1	1
2	较易	0	1
3	较难	1	0
4	较易	1	1
5	较易	1	1
题目满分		5	5
总分(CTT)		4	4
能力值(IRT)		1.34	1.12

在经典测量理论中，试卷分析常常被用来筛选试题。但是从项目反应理论被提出之后，试题分析方法有了革命性的改变，可应用在试题的选择、具有项目功能差异题目的认定、题库的建设或者测验的编制等诸多方面。近年来，项目反应理论已成为被广泛应用的一种新方法。

目前常见的化学学业水平考试结果仍多采用经典测量理论，只在个别教育测量研究课题中用到项目反应理论。因此，本章只介绍一些简单的内容，有兴趣的读者可以参阅相关书籍。

一、 基于项目反应理论的试卷质量分析指标

由于一份测验常常被应用于估计考生的能力，因此可以得到在测验任一能力水平上产生的信息总量，即测验信息函数，见图 6-6。测验由题目组成，因此在给定能力水平上的测验信息量即在此水平上的所有题目信息量的简单相加。

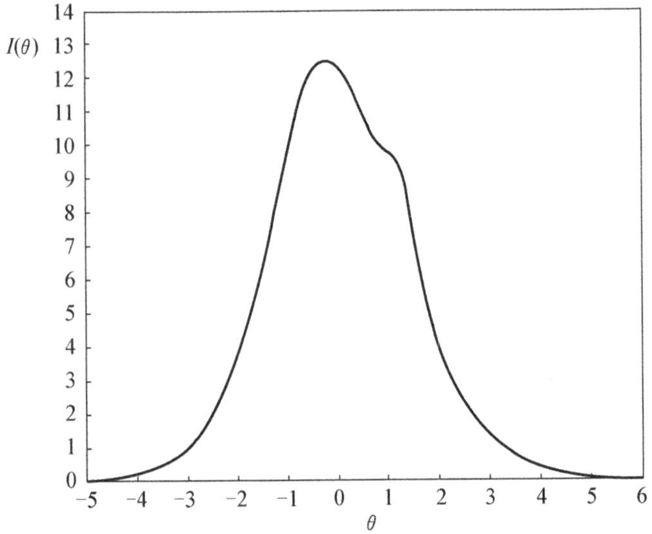

图 6-6 测验信息函数曲线图

测验信息函数的累加特性对于测验编制具有很大用途，也是经典测量理论所没有的，是项目反应理论所独有的重要特征。在经典测量理论中，每道题目对测验信度和区分度的影响均会受到测验中其他题目特性的影响，而无法单独起作用。余民宁(1992)认为测验信息函数具有以下特点。

①测验信息函数的大小受测验题目品质与数量的影响。由区分度越大的题目所组成的测验，其测验信息量越大；题目数量越多的测验，其测验信息函数越大；题目方差越小的测验，其测验信息量越大。②每道题目都单独地为测验信息函数做贡献，故每道题目所做贡献的大小，并不受在该测验中其他题目的影响。③每个 θ 能力值均有其相应的测验信息函数。因此，将横跨 θ 能力轴上所对应的题目信息曲线相连接，就可以形成一条测验信息函数曲线。曲线形状类似于题目信息曲线。④此曲线的最高点(最大测验信息量)对应 θ 能力轴上的一个点或一个区间，代表该测验适宜测量到的、精确测量到的能力估计值或能力估计范围。[①]

在编制测验时，教育测量学家关心的是如何比较两份或多份测量同一能力的测验的信息函数大小，并以此作为评价和选择测验的参考。大规模学业成就水平测验往往需要比较不同的测验信息函数，以帮助选择优良题目来组成所需要的测验，或在考虑了效度、成本、内容和测验长度等因素后，参考有关学生表现的信息函数情况，再优先选择在某段能力范围内能产生最大信息量的题目，后编制成需要的标准化成就测验。例如，在包括优秀、良好、合格的等级学业成就水平测验中，我们可以根据需要组合题目，形成在优秀、良好和合格各个能力点或段上能产生最大信息量的测验。

二、 基于项目反应理论的试题质量分析指标

(一)难度、计分点的难度

根据测验的计分方式，选择合适的项目反应理论模型，可以估计试题的难度、区分度、伪猜测度以及每个计分点的难度。由于项目反应理论涉及复杂的数学运算，因此上述参数通常由专业软件编程计算得到。下面以 Rasch 模型为例，详细介绍难度指标。

项目反应理论中的难度(b)一般为 $-4\sim4$，难度值越大，题目越难，那么答对该题所需要的能力水平就越高。这与经典测量理论的难度正好相反，经典测量理论的难度值越大，题目越容易。项目反应理论不仅可以提供题目的难度，而且可以提供每个计分点的难度值。

---

① 曹秀芹、孟庆茂：《项目功能差异及其检测方法》，载《心理学动态》，1999(2)。

例如，以下是一道初中化学试题。

导电陶瓷是一种新型陶瓷，除能导电外，还具有耐高温、抗氧化、抗腐蚀等性能，被广泛用作航天器、发动机的绝热材料。陶瓷中导电的物质不同，有氧化锆（ZrO_2）、二硅化钼（$MoSi_2$）、碳化硅（SiC）、铬酸镧（$LaCrO_3$）等类型。下列叙述不正确的是（　　）。

A. 导电陶瓷的化学性质稳定

B. 铬酸镧是由 3 种元素组成的

C. 碳化硅中硅、碳元素的质量比为 7∶3

D. 上述导电物质中属于氧化物的是 ZrO_2、$MoSi_2$

以上试题的项目反应理论数值是 −3.041，累计百分比是 97.37%（即经典测量理论中 P 约为 0.97），说明该题是一道较易的试题。

（二）题目拟合度

题目拟合度分析即题目残差值分析，指选择相应的项目反应理论模型，估计出题目参数值与能力参数值，并预测（期待）各种不同能力组考生的作答表现。在此基础上，比较得出的预测结果与实际结果的差异情况，被称为残差。如图 6-7 所示，黑色曲线代表预测值，黑色点代表实际值。为便于得到抽样误差，将其转化为标准化残差值。

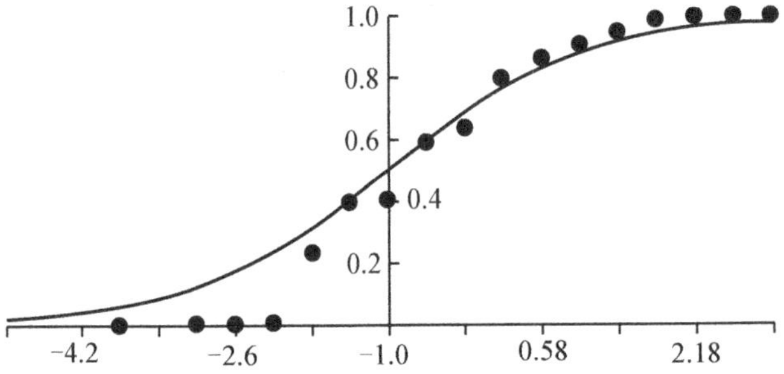

图 6-7　题目残差值分析图

拟合度可以帮助测验专家决定哪些题目是可用的、哪些题目是可以修改后使用的、哪些是必须删除的。在一般情况下，拟合度为 0.8～1.2，说明拟合度较好。如果拟合度为 0.5～0.8 或者 1.2～1.5，说明是可以接受的。如果题目拟合度在此之外，则在模型选择合适的情况下，题目需要进行修改。造成题目拟合度低的原因有许多种，涉及题量、考生人数、考生能力估计精准度等。因此，当使用这些拟合度分析指标时，还要结合其他情况综合考虑。

(三)题目信息量

题目信息量是应用项目反应理论评价题目质量优劣的重要指标，反映题目能精确估计能力的程度。题目信息量等于某难度的题目对某能力的考生测量误差平方根的倒数。

当测量误差越小，对考生的能力测量越准确时，该题目提供的信息量就越大。相同的题目对不同能力考生提供的信息量是不同的。因此，即便是接受相同的测验，对不同能力者而言，他们的信息量或测量误差也是不同的。对高能力考生而言，题目可能过于简单而测不出其能力；对于低能力考生而言，题目可能过难而测不出其能力；而只有对于中等能力考生而言，题目的难度较适当，才能较准确地测出其能力。项目反应理论的信息量可以反映出测验题目对不同能力考生的测量精度。

在通常情况下，题目的区分度越大，题目特征曲线越陡，斜率越大，信息量越高。题目难度参数的位置决定着信息量的大小，当难度 b 值越接近学生能力 θ 时，也就是说当测验题目难度能够与学生能力值相匹配时，信息量越大。

(四)项目功能差异

项目功能差异指来自不同地区(如城镇和农村)、具有相同能力水平或熟练水平的考生群体对某道题目的正确回答概率存在差异，即此题目就存在项目功能差异。

对项目功能差异的分析是保证测验公平性和有效性的重要环节。检查项目功能差异的目的在于保证一个测验对于所有考生来说都公平有效，换言之，不会由题目本身的不公平而导致对考生做出不公正、无效的评判。此外，对于项目功能差异研究结果的深入分析，也有助于唤起对于不同群体间考生能力差异的认识，制订与实施后期的补救计划。

目前常用的方法包括强调潜在能力方差观点项目反应理论取向方法和强调观察分数观点的非项目反应理论取向方法。前者主要包括 Lord 卡方检验法、经典测量理论间区域面积法，后者主要包括 Mantel Haenszel 卡方检验法、标准化法。这里不再对这些方法的详细算法进行介绍。

第七章　基于考试结果的教学诊断

前面我们对学业水平考试的基本概念、试题的编制、测验质量的评价等内容有了较全面的了解。在得到考试结果后，我们可以对数据进行分析、挖掘以及利用，找到教学中的问题，进而实现对教学的改进，使考试结果真正为改进课堂教学服务，实现教、学、评“三位一体”。

我国大规模教育考试承担着评价、诊断、选拔等多重任务，是教育评价制度改革的关键一环。现阶段的大规模教育考试，考试组织严密规范，考试命题和数据的质量很高，但也存在一些有待完善之处，如考试大多只报告原始分数而缺少对内容领域、能力层级、学科素养发展水平的深层次诊断与反馈，如此，考试分数容易变成评价学生学业发展和教师教学质量的唯一价值导向，更可能进一步加剧教育质量观和成才观为考试分数所左右的状况。[①] 在这样的背景下，提高基于考试结果的教学诊断质量，提供更专业化、多样化的服务型评价，充分发挥学业水平考试的评价、诊断和反馈功能势在必行。

一、 教学诊断需要的考试结果数据

(一)与考试方案相对应的考试结果

考试方案中列出的各类考试方式，命题蓝图中关于内容、能力和情感等领域的信息等，是命题的依据，也是呈现考试结果数据的基础。考试数据处理系统可自动依据命题蓝图提供的试题信息对考试结果数据进行处理，并依据需求计算分数段人数、百分比、平均分、得分率、区分度等。

例如，以下是某次考试提供的考试结果数据目录(部分)，见图 7-1。

---

① 汪明：《教育内涵发展“卡”在哪儿》，载《教书育人》，2014(2)。

图 7-1　目录(部分)

1. 总体分析

总体分析这部分数据是关于本次考试的整体结果的，一般包括平均值、标准差、差异系数、难度、中数、众数、偏度、峰度等。此外，还包括整卷试题难度的分布情况、各分数段人数的分布情况、各类题组(与命题蓝图对应的试题各类维度)的数据。

例如，以下是某次初中化学考试的数据(见表 7-1 至表 7-5、图 7-2 至图 7-3)。

表 7-1　总分分析表

总人数	满分值	最大值	最小值	平均值	标准差	差异系数
71240	80	80.0	1.0	69.25	13.40	0.19
难度	Alpha 系数	标准误	中数	众数	偏度	峰度
0.87	0.97	0.05	74.34	77.0	−2.29	5.17

表 7-2　题目总体分析表

题目	满分值	最大值	最小值	平均值	标准差	差异系数	难度	相关系数	鉴别指数
1	1	1.0	0.0	0.99	0.09	0.10	0.99	0.20	0.03
2	1	1.0	0.0	0.98	0.15	0.16	0.98	0.48	0.09
3	1	1.0	0.0	0.98	0.14	0.14	0.98	0.44	0.07
4	1	1.0	0.0	0.98	0.15	0.15	0.98	0.43	0.08
5	1	1.0	0.0	0.98	0.12	0.13	0.98	0.36	0.06
6	1	1.0	0.0	1.00	0.07	0.07	1.00	0.20	0.02

续表

题目	满分值	最大值	最小值	平均值	标准差	差异系数	难度	相关系数	鉴别指数
7	1	1.0	0.0	0.93	0.26	0.28	0.93	0.36	0.17
8	1	1.0	0.0	0.96	0.21	0.21	0.96	0.44	0.15
9	1	1.0	0.0	0.98	0.13	0.14	0.98	0.22	0.05
10	1	1.0	0.0	0.96	0.20	0.21	0.96	0.50	0.15
11	1	1.0	0.0	0.97	0.18	0.19	0.97	0.45	0.11
12	1	1.0	0.0	0.93	0.26	0.28	0.93	0.52	0.23
13	1	1.0	0.0	0.84	0.37	0.44	0.84	0.45	0.38
14	1	1.0	0.0	0.89	0.32	0.36	0.89	0.47	0.30
15	1	1.0	0.0	0.91	0.29	0.32	0.91	0.52	0.26
16	1	1.0	0.0	0.90	0.30	0.33	0.90	0.55	0.30
17	1	1.0	0.0	0.86	0.35	0.40	0.86	0.59	0.43
18	1	1.0	0.0	0.91	0.29	0.32	0.91	0.56	0.31
19	1	1.0	0.0	0.56	0.50	0.89	0.56	0.43	0.69
20	1	1.0	0.0	0.73	0.44	0.61	0.73	0.45	0.58
21	1	1.0	0.0	1.00	0.05	0.05	1.00	0.16	0.01
22_1	1	1.0	0.0	0.99	0.09	0.09	0.99	0.24	0.03
22_2	1	1.0	0.0	0.91	0.28	0.31	0.91	0.55	0.25
22	2	2.0	0.0	1.91	0.31	0.16	0.95	0.57	0.14
23_1	1	1.0	0.0	0.95	0.21	0.22	0.95	0.62	0.16
23_2	1	1.0	0.0	0.90	0.30	0.33	0.90	0.71	0.32
23_3	1	1.0	0.0	0.64	0.48	0.74	0.64	0.22	0.31
23	3	3.0	0.0	2.50	0.69	0.28	0.83	0.65	0.26
24_1	1	1.0	0.0	0.95	0.23	0.24	0.95	0.51	0.17
24_2	1	1.0	0.0	0.94	0.23	0.24	0.94	0.71	0.20
24	2	2.0	0.0	1.89	0.39	0.21	0.94	0.72	0.18
25_1	1	1.0	0.0	0.97	0.18	0.19	0.97	0.42	0.11
25_2_1	1	1.0	0.0	0.94	0.24	0.26	0.94	0.69	0.23
25_2_2	1	1.0	0.0	0.88	0.32	0.36	0.88	0.62	0.33
25_2	2	2.0	0.0	1.82	0.49	0.27	0.91	0.75	0.28

续表

题目	满分值	最大值	最小值	平均值	标准差	差异系数	难度	相关系数	鉴别指数
25	3	3.0	0.0	2.79	0.58	0.21	0.93	0.77	0.22
26_1	1	1.0	0.0	0.92	0.27	0.30	0.92	0.74	0.28
26_2_1	1	1.0	0.0	0.90	0.31	0.34	0.90	0.73	0.35
26_2_2	1	1.0	0.0	0.94	0.23	0.25	0.94	0.64	0.20
26_2	2	2.0	0.0	1.84	0.48	0.26	0.92	0.78	0.27
26	3	3.0	0.0	2.76	0.69	0.25	0.92	0.83	0.28
27_1	1	1.0	0.0	0.85	0.35	0.42	0.85	0.37	0.32
27_2	1	1.0	0.0	0.89	0.31	0.35	0.89	0.69	0.33
27_3	1	1.0	0.0	0.87	0.33	0.38	0.87	0.73	0.43
27	3	3.0	0.0	2.62	0.74	0.28	0.87	0.79	0.36
28_1	1	1.0	0.0	0.95	0.23	0.24	0.95	0.41	0.15
28_2	1	1.0	0.0	0.98	0.14	0.14	0.98	0.44	0.07
28_3	1	1.0	0.0	0.84	0.36	0.43	0.84	0.55	0.41
28_4	1	1.0	0.0	0.93	0.26	0.28	0.93	0.50	0.20
28_5	1	1.0	0.0	0.75	0.43	0.58	0.75	0.33	0.31
28	5	5.0	0.0	4.45	0.89	0.20	0.89	0.70	0.23
29_1	1	1.0	0.0	0.83	0.37	0.45	0.83	0.62	0.46
29_2	1	1.0	0.0	0.91	0.29	0.32	0.91	0.75	0.32
29_3	1	1.0	0.0	0.97	0.17	0.18	0.97	0.37	0.10
29_4	1	1.0	0.0	0.85	0.36	0.42	0.85	0.75	0.50
29	4	4.0	0.0	3.56	0.90	0.25	0.89	0.86	0.35
30_1	1	1.0	0.0	0.83	0.38	0.46	0.83	0.57	0.52
30_2	1	1.0	0.0	0.89	0.32	0.36	0.89	0.67	0.36
30_3	1	1.0	0.0	0.75	0.43	0.58	0.75	0.67	0.69
30	3	3.0	0.0	2.46	0.89	0.36	0.82	0.81	0.52
31_1_1_1	1	1.0	0.0	0.93	0.26	0.28	0.93	0.62	0.25
31_1_1_2	1	1.0	0.0	0.92	0.27	0.29	0.92	0.66	0.27
31_1_1	2	2.0	0.0	1.85	0.45	0.24	0.93	0.75	0.26
31_1_2	1	1.0	0.0	0.90	0.29	0.33	0.90	0.75	0.34

续表

题目	满分值	最大值	最小值	平均值	标准差	差异系数	难度	相关系数	鉴别指数
31_1	3	3.0	0.0	2.76	0.67	0.24	0.92	0.83	0.28
31_2	1	1.0	0.0	0.75	0.43	0.58	0.75	0.63	0.64
31_3	1	1.0	0.0	0.81	0.39	0.49	0.81	0.63	0.52
31	5	5.0	0.0	4.32	1.23	0.28	0.86	0.88	0.40
32_1	1	1.0	0.0	0.69	0.46	0.67	0.69	0.46	0.53
32_2_1	1	1.0	0.0	0.86	0.34	0.40	0.86	0.60	0.43
32_2_2	1	1.0	0.0	0.83	0.38	0.45	0.83	0.71	0.54
32_2	2	2.0	0.0	1.69	0.68	0.40	0.85	0.69	0.48
32	3	3.0	0.0	2.38	0.93	0.39	0.79	0.73	0.50
33_1	1	1.0	0.0	0.93	0.26	0.28	0.93	0.55	0.24
33_2	1	1.0	0.0	0.85	0.36	0.42	0.85	0.66	0.46
33_3	1	1.0	0.0	0.90	0.29	0.33	0.90	0.49	0.28
33_4	1	1.0	0.0	0.80	0.40	0.50	0.80	0.64	0.51
33	4	4.0	0.0	3.48	0.95	0.27	0.87	0.81	0.37
34_1_1	1	1.0	0.0	0.87	0.34	0.39	0.87	0.56	0.34
34_1_2	1	1.0	0.0	0.89	0.31	0.35	0.89	0.76	0.39
34_1	2	2.0	0.0	1.76	0.55	0.32	0.88	0.78	0.37
34_2	1	1.0	0.0	0.68	0.47	0.68	0.68	0.38	0.46
34	3	3.0	0.0	2.44	0.81	0.33	0.81	0.75	0.40
35_1	1	1.0	0.0	0.75	0.43	0.58	0.75	0.42	0.45
35_2	1	1.0	0.0	0.88	0.32	0.37	0.88	0.56	0.35
35	2	2.0	0.0	1.63	0.62	0.38	0.82	0.59	0.40
36_1	1	1.0	0.0	0.90	0.30	0.33	0.90	0.52	0.26
36_2	1	1.0	0.0	0.84	0.36	0.43	0.84	0.55	0.46
36_3	1	1.0	0.0	0.82	0.39	0.48	0.82	0.54	0.47
36	3	3.0	0.0	2.56	0.77	0.30	0.85	0.73	0.40
37_1_1	1	1.0	0.0	0.91	0.28	0.31	0.91	0.74	0.30
37_1_2	1	1.0	0.0	0.82	0.38	0.47	0.82	0.61	0.49
37_1	2	2.0	0.0	1.73	0.57	0.33	0.87	0.78	0.40

续表

题目	满分值	最大值	最小值	平均值	标准差	差异系数	难度	相关系数	鉴别指数
37_2_1	1	1.0	0.0	0.79	0.41	0.51	0.79	0.69	0.63
37_2_2	1	1.0	0.0	0.61	0.49	0.81	0.61	0.56	0.77
37_2	2	2.0	0.0	1.40	0.76	0.54	0.70	0.73	0.70
37	4	4.0	0.0	3.13	1.17	0.37	0.78	0.85	0.55
38_1_1	1	1.0	0.0	0.92	0.26	0.29	0.92	0.69	0.25
38_1_2	1	1.0	0.0	0.63	0.48	0.76	0.63	0.52	0.64
38_1	2	2.0	0.0	1.56	0.62	0.40	0.78	0.70	0.45
38_2	1	1.0	0.0	0.85	0.35	0.42	0.85	0.64	0.44
38_3	1	1.0	0.0	0.58	0.49	0.85	0.58	0.30	0.38
38_4	1	1.0	0.0	0.62	0.49	0.79	0.62	0.44	0.57
38_5	1	1.0	0.0	0.77	0.42	0.55	0.77	0.48	0.42
38_6	1	1.0	0.0	0.80	0.40	0.51	0.80	0.62	0.51
38	7	7.0	0.0	5.17	1.76	0.34	0.74	0.84	0.46

表 7-3 题组总体分析表

题目	满分值	最大值	最小值	平均值	标准差	差异系数	难度	相关系数	鉴别指数
客观题	20	20.0	0.0	18.21	2.51	0.14	0.91	0.88	0.22
主观题	60	60.0	1.0	51.04	11.26	0.22	0.85	0.99	0.36
生活现象解释	17	17.0	0.0	15.45	2.75	0.18	0.91	0.92	0.24
科普阅读理解	5	5.0	0.0	4.45	0.89	0.20	0.89	0.70	0.23
生产实际分析	7	7.0	0.0	6.02	1.65	0.27	0.86	0.91	0.42
物质组成和变化分析	5	5.0	0.0	4.32	1.23	0.28	0.86	0.88	0.40
实验题	26	26.0	0.0	20.80	5.67	0.27	0.80	0.97	0.45
基础实验	15	15.0	0.0	12.50	3.23	0.26	0.83	0.93	0.41
实验原理分析	4	4.0	0.0	3.13	1.17	0.37	0.78	0.85	0.55

续表

题目	满分值	最大值	最小值	平均值	标准差	差异系数	难度	相关系数	鉴别指数
科学探究	7	7.0	0.0	5.17	1.76	0.34	0.74	0.84	0.46
科学探究	27	27.0	0.0	22.36	5.30	0.24	0.83	0.97	0.39
身边的化学物质	23	23.0	0.0	19.96	4.34	0.22	0.87	0.96	0.35
物质构成的奥秘	11	11.0	0.0	10.06	1.77	0.18	0.91	0.90	0.25
物质的变化	10	10.0	0.0	8.60	2.10	0.24	0.86	0.92	0.37
化学与社会发展	9	9.0	0.0	8.26	0.94	0.11	0.92	0.60	0.12
基础实验	19	19.0	0.0	16.28	3.65	0.22	0.86	0.95	0.36
科学探究	11	11.0	0.0	8.30	2.71	0.33	0.75	0.91	0.49
接受吸收整合化学信息	36	36.0	1.0	33.08	4.89	0.15	0.92	0.96	0.23
分析解决化学问题	14	14.0	0.0	11.59	2.94	0.25	0.83	0.94	0.40
开放性试题	5	5.0	0.0	4.26	1.07	0.25	0.85	0.80	0.36
宏观辨识与微观探析	17	17.0	0.0	14.98	3.66	0.24	0.88	0.94	0.34
微观粒子	5	5.0	0.0	4.34	1.01	0.23	0.87	0.81	0.31
化学方程式	12	12.0	0.0	10.65	2.84	0.27	0.89	0.92	0.35
证据推理	13	13.0	0.0	10.02	2.90	0.29	0.77	0.89	0.45
定量认识	8	8.0	0.0	6.05	2.00	0.33	0.76	0.83	0.50

表 7-4　总分人数分布表

分值	人数	比率/%	累计人数	累计比率/%
80～	2641	3.71	2641	3.71
79～	5576	7.83	8217	11.53

续表

分值	人数	比率/%	累计人数	累计比率/%
78～	7256	10.19	15473	21.72
77～	7324	10.28	22797	32.00
76～	6477	9.09	29274	41.09
75～	5621	7.89	34895	48.98
74～	4537	6.37	39432	55.35
73～	3612	5.07	43044	60.42
72～	2954	4.15	45998	64.57
71～	2471	3.47	48469	68.04
70～	1992	2.80	50461	70.83
69～	1690	2.37	52151	73.20
68～	1506	2.11	53657	75.32
67～	1263	1.77	54920	77.09
66～	1088	1.53	56008	78.62
65～	1031	1.45	57039	80.07
64～	929	1.30	57968	81.37
63～	752	1.06	58720	82.43
62～	750	1.05	59470	83.48
61～	678	0.95	60148	84.43
60～	626	0.88	60774	85.31
59～	562	0.79	61336	86.10
58～	536	0.75	61872	86.85
57～	474	0.67	62346	87.52
56～	416	0.58	62762	88.10
55～	432	0.61	63194	88.71
54～	394	0.55	63588	89.26
53～	365	0.51	63953	89.77
52～	365	0.51	64318	90.28
51～	303	0.43	64621	90.71
50～	295	0.41	64916	91.12

续表

分值	人数	比率/%	累计人数	累计比率/%
49～	316	0.44	65232	91.57
48～	272	0.38	65504	91.95
47～	261	0.37	65765	92.31
46～	241	0.34	66006	92.65
45～	218	0.31	66224	92.96
44～	202	0.28	66426	93.24
43～	191	0.27	66617	93.51
42～	165	0.23	66782	93.74
41～	192	0.27	66974	94.01
40～	167	0.23	67141	94.25
39～	186	0.26	67327	94.51
38～	173	0.24	67500	94.75
37～	181	0.25	67681	95.00
36～	165	0.23	67846	95.24
35～	145	0.20	67991	95.44
34～	145	0.20	68136	95.64
33～	173	0.24	68309	95.89
32～	182	0.26	68491	96.14
31～	154	0.22	68645	96.36
30～	157	0.22	68802	96.58
29～	138	0.19	68940	96.77
28～	156	0.22	69096	96.99
27～	180	0.25	69276	97.24
26～	142	0.20	69418	97.44
25～	160	0.22	69578	97.67
24～	166	0.23	69744	97.90
23～	149	0.21	69893	98.11
22～	130	0.18	70023	98.29
21～	123	0.17	70146	98.46

续表

分值	人数	比率/%	累计人数	累计比率/%
20～	133	0.19	70279	98.65
19～	114	0.16	70393	98.81
18～	128	0.18	70521	98.99
17～	100	0.14	70621	99.13
16～	99	0.14	70720	99.27
15～	81	0.11	70801	99.38
14～	59	0.08	70860	99.47
13～	75	0.11	70935	99.57
12～	64	0.09	70999	99.66
11～	60	0.08	71059	99.75
10～	40	0.06	71099	99.80
9～	46	0.06	71145	99.87
8～	31	0.04	71176	99.91
7～	31	0.04	71207	99.95
6～	18	0.03	71225	99.98
5～	5	0.01	71230	99.99
4～	8	0.01	71238	100.00
3～	1	0.00	71239	100.00
2～	0	0.00	71239	100.00
1～	1	0.00	71240	100.00

表 7-5　总体分组分析表

组别	分值范围	平均分	得分率
G1	1.0～59.0	41.2	0.51
G2	59.0～69.0	65.1	0.81
G3	69.0～73.0	71.5	0.89
G4	73.0～75.0	74.3	0.93
G5	75.0～77.0	76.1	0.95
G6	77.0～78.0	77.5	0.97
G7	78.0～80.0	79.1	0.99

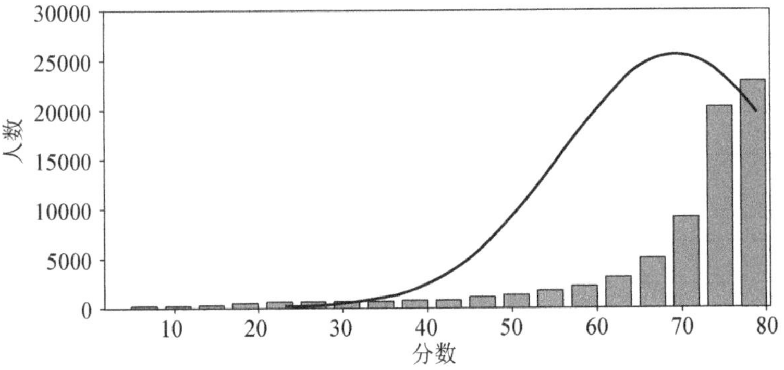

图 7-2 总分分布曲线图

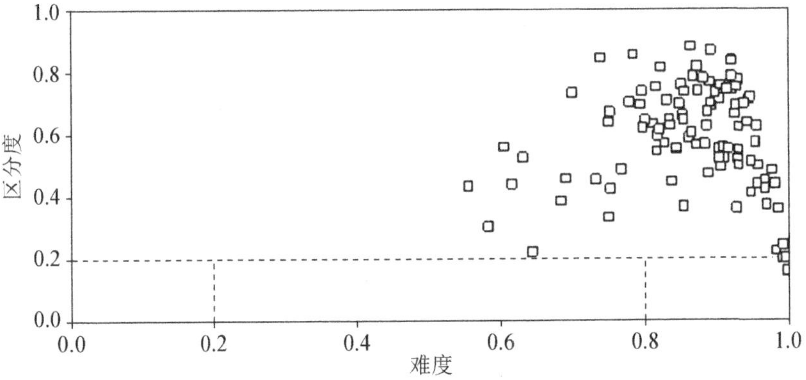

图 7-3 题目难度与区分度坐标图

2. 题组分析

根据考试方案及命题蓝图，试题可以分成知识维度、能力维度、题型等组块，分组块统计、呈现考试结果，包括主客观题组、知识组块、能力组块、特色组块等。

每个组块的数据都包括试题号、满分值、平均值、标准差、差异系数、难度、相关系数和鉴别指数等数据，还包括该组块中试题难度的分布情况、各分数段组在该组块的得分情况。

例如，以下是某次初中化学考试"知识组块"的考试数据。

(1)科学探究

本题组共包含 16 道试题，题号分别是：9、15、24_1、29_3、32、33、34、35、36_1、36_2、37、38_1_1、38_2、38_3、38_4、38_5。具体见表 7-6、表 7-7、图 7-4、图 7-5。

表 7-6 科学探究总分分析表

满分值	最大值	最小值	平均值	标准差	差异系数	难度	相关系数	鉴别指数
27	27.0	0.0	22.36	5.30	0.24	0.83	0.97	0.39

表 7-7 科学探究分组分析表

分值	G1	G2	G3	G4	G5	G6	G7	人数	比率/%	平均值
0～	38	0	0	0	0	0	0	38	0.05	7.16
1～	153	0	0	0	0	0	0	153	0.21	11.25
2～	232	0	0	0	0	0	0	232	0.33	14.53
3～	307	0	0	0	0	0	0	307	0.43	17.64
4～	393	0	0	0	0	0	0	393	0.55	20.99
5～	495	0	0	0	0	0	0	495	0.69	23.17
6～	468	0	0	0	0	0	0	468	0.66	26.06
7～	464	0	0	0	0	0	0	464	0.65	29.42
8～	510	0	0	0	0	0	0	510	0.72	32.74
9～	529	0	0	0	0	0	0	529	0.74	35.25
10～	543	0	0	0	0	0	0	543	0.76	38.53
11～	608	1	0	0	0	0	0	609	0.85	41.76
12～	627	2	0	0	0	0	0	629	0.88	44.54
13～	645	4	0	0	0	0	0	649	0.91	47.72
14～	737	30	0	0	0	0	0	767	1.08	50.15
15～	780	78	0	0	0	0	0	858	1.20	52.63
16～	749	205	0	0	0	0	0	954	1.34	55.25
17～	705	464	0	0	0	0	0	1169	1.64	57.52
18～	528	892	6	0	0	0	0	1426	2.00	59.94
19～	361	1443	61	0	0	0	0	1865	2.62	62.60
20～	182	1864	333	0	0	0	0	2379	3.34	65.13
21～	85	1844	1064	56	0	0	0	3049	4.28	67.48
22～	30	1648	2214	609	10	0	0	4511	6.33	69.82
23～	7	1017	2857	2177	534	0	0	6592	9.25	72.09
24～	2	491	2221	3421	2371	655	0	9161	12.86	73.91
25～	0	167	1115	2570	3766	3304	334	11256	15.80	75.59
26～	0	27	273	1171	2798	4445	3640	12354	17.34	77.16

续表

分值	G1	G2	G3	G4	G5	G6	G7	人数	比率/%	平均值
27～	0	0	33	173	698	1773	6203	8880	12.46	78.65
合计	10178	10177	10177	10177	10177	10177	10177	71240	100.00	69.25
得分率	0.43	0.76	0.85	0.90	0.93	0.95	0.98	—	—	—

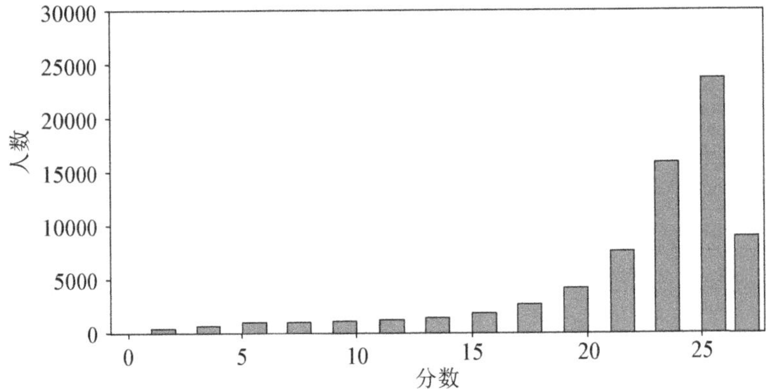

图 7-4　科学探究分数分布图

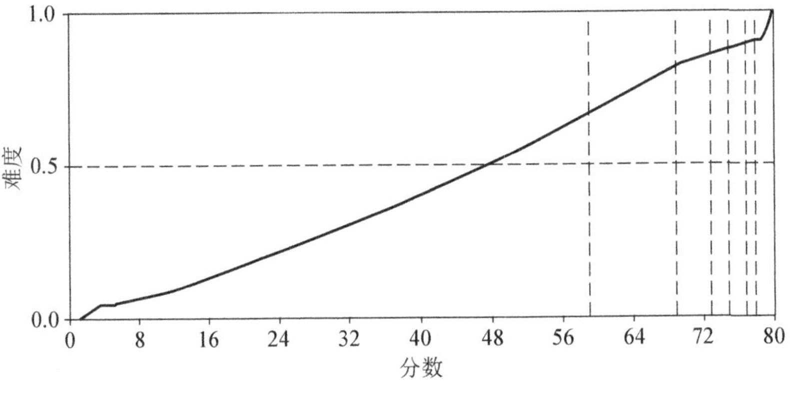

图 7-5　科学探究难度曲线图

(2)身边的化学物质

本题组共包含 23 道试题，题号分别是：3、11、13、16、17、18、19、20、22_2、23_1、23_2、24_2、26_1、27_1、28_1、29_1、29_2、29_4、31_1_1_2、31_1_2、31_2、31_3、36_3。具体见表 7-8、表 7-9、图 7-6、图 7-7。

表 7-8　身边的化学物质总分分析表

满分值	最大值	最小值	平均值	标准差	差异系数	难度	相关系数	鉴别指数
23	23.0	0.0	19.96	4.34	0.22	0.87	0.96	0.35

表 7-9　身边的化学物质分组分析表

分值	G1	G2	G3	G4	G5	G6	G7	人数	比率/%	平均值
0～	44	0	0	0	0	0	0	44	0.06	8.95
1～	142	0	0	0	0	0	0	142	0.20	12.08
2～	240	0	0	0	0	0	0	240	0.34	13.77
3～	327	0	0	0	0	0	0	327	0.46	17.20
4～	412	0	0	0	0	0	0	412	0.58	20.25
5～	466	0	0	0	0	0	0	466	0.65	23.09
6～	426	0	0	0	0	0	0	426	0.60	26.45
7～	463	0	0	0	0	0	0	463	0.65	28.59
8～	520	0	0	0	0	0	0	520	0.73	32.18
9～	472	0	0	0	0	0	0	472	0.66	35.20
10～	550	0	0	0	0	0	0	550	0.77	38.62
11～	589	0	0	0	0	0	0	589	0.83	41.97
12～	708	9	0	0	0	0	0	717	1.01	45.34
13～	773	41	0	0	0	0	0	814	1.14	48.66
14～	919	139	0	0	0	0	0	1058	1.49	51.96
15～	975	397	5	0	0	0	0	1377	1.93	55.36
16～	878	806	31	0	0	0	0	1715	2.41	58.49
17～	640	1448	132	5	0	0	0	2225	3.12	61.57
18～	391	1947	467	56	3	0	0	2864	4.02	64.60
19～	165	2183	1230	382	55	0	0	4015	5.64	67.75
20～	68	1804	2165	1055	362	68	0	5522	7.75	70.33
21～	10	1025	2873	2401	1510	733	150	8702	12.22	73.06
22～	0	344	2397	3658	3667	3002	1689	14757	20.71	75.36
23～	0	34	877	2620	4580	6374	8338	22823	32.04	77.35
合计	10178	10177	10177	10177	10177	10177	10177	71240	100.00	69.25
得分率	0.49	0.81	0.90	0.94	0.97	0.98	0.99	—	—	—

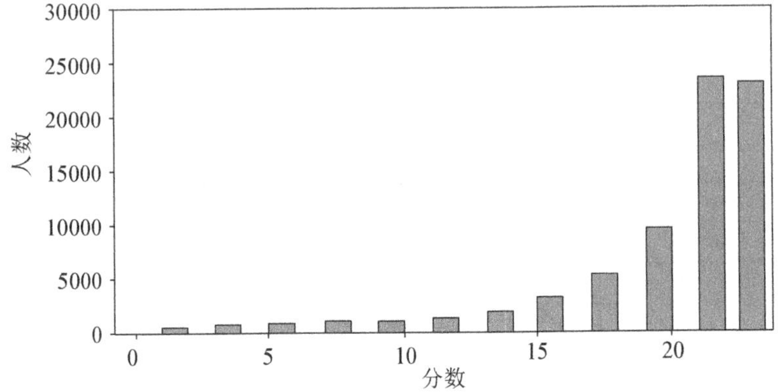

图 7-6 身边的化学物质分数分布图

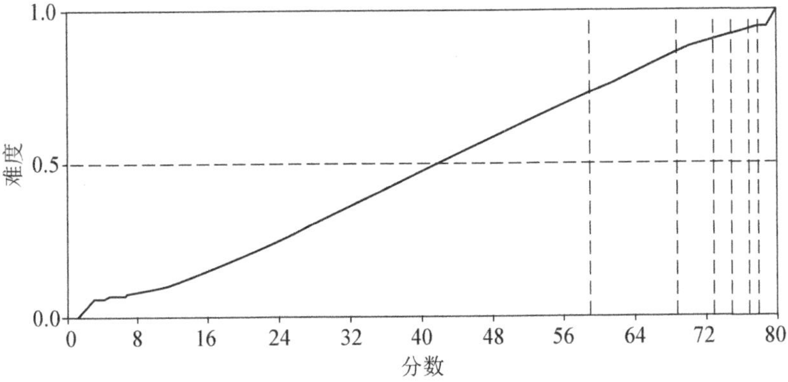

图 7-7 身边的化学物质难度曲线图

（3）物质构成的奥秘

本题组共包含 11 道试题，题号分别是：2、7、8、10、14、25_2_1、25_2_2、26_2_2、28_3、30_1、31_1_1_1。具体见表 7-10、表 7-11、图 7-8、图 7-9。

表 7-10 物质构成的奥秘总分分析表

满分值	最大值	最小值	平均值	标准差	差异系数	难度	相关系数	鉴别指数
11	11.0	0.0	10.06	1.77	0.18	0.91	0.90	0.25

表 7-11　物质构成的奥秘分组分析表

分值	G1	G2	G3	G4	G5	G6	G7	人数	比率/%	平均值
0～	64	0	0	0	0	0	0	64	0.09	10.09
1～	242	0	0	0	0	0	0	242	0.34	13.76
2～	424	0	0	0	0	0	0	424	0.60	17.56
3～	611	0	0	0	0	0	0	611	0.86	21.74
4～	726	0	0	0	0	0	0	726	1.02	26.64
5～	900	4	0	0	0	0	0	904	1.27	32.16
6～	1070	42	2	0	0	0	0	1114	1.56	39.30
7～	1398	192	16	1	0	0	0	1607	2.26	46.84
8～	1739	852	105	21	2	0	0	2719	3.82	54.48
9～	1705	2440	898	293	97	20	2	5455	7.66	62.27
10～	1054	4027	3505	2262	1452	818	297	13415	18.83	69.64
11～	245	2620	5651	7600	8626	9339	9878	43959	61.71	75.50
合计	10178	10177	10177	10177	10177	10177	10177	71240	100.00	69.25
得分率	0.62	0.89	0.95	0.97	0.99	0.99	1.00	—	—	—

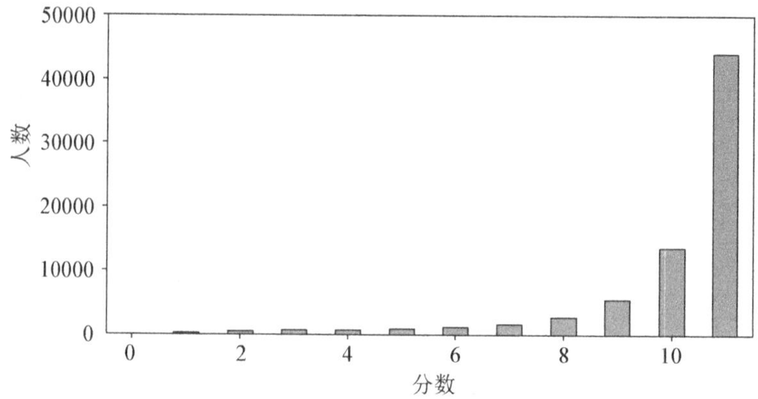

图 7-8　物质构成的奥秘分数分布图

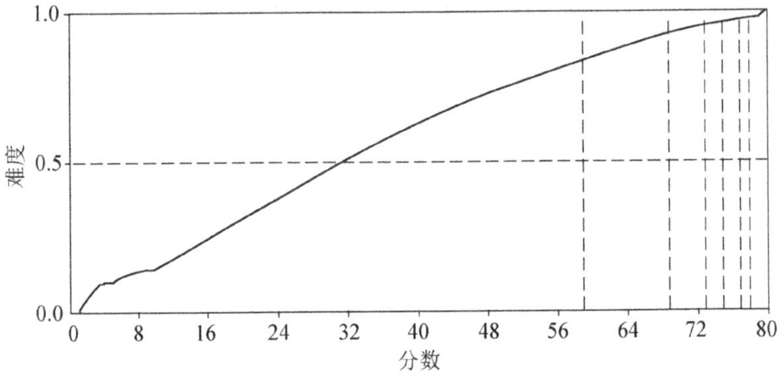

图 7-9 物质构成的奥秘难度曲线图

(4)物质的变化

本题组共包含 10 道试题，题号分别是：5、12、25_1、26_2_1、27_2、27_3、30_2、30_3、38_1_2、38_6。具体见表 7-12、表 7-13、图 7-10、图 7-11。

表 7-12 物质的变化总分分析表

满分值	最大值	最小值	平均值	标准差	差异系数	难度	相关系数	鉴别指数
10	10.0	0.0	8.60	2.10	0.24	0.86	0.92	0.37

表 7-13 物质的变化分组分析表

分值	G1	G2	G3	G4	G5	G6	G7	人数	比率/%	平均值
0～	192	0	0	0	0	0	0	192	0.27	13.58
1～	733	0	0	0	0	0	0	733	1.03	19.94
2～	1498	0	0	0	0	0	0	1498	2.10	26.33
3～	1639	2	0	0	0	0	0	1641	2.30	34.00
4～	1254	38	0	0	0	0	0	1292	1.81	43.64
5～	1353	193	1	0	0	0	0	1547	2.17	50.08
6～	1429	749	44	3	0	0	0	2225	3.12	55.75
7～	1187	1916	346	77	24	5	0	3555	4.99	61.52
8～	678	3086	1834	866	453	145	16	7078	9.94	67.76
9～	197	2992	4431	4021	3260	2337	1155	18393	25.82	73.05
10～	18	1201	3521	5210	6440	7690	9006	33086	46.44	76.19
合计	10178	10177	10177	10177	10177	10177	10177	71240	100.00	69.25
得分率	0.44	0.81	0.91	0.94	0.96	0.97	0.99	—	—	—

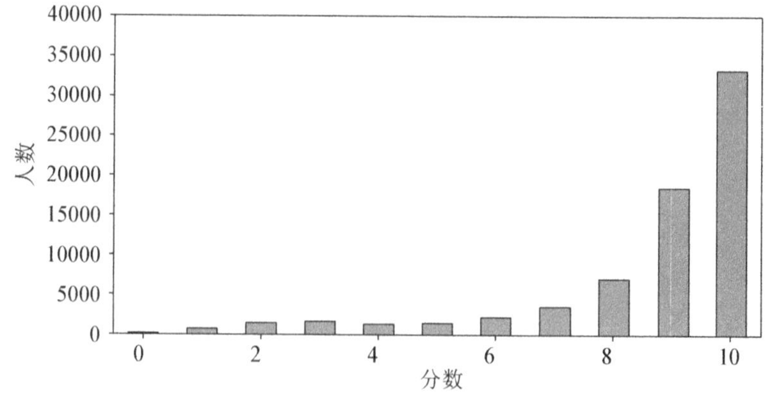

图 7-10　物质的变化分数分布图

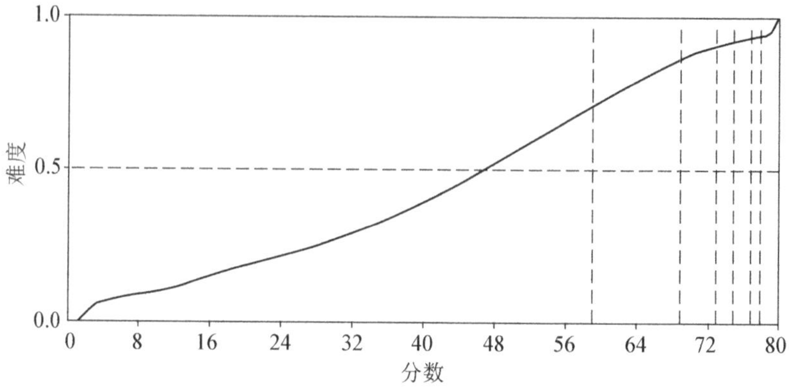

图 7-11　物质的变化难度曲线图

(5)化学与社会发展

本题组共包含 9 道试题，题号分别是：1、4、6、21、22_1、23_3、28_2、28_4、28_5。具体见表 7-14。

表 7-14　化学与社会发展总分分析表

满分值	最大值	最小值	平均值	标准差	差异系数	难度	相关系数	鉴别指数
9	9.0	0.0	8.26	0.94	0.11	0.92	0.60	0.12

3. 题目分析

题目分析是按试卷中试题的序号，逐一呈现每道试题的平均值、标准差、差异系数、难度、相关系数和鉴别指数，还包括每个分数段组在这道题上的得分情况。选择题还有每个选项的选择人数及百分比。主观题答题情况需要在阅卷时收集，并通过拍照、截屏等方式记录。

例如，以下是某次初中化学考试中第 1 题的数据，见图 7-12、图 7-13、表 7-15、表 7-16。

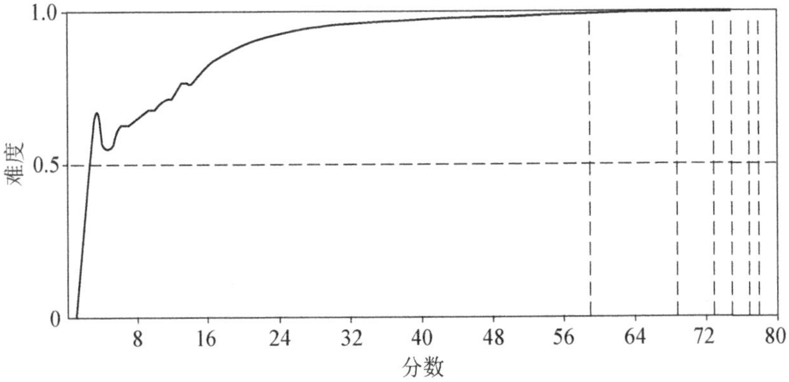

图 7-12　第 1 题难度曲线图

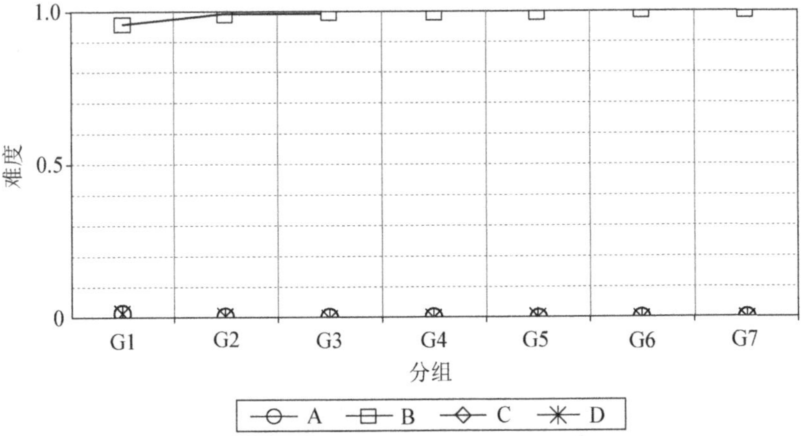

图 7-13　第 1 题分组难度曲线图

表 7-15　第 1 题分析表

满分值	最大值	最小值	平均值	标准差	差异系数	难度	相关系数	鉴别指数
1	1.0	0.0	0.99	0.09	0.10	0.99	0.20	0.03

表 7-16　第 1 题分组分析表

选项	G1	G2	G3	G4	G5	G6	G7	人数	比率/%	相关系数
A	168	41	19	17	11	7	0	263	0.37	−0.12
B	9752	10082	10133	10138	10155	10162	10171	70593	99.09	0.20
C	115	31	14	11	7	7	4	189	0.27	−0.10
D	136	23	11	11	4	1	2	188	0.26	−0.12
未选或多选	7	0	0	0	0	0	0	7	0.01	−0.03
合计	10178	10177	10177	10177	10177	10177	10177	71240	100.00	—
得分率	0.96	0.99	1.00	1.00	1.00	1.00	1.00	—	—	—

二、教学诊断的主要内容

根据以上考试数据对教学情况进行判断，一方面可以通过与命题预估数据进行对比，来分析教学实际情况与预估情况的差异，发现教学中的优势和不足；另一方面可以通过不同区域、学校、班级之间的数据对比，发现教学中的优势和不足。

与上面的考试数据相对应，教学诊断一般包括三个部分，第一是整体分析，对教学整体情况进行判断；第二是组块分析，对每个组块的教学情况进行判断；第三是试题分析，对典型试题反映出的教学具体情况进行判断。在基本判断的基础上，分析可能的原因并提出教学改进建议。

例如，以下是北京市某区化学测试后的教学质量分析报告。

某区 2020 年中考一模化学试卷命题以《义务教育化学课程标准（2011 年版）》为依据，参考 2018、2019 年中考考试说明及中考试题，以模拟中考、了解学生学习情况为目标，结合某区初中化学教学实践，尽量贴近中考命题特点。命题的主要指导思路是源于教材、关注基础，重在实验、凸显能力，难易适中、稳定发展。

建议教师认真分析一模测试结果，指导学生进行反思与总结，准确聚焦问题，全面分析薄弱之处，有针对性地进行后续复习。

一、总体分析

2020 年参加某区一模测试的、有升学资格的学生共计 4374 名；选考化学的学生为 2440 名，占全体的 55.78%。具体见表 7-17。

表 7-17 与 2018、2019 年相比的化学总分分析表(满分 45 分)

	人数	平均分	难度	及格率	优秀率
2018 年北京	42274	37.52	0.83	90.95%	67.99%
2019 年北京	45435	37.18	0.83	91.68%	67.51%
2018 年某区一模	1906	36.70	0.82	93.65%	59.81%
2019 年某区一模	2566	35.47	0.79	90.45%	51.11%
2020 年某区一模	2440	34.10	0.76	85.20%	47.20%

表 7-17 显示，与 2018、2019 年中考及某区一模成绩相比，2020 年一模平均分、及格率和优秀率都有所下降，降幅不明显。

据不完全了解，北京市其他区的 2020 年一模测试结果普遍差于往年。可能与 2020 年春季延期开学，学生居家 12 周的在线学习效果不如在校学习有关。

表 7-18 是某区各学校化学平均分的排序结果，也可以按照及格率、优秀率分别排序。由于学校间参加化学的人数差异较大，因此只有在进行显著性差异检验后，才能确定是否具有显著的校际差异。

表 7-18 2020 年某区各校一模化学平均分的排序

学校①	总人数	参加人数	最低分	平均分		
				全体	前 27%	后 27%
1	99	56	30	44.8	48.8	38.7
2	270	114	23	43.8	48.1	36.1
3	288	202	19	43.7	48.2	36.2
4	253	98	18	43.2	48.2	33.6
5	361	202	18	42.7	47.4	34.9
6	204	111	15	42.5	48.0	34.1
7	55	13	34	41.9	45.5	36.3
8	156	88	13	41.7	47.8	32.2
9	362	164	11	41.3	47.4	31.2
10	213	115	8	41.0	47.3	31.0

① 将学校用数字代替。

续表

学校	总人数	参加人数	最低分	平均分		
				全体	前 27%	后 27%
11	50	31	16	40.9	48.3	29.3
12	121	78	21	40.9	47.7	32.1
13	60	22	33	40.7	46.2	34.5
14	88	88	14	39.8	47.1	29.3
15	65	41	9	39.3	46.5	29.0
16	142	59	12	38.3	45.2	27.5
17	34	19	30	38.1	44.2	32.3
18	192	99	8	37.5	46.5	25.8
19	107	65	14	37.1	45.7	24.6
20	45	45	16	36.8	46.9	23.8
21	195	96	14	36.6	44.4	25.8
22	60	59	16	35.2	44.8	24.1
23	110	61	12	35.1	45.1	21.7
24	188	112	11	34.7	46.5	18.1
25	75	40	16	34.0	43.7	23.8
26	90	54	16	33.9	43.8	22.8
27	116	78	9	32.8	42.8	19.7
28	120	106	12	32.4	44.1	20.4
29	162	71	8	32.1	43.8	19.0
30	67	30	12	30.4	44.6	17.6
31	26	23	12	25.2	33.0	17.1
全体	4374	2440	8	39.1	47.5	26.9

从表 7-19 可以看出，超过半数的学生在 35 分以上，是具有优秀水平的学生群体。25～34 分区间的学生约占 1/4，是具有良好水平的学生群体。15～24 分区间的学生约占 10%，是重点发展、提升及格率的主要对象。低分和超低分学生约占 5%，这部分学生要加强个别指导。

每所学校的分数段人数分布不同，学校要做具体分析。例如，表 7-20 是某中学的各分数段人数分布。与表 7-19 中某区的平均分布比较，该中学低分数段人数的比率较小；重点需要关注的是25～34分区间的学生。

表7-19 2020年某区一模各分数段人数及人数比率

分数段	人数	人数比率
0～4分	5	0.20%
5～14分	108	4.43%
15～24分	249	10.20%
25～34分	630	25.82%
35～44分	1400	57.47%
45分	48	1.97%

表7-20 2020年某区一模某中学各分数段人数及人数比率

分数段	人数	人数比率
0～4分	0	0.00%
5～14分	2	2.27%
15～24分	9	10.23%
25～34分	25	28.40%
35～44分	50	56.82%
45分	2	2.27%

表7-21显示了试卷中各试题得分率的分布情况，可与北京市中考及某区一模的得分情况进行对比分析。

表7-21 与2018、2019年相比的化学试题得分率表

得分率		大于0.90	0.80～0.89	0.70～0.79	0.60～0.69	0.50～0.59	小于0.50
2018年北京	分值	20	14	3	4	3	1
	分数比率	44.44%	31.11%	6.67%	8.89%	6.67%	2.22%
2019年北京	分值	17	11	8	3	5	1
	分数比率	37.78%	24.44%	17.78%	6.67%	11.11%	2.22%
2018年某区一模	分值	20	14	4	2	1	4
	分数比率	44.44%	31.11%	8.89%	4.44%	2.22%	8.89%
2020年某区一模	分值	11	11	10	3	5	5
	分数比率	24.44%	24.44%	22.22%	6.67%	11.11%	11.11%

表 7-21 显示，2020 年某区一模与 2018 年某区一模相比，大于 0.90 得分率的试题分值减少较多；0.70～0.79 得分率的试题某区一模分值增加较多；0.50～0.59 得分率的试题分值增加较多，说明与 2018 年某区一模相比，容易题的得分率偏低，实际考查结果成为中档难度试题，说明容易题部分即基础题部分学生掌握得不理想。与 2018、2019 年中考相比，0.80 以上的容易题分值较低，进一步说明学生在基础题方面掌握得不好。

二、结构分析

以上总体分析后，进一步从题型组块、知识组块两个方面对 2020 年某区一模测试结果进行分析，旨在发现组块教学的优势与薄弱之处。

(一)题型组块

表 7-22 显示，2020 年某区一模的客观题得分率较低于 2018、2019 年中考及 2018 年某区一模，下降幅度达到 10 个百分点以上，说明客观题的测试结果较不理想，进一步说明基础题失分较多。主观题得分略低，下降幅度不显著。

表 7-22　与 2018、2019 年相比的化学主、客观题得分率

考试	题目	满分值	平均值	得分率
2018 年北京	客观题（单选）	12	10.85	0.90
2019 年北京		12	11.09	0.92
2018 年某区一模		12	11.18	0.93
2020 年某区一模		12	9.45	0.79
2018 年北京	主观题（填空）	33	26.67	0.81
2019 年北京		33	26.09	0.79
2018 年某区一模		33	25.52	0.77
2020 年某区一模		33	24.67	0.75

从表 7-23 可以看出，与 2018 年某区一模相比，2020 年某区一模的生活现象解释得分率较高；科普阅读理解得分率显著降低；其他三个题型栏目的得分率差异不大。与 2018、2019 年中考相比，科普阅读理解和生产实际分析两个栏目还有较大的提升空间。

表 7-23 与 2018、2019 年相比的化学客观题各栏目得分率

主观题	2018 年北京	2019 年北京	2018 年某区一模	2020 年某区一模
生活现象解释	0.83	0.86	0.89	0.95
科普阅读理解	0.90	0.86	0.85	0.76
生产实际分析	0.83	0.73	0.65	0.68
基本实验及实验原理分析	0.80	0.78	0.67	0.70
科学探究	0.72	0.74	0.73	0.72

通过比较各学校的题型得分率情况，可以对各学校各题型的学习结果进行分析和诊断。例如，图 7-14 是按客观题得分率排序后的各学校情况及其与某区总体情况的对比。与全体相比，在全体线以上的各学校客观题得分较低，需要特别加强；在全体线以下的各学校得分较高，化学学科占优势。

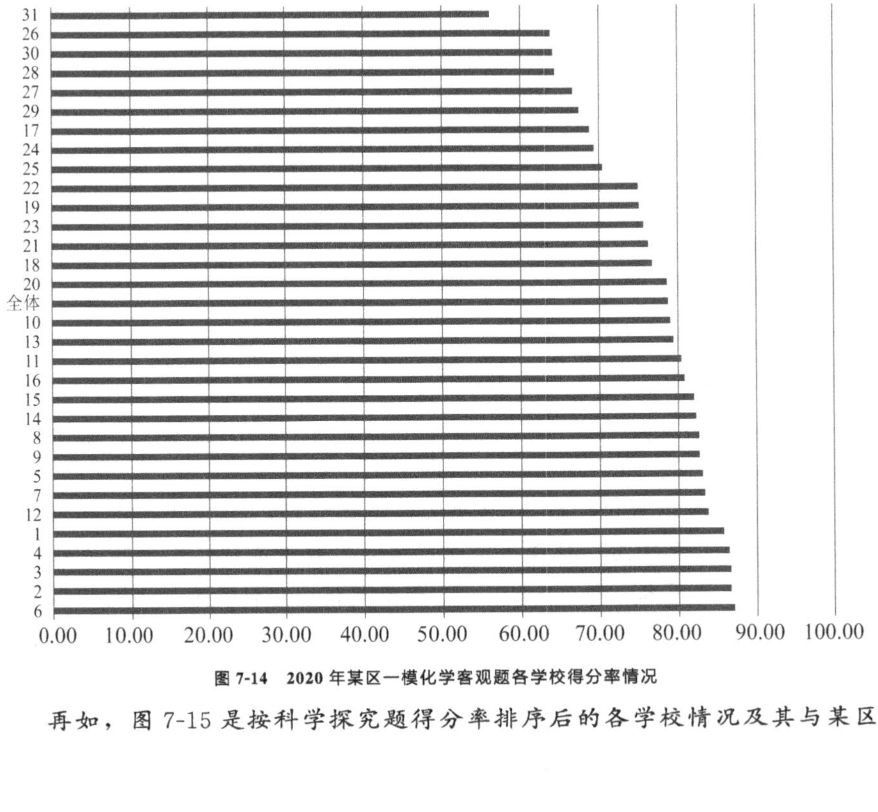

图 7-14 2020 年某区一模化学客观题各学校得分率情况

再如，图 7-15 是按科学探究题得分率排序后的各学校情况及其与某区

总体情况的对比。以某中学为例，对比图 7-14、图 7-15 发现，该中学的客观题位于全体线的下方，说明客观题是优势；而科学探究题位于全体线上方，说明科学探究题是该中学的薄弱之处。

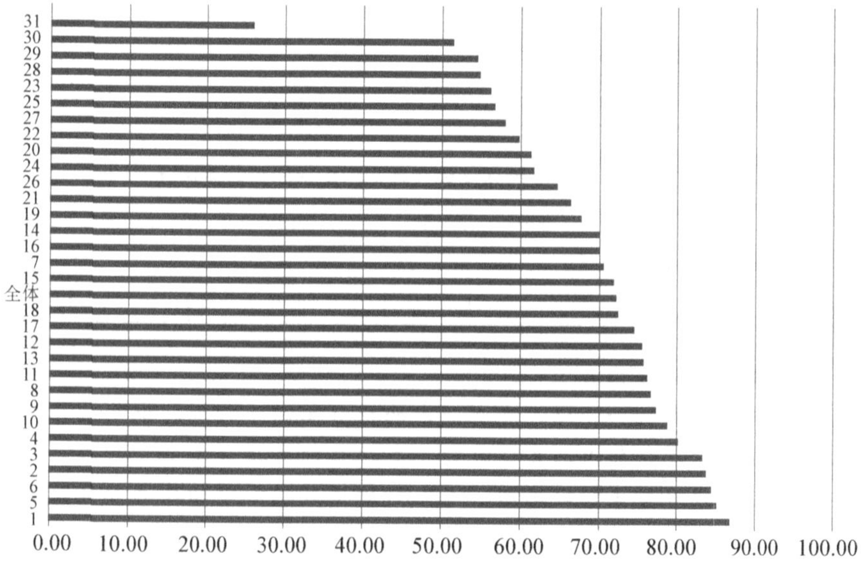

图 7-15　2020 年某区一模化学科学探究题各学校得分率情况

（二）知识组块

依据课程标准和中考说明，中考化学测试内容包括科学探究、身边的化学物质、物质构成的奥秘、物质的化学变化、化学与社会发展 5 个知识组块。由于化学与社会发展占分值比例较小，因此以下主要对比其他四个知识组块的得分率情况。

由表 7-24 可以看出，2020 年某区一模与 2018 年某区一模相比，四个知识组块得分率都较低，其中物质的化学变化降低幅度最大，其次是身边的化学物质。与 2018、2019 年中考相比，身边的化学物质和物质构成的奥秘两个知识组块还有较大的提升空间。

与题型组块的分析方法一致，可以通过排序及与某区总体情况对比，分析每所学校在各知识组块的得分率情况。以某中学为例，表 7-25 的数据表明，某中学与某区整体相比差异不大，其中物质的化学变化相对差异较大，是复习教学的重点。

表 7-24　与 2018、2019 年相比的化学各知识组块得分率表

知识组块	2018 年北京	2019 年北京	2018 年某区一模	2020 年某区一模
科学探究	0.80	0.77	0.72	0.70
身边的化学物质	0.83	0.89	0.85	0.78
物质构成的奥秘	0.90	0.90	0.88	0.85
物质的化学变化	0.90	0.77	0.92	0.81

表 7-25　某中学与某区全体在各知识组块的得分率情况

	科学探究	身边的化学物质	物质构成的奥秘	物质的化学变化
某中学	0.66	0.75	0.85	0.76
某区全体	0.70	0.78	0.85	0.82

三、典型试题分析

将测试结果与预估相比，有些试题的得分率高于预期，说明教学比较到位，学生在这些试题上的表现较好。有些试题的得分率低于预期，说明可能是复习教学和学生学习薄弱。下面对测试结果低于预期的部分试题进行分析。

(一)客观题普遍得分率偏低，基础知识了解得不全面、不细致

通过前面题型组块得分率的分析与对比，我们发现学生在基础题，尤其是客观题部分的得分率低于往年和预估，有些题的得分率甚至低于 0.5，这是往年测试中不常见的现象。

【第 5 题】下列物质在空气中燃烧，产生黄色火焰的是(　　)。

A. 木炭　　B. 红磷　　C. 氢气　　D. 甲烷

题号	满分值	答案	最高分	最低分	平均分	作答人数	得分率	满分率	零分率	标准差	难度	区分度
单选 5	1.0	B	1.0	0.0	0.43	2440	0.43	0.43	0.57	0.49	0.43	0.36

选项	人数	比例/%
A	545	22.34
B	1044	42.79
C	166	6.80
D	676	27.70
留空	9	0.37

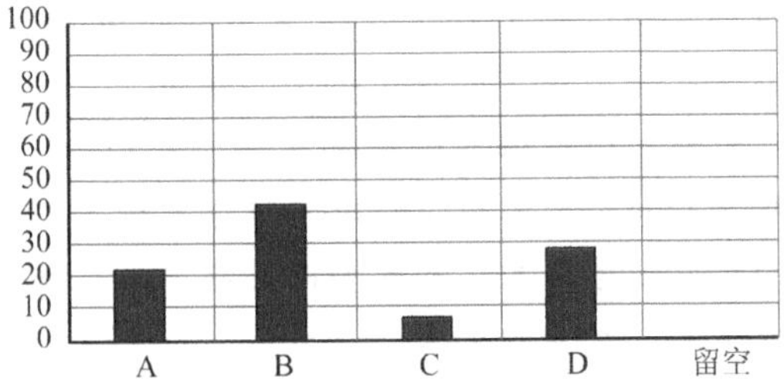

这道题是客观题第 5 题，是全卷得分率低于 0.5 的试题之一。试题考查的内容、能力及位置都说明命题人将这道题作为简单试题。除了正确选项 B 之外，学生主要错选了 A 和 D 选项，说明学生对常见物质的性质及其实验现象掌握得不全面、不细致。A 选项，木炭燃烧是发出光，而不是火焰；甲烷燃烧是蓝色火焰。这道题的得分率很低，进一步说明学生对一些基础知识的了解不全面、不扎实。

【第 6 题】下列实验操作正确的是(　　)。

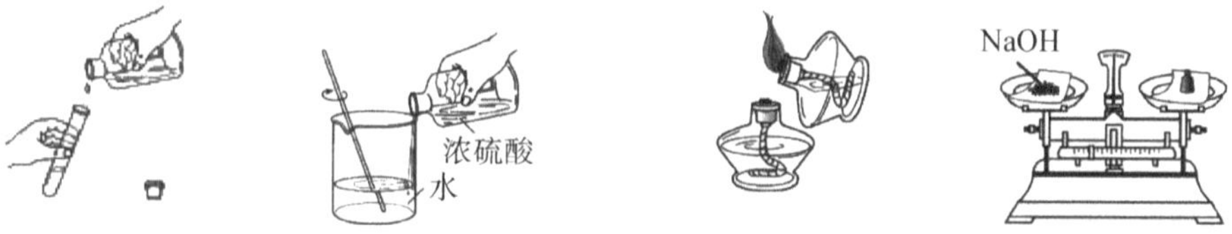

A　　　　B　　　　C　　　　D

A. 倾倒液体　　　　B. 稀释浓硫酸

C. 点燃酒精灯　　　　D. 称量 NaOH 固体

题号	满分值	答案	最高分	最低分	平均分	作答人数	得分率	满分率	零分率	标准差	难度	区分度
单选 6	1.0	B	1.0	0.0	0.66	2440	0.66	0.66	0.34	0.48	0.66	0.54

选项	人数	比例/%
A	12	0.49
B	1599	65.53
C	14	0.57
D	810	33.20
留空	5	0.20

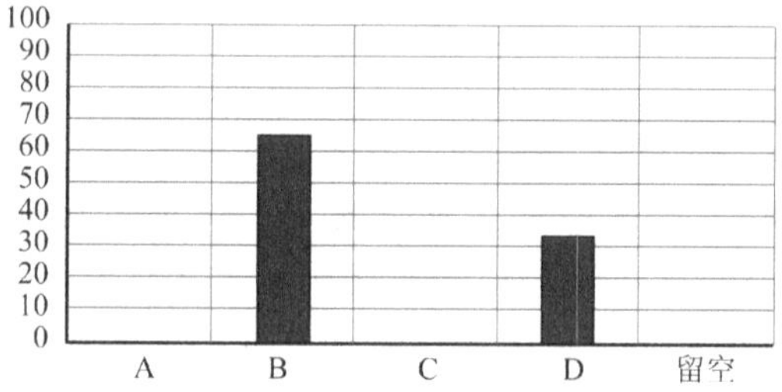

这道题是客观题第 6 题，预估也是简单题。考查实验基本操作是学生非常熟悉的试题。这道题的问题可能主要跟浓硫酸和 NaOH 的性质有关，这部分内容基本是居家在线教学期间进行的新授课。学生对浓硫酸稀释的操作了解不细致、理解不到位，影响了对正确选项的判断。D 选项表面上符合“左物右码”的称量规范，但因为 NaOH 具有腐蚀性，不能直接放在纸上，所以错误。学生对 NaOH 性质的理解和简单应用不清楚，约 33% 的学生错选。

【第 11 题】下列实验不能达到实验目的的是(　　)。

	A	B	C	D
目的	检验装置的气密性	测定空气中氧气的含量	控制反应的开始与停止	证明氢氧化钠与二氧化碳反应
实验		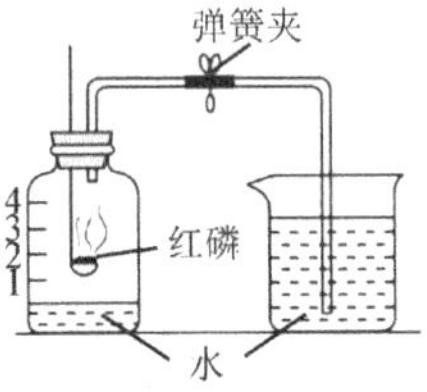	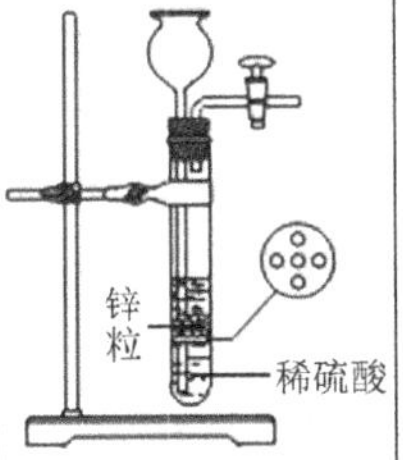	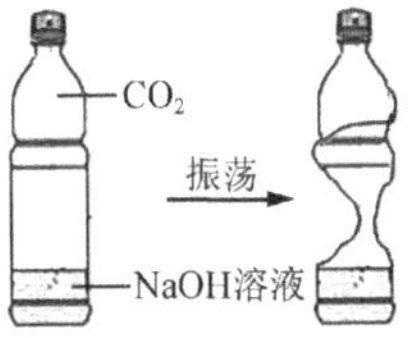

题号	满分值	答案	最高分	最低分	平均分	作答人数	得分率	满分率	零分率	标准差	难度	区分度
单选 11	1.0	D	1.0	0.0	0.52	2440	0.52	0.52	0.48	0.50	0.52	0.70

选项	人数	比例/%
A	27	1.11
B	118	4.84
C	1017	41.68
D	1275	52.25
留空	3	0.12

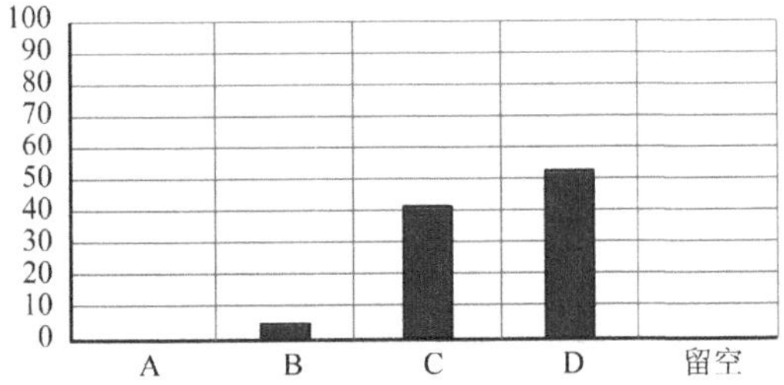

以上试题排在第 11 题，说明命题人已经预估其具有一定的难度，估计为 0.7～0.8，实际考查结果是 0.52，远低于预估值。分析原因发现，一是学生对 C 选项的装置不熟悉，不能分析判断其实验目的；二是学生对 NaOH 溶液与 CO_2 反应的理解不足，以为塑料瓶变瘪了即可证明反应发生，这个知识点教师还没有来得及帮助学生深入理解和训练。

除了以上 3 道试题之外，第 10、第 12 题的得分率也都低于 0.8，分别考查了溶解度曲线和“小球图”，都是中考和复习教学的常见内容和题型。得分率较低，说明学生对知识掌握不足，还需要后续专题复习来巩固。

(二)生产实际分析仍薄弱，应用化学原理分析实际问题的能力不足

2019 年北京市中考结果表明生产实际分析题得分率较低，某区 2018、2020 年一模测试结果都较差，说明生产实际分析题是复习教学的难点之一。2020 年某区一模试卷中有两道为生产实际分析题。

第 17 题是以金属性质为主的物质流程图试题，形式与 2019 年中考题相似，两个小题分别考查了陌生反应方程式的书写及化学反应基本类型。结果如下。

题号	满分值	最高分	最低分	平均分	作答人数	得分率	满分率	零分率	标准差	难度	区分度
17	2.0	2.0	0.0	1.26	2440	0.63	0.45	0.20	0.76	0.63	0.74

分值	人数	比例/%
0.0	479	19.63
1.0	852	34.92
2.0	1109	45.45

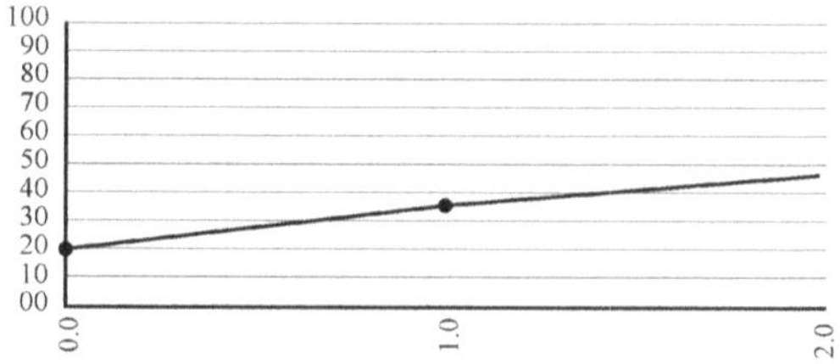

分数段	人数	平均分
[50, *]	48	2.0
[40, 50)	1400	1.7
[30, 40)	630	0.8
[20, 30)	249	0.3
[10, 20)	108	0.1
[0, 10)	5	0.0
(*, 0)	0	0.0

试题总体得分率为0.63，第(1)小题得分率为0.47，低于0.5；第(2)小题得分率为0.79。第(1)小题考查依据试题情境及已知信息，推写陌生金属与酸反应的化学方程式，考查金属与酸反应的简单迁移与应用。这道题的得分率低，说明学生在迁移应用方面的能力较低，对金属与酸反应本质的认识不到位。

第18题是以工业制硫酸为情境的设备流程图题，共有3个小题，分别考查了工业操作目的、CO还原氧化铁化学方程式及元素化合价变化。结果如下。

题号	满分值	最高分	最低分	平均分	作答人数	得分率	满分率	零分率	标准差	难度	区分度
18	3.0	3.0	0.0	2.15	2440	0.72	0.44	0.09	0.94	0.72	0.56

分值	人数	比例/%
0.0	213	8.73
1.0	293	12.01
2.0	859	35.20
3.0	1075	44.06

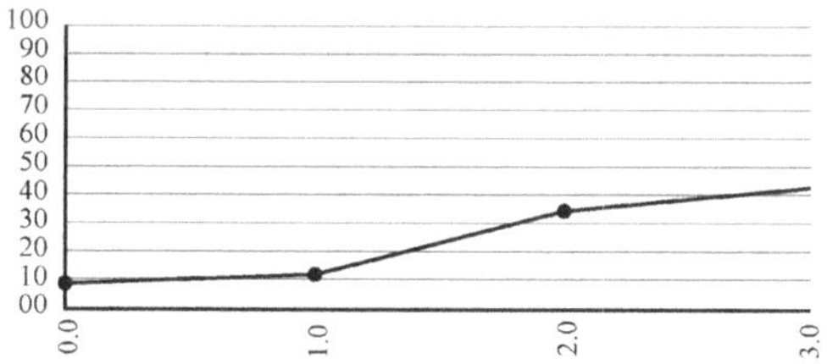

分数段	人数	平均分
[50, *]	48	3.0
[40, 50)	1400	2.6
[30, 40)	630	2.0
[20, 30)	249	0.8
[10, 20)	108	0.2
[0, 10)	5	0.0
(*, 0)	0	0.0

试题总体得分率为0.72，其中第(3)小题得分率较低为0.56。一方面，有些学生不能理解生产实际过程中含硫物质的转化过程，也不清楚具体物质转化的过程，不能正确判断元素化合价的变化；另一方面，有些学生没有注意或不清楚作答要求，“化合价升高的元素”中元素是指S，不是指具体物质。

（三）基于物质性质的实验原理分析题有“漏洞”，分析和作答不严谨

2020年某区一模化学试卷中的基本实验及其原理分析题、科学探究题，与往年试题和中考试题相比，内容和形式变化不大，总体结果与往年相近。但在一些试题中仍表现出分析和作答不严谨的问题。

第20(2)题考查证明CO_2与水反应的实验，从实验操作方案角度设问，而不是传统地直接考查现象或原理，得分率较低(0.4)。

第21题考查盐酸和氢氧化钠溶液反应实验，从定性到定量有多个实验现象，学生对实验现象的作答不全面、不严谨，第(2)小题得分率为0.57。第(3)小题考查反应后溶液的组成，根据传感器曲线中点的位置进行推理，得分率为0.45。

第22题是2019年中考出现的新题型，4个实验中选择3个，用相同的仪器操作，4个实验相互独立。总体得分率为0.66，难度不大，但个别试题作答不严谨。

第23题科学探究题是常见的控制变量方法研究影响因素的情境，总体得分率为0.72，与往年相近。第(4)小题得分率较低(0.33)，主要是作答不严谨。

四、后续复习教学建议

通过以上对2020年某区一模化学测试结果的分析，可以初步概括得出以下结论。

第一，整体情况比往年的表现略差，平均分、及格率和优秀率都低于

往年，但差异不显著。从试题得分率分布上看，原预估 0.9 以上的试题实测低于 0.8，甚至低于 0.7，说明部分容易题的表现不足。

第二，结构分析发现，与往年和预估相比，客观题和科普阅读理解题的得分率较低。尤其是客观题的得分率下降幅度较大，说明学生对基础知识的掌握不全面、不细致。生产实际分析、部分实验原理分析和科学探究题仍是薄弱之处。同时，身边的化学物质、物质的化学变化两个知识组块的降幅较大，都与基础知识的理解不到位、应用能力不足有关。

第三，试题分析发现学生在一些基础知识方面有明显的“漏洞”，解题没有形成基本的规范，作答不严谨等问题。

依据以上对 2020 年某区一模测试结果的分析，我们除了需进一步加强试题研究、提高命题质量之外，还要重点针对学生的薄弱之处进行有效指导和训练。一模后复习的总目标是：夯实基础、规范解题。前者是指对基础知识的全面和深入理解，是应对综合和变化试题的基础；后者是指解题的方法和要求，每类试题概括出具体可操作的解题策略，并落实在试卷上，多次练习和强调，帮助学生形成解题的规范行为。

现对后续复习教学提出以下建议。

（一）对一模测试结果进行全面、细致的分析

除了组织全区质量分析汇报、研讨活动之外，各学校要进行各自的质量分析。在质量分析中，要注意应用科学方法，通过数据对比发现问题。对学生的作答情况，尤其是主观性试题进行分类汇总。此外，加强学生的表达与反思，了解学生做题时的心理、认知、解题过程，从学生角度分析错因，有助于发现复习教学中的薄弱之处。

建议除某区测试外，再多做 2～3 套其他区的一模试题，这样可以更全面、准确地了解学生情况。同时，帮助学生尽快适应高强度的考试环境和要求。

（二）认真做好测后讲评课及专题突破课

某区一模测试后或正规完成其他区测试卷后，应及时进行测试讲评课教学。我们建议这类复习课需要至少 2 课时完成，基本教学过程是：环节一：学生整理、归纳和反思试卷。将试卷和阅评后的答题卡发给学生，让学生回顾解题过程，将错题的情况、错例及错因整理在答题卡上，教师可在这个过程中进行指导。这个过程以学生为考试主体，加强了学生对试题的自主反思。环节二：全班就得分率较低的试题进行集体分析和讨论。教师对全班测试情况进行概括性介绍，肯定成绩和学生的优势，并指出得分

率较低的试题。组织学生对试题进行错例、错因的交流，并对解题过程进行反思和总结。环节三：针对得分率较低，且有一定提升空间的试题进行专题突破。展示这类题的特点，开展各区一模试卷中的近似题训练，总结解决策略和技巧。这个环节也可不安排在测后讲评课上，可安排在专题突破课上进行。

专题突破课要依据具体情况设立专题，在专题中充分应用“一题多做”“一题多问”的教学策略。例如，基于氧气性质的实验原理分析题，可将近2年中考及区模拟考试中的相关试题汇总，让学生进行分析、比较，找出“相同”和“不同”，从中体会“以不变应万变”的解题思路。

（三）依据学生类型加强有针对性的指导

2020年春季学期，学生的在校学习不足，居家在线学习使得两极分化更严重，考试结果也表明各区一模测试结果都差于往年。学生两极分化的现象，更要求复习教学突出针对性、层次性，每名学生都有个性化的问题诊断、干预策略和提升目标。因此，要充分发挥线上＋线下的“混合式”教学优势，利用线上辅导加强针对性。

教学诊断的主体可以是教师，教师依据考试数据对班级教学情况进行诊断分析。同时，鼓励学生进行自我诊断。

第八章　基于诊断的教学改进

基于考试数据的教学诊断的目的是有效提升教学质量和学生的学业水平。基于考试诊断后的教学一般分为测后讲评课、专题突破课、课外巩固与指导三个部分。

一、　测后讲评课

学业水平考试后，尤其是区域或学校组织的阶段性学业水平考试后，学校都会提供详细的考试结果和数据。教师可依据数据进行教学诊断，并进行测后讲评课，其主要教学目的是对教与学情况进行分析，帮助学生总结优势和经验、发现学习的薄弱之处，为后续教学提供依据和参考。

测后讲评课一般包括两个环节。具体在前面已有所阐述。

【教学案例 1】某区初中化学统测的测后讲评课教学设计。

1. 总体情况

本班级所有学科中的化学排名	排名 3 ；	与其他学科相比，化学属于	□优势学科 ☑中等学科 □有待提升学科
此次测试的平均分在全校的排名，与预期相比	排名 3 ； □比预期高 ☑比预期低	与其他班级相比，本班级的化学成绩属于	□优秀率较高　☑及格率较高 ☑优秀率居中　□及格率居中 □优秀率较低　□及格率较低

各分数段人数百分比	0～10 分	11～20 分	21～25 分	26～30 分	31～35 分	36～40 分	41～45 分
	0%	3.6%	0%	7.2%	7.2%	32%	50.0%
	□ 低分段人数较多　□ 中分段人数较多　☑高分段人数较多						

续表

2. 各组块情况　　班级得分率　　年级得分率

组块	项目	班级得分率	与全校平均相比	较高	较低	年级得分率
题型组块	选择题	得分率 0.90	与全校平均相比	☑较高	□较低	0.86
	生活现象解释	得分率 0.96	与全校平均相比	☑较高	□较低	0.90
	科普阅读理解	得分率 0.83	与全校平均相比	☑较高	□较低	0.81
	生产实际分析	得分率 0.72	与全校平均相比	☑较高	□较低	0.65
	基本实验及实验原理分析	得分率 0.88	与全校平均相比	☑较高	□较低	0.79
	科学探究	得分率 0.72	与全校平均相比	☑较高	□较低	0.60
知识组块	科学探究	得分率 0.72	与全校平均相比	□较高	☑较低	0.76
	身边的化学物质	得分率 0.91	与全校平均相比	□较高	□较低	0.91
	物质构成的奥秘	得分率 0.96	与全校平均相比	☑较高	□较低	0.95
	物质的化学变化	得分率 0.75	与全校平均相比	□较高	☑较低	0.79
	化学与社会发展	得分率 0.96	与全校平均相比	☑较高	□较低	0.95
	化学基本实验	得分率 0.83	与全校平均相比	□较高	□较低	0.83
特殊组块	开放型试题	得分率 0.79	与全校平均相比	☑较高	□较低	0.76
	化学方程式	得分率 0.83	与全校平均相比	□较高	□较低	0.83
	证据推理	得分率 0.74	与全校平均相比	□较高	□较低	0.74
	分析问题	得分率 0.80	与全校平均相比	□较高	□较低	0.80
	计算	得分率 0.88	与全校平均相比	□较高	☑较低	0.91
	获取信息、表述信息的能力	得分率 0.86	与全校平均相比	□较高	☑较低	0.88

3. 典型试题情况(得分率较低的试题)

题号	知识组块	特殊组块	主要错因
11	身边的化学物质	分析问题	缺少对饱和溶液与不饱和溶液的转化及变化过程中溶质、溶液的变化的认识
12	身边的化学物质	分析问题	不能将化学反应过程中的现象与原理对应
16_1	科学探究	开放型试题	对过滤本质的认识、课堂知识不能联系生活实际
16_4	科学探究	证据推理	缺乏获取信息、分析问题的能力
16_5	科学探究	获取信息	缺乏获取信息、分析问题的能力
18_1	物质的化学变化	分析问题	对流程图的认识分析、陌生情境下化学反应的本质的认识不到位
18_2	物质的化学变化	分析问题 化学方程式	不能从流程转化图中正确获取信息

续表

题号	知识组块	特殊组块	主要错因
22_2	科学探究	分析问题 表述信息	不能正确分析现象背后的原因，不能准确表达原理
24_1	科学探究	获取信息 表述信息	对实验数据的分析、表达不全面
24_4	科学探究	开放性试题 获取信息 表述信息	不能正确分析实验数据、不能准确表达实验结论
24_5	科学探究	获取信息	不能从实验中准确提取信息，不能兼顾基础知识与实验信息
24_6	科学探究	分析问题 证据推理	不能准确分析、描述现象背后的原因

4. 后续复习的建议

复习重点	1. 溶液的相关知识。 2. 基础化学反应方程式、陌生反应方程式的书写。 3. 基本实验的原理分析、现象及原因的描述。 4. 探究实验数据的对比分析、结论的表达。
复习策略建议	1. 以生产实际分析、基本实验及原理分析情境题加强学生对基本化学反应的掌握及对基本实验和原理的分析能力。 2. 以工业流程训练学生对不同类型的流程题的分析与理解能力。 3. 实验探究题训练学生从图示、表格数据中准确提取信息、正确分析数据、准确表达原因与结论的能力。
其他需求	化学是一门源于生产生活实际，又应用于生产生活的学科。将书本知识与实际生活相结合，将学生所学的课本知识内化以提升理性思维能力，并应用到解释、解决生活实际问题中去，既能提升学科兴趣，又能学有所用。

教学整体过程设计

教学环节	教学内容与活动	教学目标
学生自我诊断展示	展示学生一模测试诊断报告 （课前预留学生作业：根据诊断报告分析本次化学一模试卷） 教师加以评价	训练学生通过自我诊断查找自身学习问题的能力

续表

教学环节	教学内容与活动	教学目标
教师班级整体分析	一、题型得分率分析 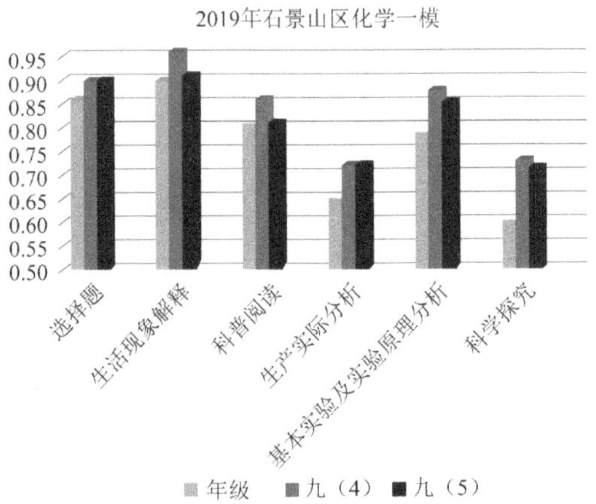 二、知识组块得分率 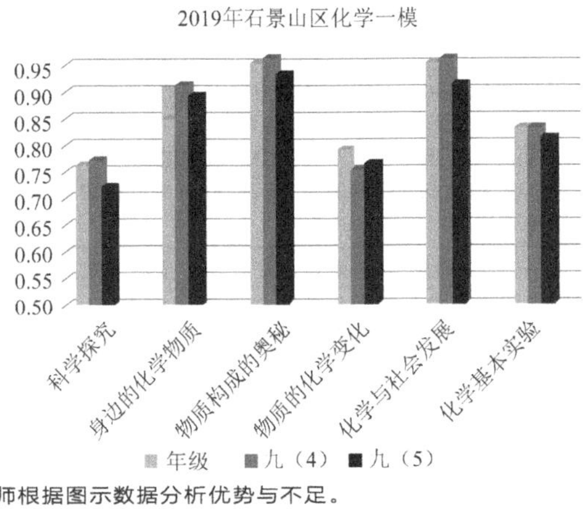 教师根据图示数据分析优势与不足。	通过诊断使学生了解普遍存在的问题
聚焦问题图表分析	【任务一】获取信息、分析问题的能力。 原题呈现：2019 年石景山区一模 16【科普阅读】 【节选】环保酵素在农业生产和日常生活等诸多方面都有重要的作用。 防城港市农产品质量安全检测中心对生长中的芥菜残留农药进行了研究。首先检测喷洒农药 2 小时后初始附着量，然后分四组分别喷洒：清水，1∶200、1∶300、1∶400(环保酵素和水的体积比，下同)的酵素液，检测 96 小时后 3 种农药降解情况，结果如下图所示。	帮助学生分析图表信息的自变量、因变量，自变量与因变量之间的关系。

续表

教学环节	教学内容与活动	教学目标
	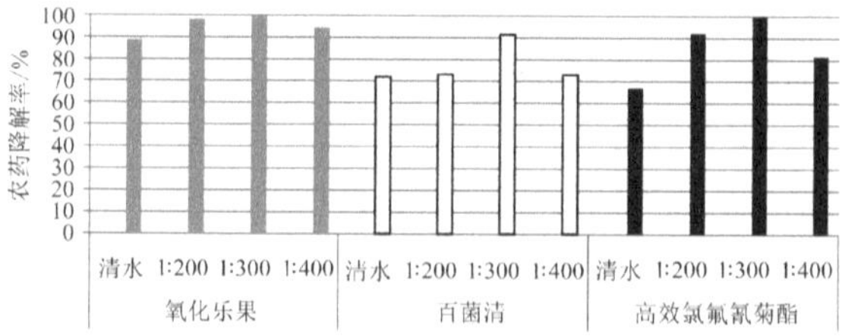 问题 (4)在四组实验中，对芥菜中的残留农药降解作用最好的是________。	
训练准确获取信息的方法	学生作答案例 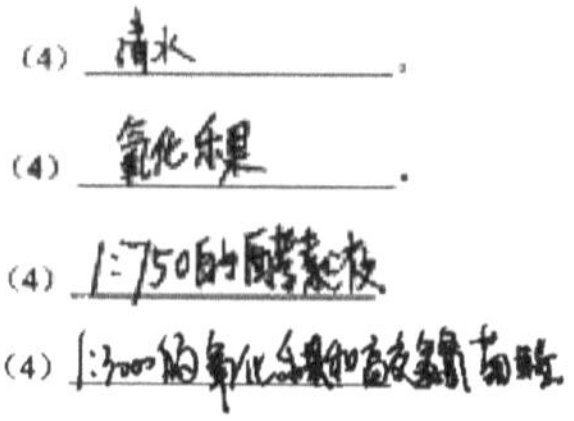 学生评价作答案例，分析错因，梳理分析图表信息的方法： 自变量(x 轴)→因变量(y 轴) 【任务二】获取信息、表述信息的能力。 原题呈现：2018 年西城区一模 17【科普阅读】 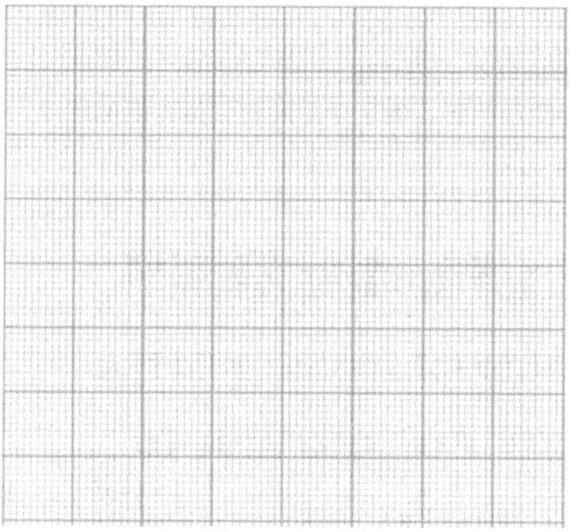 【节选】谈到农药，人们可能会想到它对人体健康和环境的危害，其实农药在农业生产中起着重要的作用。目前市售蔬菜农药残留量虽然已达到国家标准，但通过科学的清洗方法仍可进一步降低农药残留。	通过对图表信息的分析训练使学生掌握准确获取信息的方法。

续表

<table>
<tr><th>教学环节</th><th>教学内容与活动</th><th>教学目标</th></tr>
<tr><td></td><td>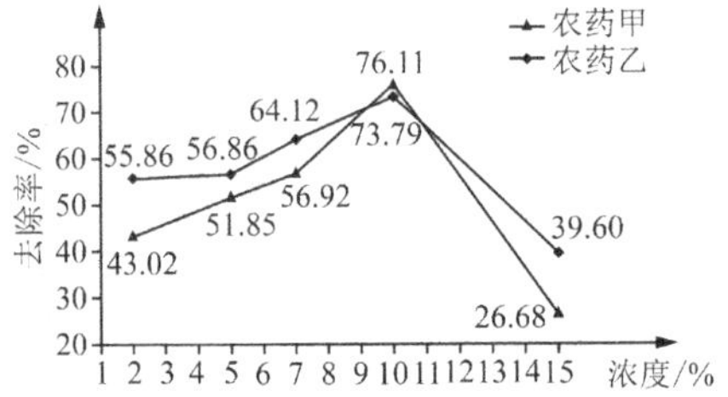

碱性溶液浸泡。食用碱(Na_2CO_3 和 $NaHCO_3$)溶液有利于农药的分解。上图表示不同浓度的食用碱溶液对农药去除率的影响。
问题：
由上图你能获得哪些信息？

方法总结：</td><td></td></tr>
<tr><td>训练从实验探究数据中获取有效信息的能力</td><td>【任务三】实验探究、获取信息、表述信息的能力。
原题呈现：2019 年石景山区一模 24【科学探究】
探究二：向 5 个烧杯中分别加入 80 mL 4%的 H_2O_2 溶液，再分别滴加 NaOH 溶液，测得不同 pH 下的溶解氧情况如下表所示。
<table>
<tr><td>烧杯</td><td>1</td><td>2</td><td>3</td><td>4</td><td>5</td></tr>
<tr><td>pH</td><td>8.00</td><td>8.59</td><td>9.29</td><td>10.43</td><td>11.47</td></tr>
<tr><td>溶解氧(mg/L)</td><td>6.88</td><td>9.30</td><td>13.82</td><td>17.57</td><td>13.15</td></tr>
</table>
1. 请将上述表格数据转化为坐标图。
将数字信息转化为图示信息，便于学生发现数据背后的规律。</td><td>通过信息转化的方式体会不同信息表达之间的关系，从而提供一种新的认识信息的手段。</td></tr>
<tr><td>训练准确表达的能力</td><td>2. 探究二得出的结论是______________。
学生作答案例
2. 其他条件一定时，随溶液pH值越大，溶解氧越多
2. 在其(它)条件一定时，本实验范围内，溶液PH值在10.43时溶氧量最高
2. 在pH值在8.00～10.43之间时，pH值越大，溶氧量越高（其它条件一定时）
2. pH值在低于10.43时pH越大溶氧越多，在到了[10.43与11.47]间会减少溶氧</td><td>通过分析学生错例，使学生掌握准确表达、描述规律的方法。

通过实验探究训练学生控制变量的思想，同时通过实验结果分析推理，得出结论。</td></tr>
<tr><td>反馈训练、加深巩固</td><td>通过学生对作答案例的分析，梳理出回答结论应该注意的要点(实验条件、自变量与因变量之间的关系、结论与现象的差异)，训练学生准确表达的能力。</td><td>加深学生对方法的掌握与运用</td></tr>
</table>

续表

教学环节	教学内容与活动	教学目标
	【反馈练习】 1. 2019 年丰台区一模 15.（2）酒精溶液可消毒。下图为常温下，某科研小组测量不同浓度的酒精溶液杀灭金黄色葡萄球菌所需时间的实验结果。 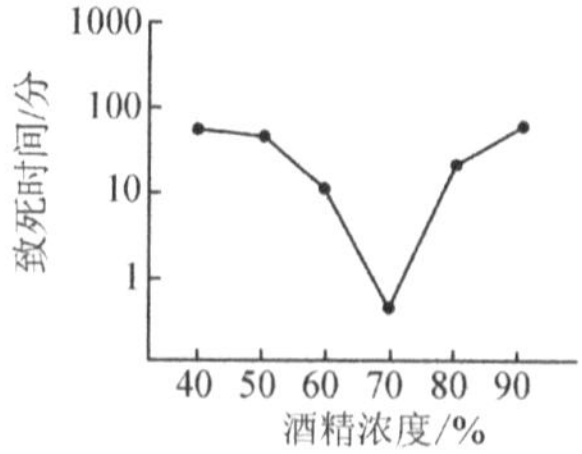 Ⅰ. 从图中你能获取哪些信息？ Ⅱ. 你能得到的结论是________________。 2. 2019 年石景山区一模【节选】我国是农业大国，施用化学肥料是保证粮食高产、稳产的一种重要措施，但与此同时，长期施用化肥会造成土壤退化、生态环境污染等问题。玉溪师范学院资源环境学院研究人员分别用 1∶250、1∶500、1∶750、1∶1000 的酵素液（每周施浇 3 次）对土壤中的有机质等含量进行了研究，结果如下图所示。 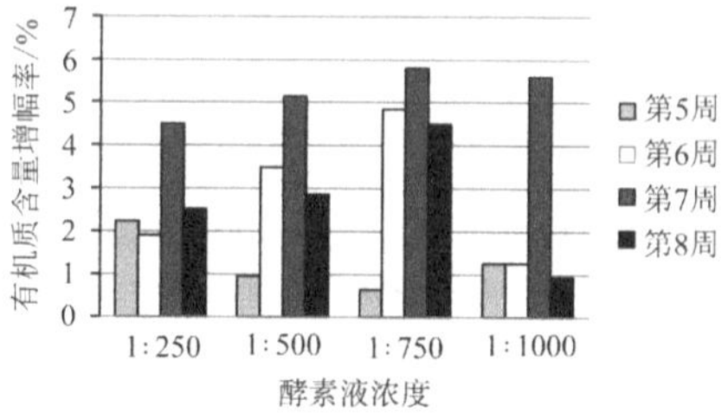 问题： 从图中能获取哪些信息？	
板书设计	图表信息的阅读与表达 变量分析：自变量（x 轴）1 个　多个 　　　　　因变量（y 轴） ⇩ 获取信息：点（起点、拐点、终点） 　　　　　整体（规律性） ⇩ 准确表达：（1）实验目的 　　　　　（2）实验条件及范围 　　　　　（3）自变量和因变量之间的关系 　　　　　（4）结论（规律性）与结果的差异	

【教学案例 2】某区高中化学统测的测后讲评课教学设计。

指导思想与理论依据
化学试卷讲评分析课是对化学教学中的测验试题进行讲评分析的一种课型。化学试卷讲评分析课不仅要对命题思想、命题原则、命题重点进行分析，更主要的是对学生在试卷中的问题进行分析和讲评。矫正学生在答题过程中暴露的问题，深化学生对化学知识的理解和应用，从“做题”到“做事”，从“解题”到“解决问题”，进而引导学生提升相应的化学学科能力和学科核心素养。
教学背景分析
【教学内容分析】 高考是为了选拔具有学习潜能和创新精神的考生，化学学科试题以能力测试为主导，全面检测学生的科学素养。化学是在原子、分子水平上研究物质的组成、结构、性质、转化及其应用的一门基础学科，化学实验在化学学习与研究中具有重要地位和作用，实验探究是完成科学探究实践活动的一种重要方法，依据探究目的，设计探究方案，运用化学实验、调查等方法进行实验探究。 “科学探究与创新意识”是化学核心素养的构成要素之一。《普通高中化学课程标准(2017 年版 2020 年修订)》中对此素养的学业质量水平要求如下： 1. 能通过实验探究物质的性质和变化规律，能提出有意义的实验探究问题，根据已有经验和资料作出预测和假设，能设计简单实验方案，能运用适当的方法控制反应条件并顺利完成实验；能收集和表述实验证据，基于实验事实得出结论。 2. 能列举测定物质组成和结构的实验方法，能根据仪器分析的数据或图表推测简单物质的组成和结构；能在复杂的化学问题情境中提出有价值的实验探究课题，能设计有关物质转化、分离提纯、性质应用等的综合实验方案；能运用变量控制的方法探究并确定合适的反应条件，安全、顺利地完成实验；能用数据、图表、符号等描述实验证据并据此进行分析推理形成结论；能对实验方案、实验过程和实验结论进行评价，提出进一步探究的设想。 多年来，北京高考化学试题一直都将实验探究题作为理综化学试题的最后一题，要求学生理解从问题和假设出发确定研究目的、依据研究目的设计方案、基于证据进行分析和推理等对于科学探究的重要性。学生在解题时，或通过实验现象进行微观探析，或根据原理解释、分析实验现象，或应用原理分析评价实验方案，或依据实验目的设计实验方案等，从而使科学探究创新意识、证据推理学科核心素养得到整合发展。 【学生情况分析】 通过前期一轮复习和习题训练，学生已经掌握了化学实验基本操作、常用仪器的使用方法等基础知识，能运用各类物质的性质进行常见物质及离子的检验、分离和提纯，明确实验探究的基本要素，并能将以上基础知识和技能综合应用于实验探究题中，形成了解决实验探究题的一般思路方法。 但学生对于实验试题整体把控能力弱，在进行理综考试的时候，急于做题。在陌生复杂的实验过程中，他们的已有知识与信息整合、系统分析的能力还需提升；在实验方案的设计中，基于证据分析、推理，得出实验结论的能力亟待加强。在心理方面，他们还需要教师及时帮助疏导，从“解题”到“解决问题”，提升解决问题的信心和能力。

续表

教学目标与评价目标设计

【教学目标】

1. 通过讨论、分析实验原理，学生能发现自己在解决实验问题时知识储备上的不足，并加强知识点的梳理和关联，提升自信。

2. 通过讲解试卷题目，学生能厘清解题的思路，共同学习解决问题的步骤和方法。

3. 通过自主思考、交流讨论，学生能提升根据实验现象进行微观探析，根据原理解释分析实验现象，宏微结合、证据推理，进而得出实验结论的科学探究素养。

【评价目标】

1. 学生能通过独立思考实验原理，诊断自己在解决实验问题时的知识储备。

2. 通过小组讨论交流，分析评价已有的实验方案，诊断学生宏微结合、证据推理的意识和水平。

3. 通过学生对熟悉的简单情境、陌生的复杂体系的讨论，诊断并发展学生解决实际问题的能力水平，发展学生的主次矛盾、竞争与协同的辩证认识。

【重难点】

教学重点：自主分析实验原理，完善解决实验探究题的思路方法。

教学难点：依据实验现象(证据)评价、设计实验方案。

教学过程设计与实录

教师活动	学生活动
环节一：创设情境，引入教学	

教师活动 1

[师]实验是自然科学中收集证据的一种方法，在化学学科中更为突出。因而实验题也成为测试大家的一种题型。

一模考试是同学们心中重要的考试，大家先看看一模考试中实验探究题的难度数据。

但客观上，面对海淀区一模第 28 题时，时间紧、任务重，大家如何能够踏实应对？希望今天的课对你有所帮助。

学生活动 1

实验探究

难度	海淀区一模	第 12 题	第 28 题
		0.85	0.72
	西城区一模		第 28 题
			0.56
	东城区一模	第 7 题	第 28 题
		0.93	0.65

倾听、思考，明确学习任务。

针对海淀区一模第 28 题的小分数据进行讨论。

实验探究

题目	满分	均分	难度	标准差
28_1	2	1.42	0.71	0.87
28_2_1	2	1.42	0.71	0.74
28_2_2	2	1.28	0.64	0.93
28_3	2	0.86	0.43	0.69
28_4	2	0.97	0.49	1.00
28_5	2	0.62	0.31	0.75
28_6	2	0.82	0.41	0.91
28_7	2	1.22	0.61	0.77

续表

<table>
<tr><td colspan="2">设计意图：
明确本节课的学习任务，解决实验探究题。同时根据海淀区一模第 28 题的小分数据发现，学生依据实验现象，推理产生现象的原因是有困难的。即对于实验探究目的对应的实验原理模糊不清。因而设计课堂教学应从实验目的出发，主动思考可能探究的内容，找到切入点，体会解决问题的过程。</td></tr>
<tr><td colspan="2">环节二：再现试题，厘清思路</td></tr>
<tr><td>教师活动 2
素材：海淀区一模第 28 题
要求：[任务 1]请独立思考，预测本题探究的实验内容。
[任务 2]说出你的预测内容及判断依据。
引导：对接试题，领悟实验原理的意义，完善解题思路。
总结：实验原理的分析角度，实验探究试题的脉络。
[师]通过实验目的，预测实验原理。即找到试题中研究的物质，从微粒的角度预测可能发生的反应，是解决实验探究题的切入点。
实验探究题的基本框架：确定实验目的→设计实验方案(试剂、装置、操作)→观察实验现象(证据)→得出实验结论。
试题呈现时，可预测简单的内容，作答时是推理过程；不能预测的陌生内容，通过实验现象和资料信息证明，作答时是分析解释。
试题的最终反思环节，是整合实验目的，统筹试题中分别研究的内容。</td><td>学生活动 2
独立思考。从实验目的提供的物质入手，从微粒的角度预测可能的化学性质及反应。
[生 1]从微粒的角度认识物质 $FeCl_3$、Na_2SO_3、$NaHSO_3$。
SO_3^{2-}　Fe^{3+}　HSO_3^-
Na^+　Cl^-　Na^+
预测发生氧化还原反应，或盐之间的反应。
[生 2]关注试题中提供的溶液浓度，即量的问题；Na_2SO_3 和 $NaHSO_3$ 溶液的酸碱性不同。
[生 3] 甲同学的实验是 $FeCl_3$ 溶液和 Na_2SO_3 溶液的反应，符合预测。
发生氧化还原反应，证据是灵敏电流计指针发生偏转。
[生 4]通过确认产物，进一步证明是 $FeCl_3$ 和 Na_2SO_3 溶液发生了氧化还原反应。
[生 5] 乙同学探究 $FeCl_3$ 溶液与 $NaHSO_3$ 溶液能否发生反应，证据是实验现象和资料信息。</td></tr>
<tr><td colspan="2">设计意图：
学生在考试的时候，急于做题，对于实验试题的整体把控能力弱。引导学生从实验原理出发，从实验目的提供的物质入手，从微粒的角度预测其可能的化学性质及反应，回应题目设问，补充认识角度，提升解决问题的能力和信心。
评价角度：
根据学生对物质 $FeCl_3$、Na_2SO_3、$NaHSO_3$ 反应情况的预测，定位学生从微粒的角度认识物质性质的基础；根据学生对反应发生的现象取证，定位学生的证据推理素养。
这样学生就能够有的放矢地进行知识复习和习题训练，解决面对的问题。</td></tr>
</table>

续表

<table>
<tr><td colspan="2">环节三：讲评试卷，迁移应用</td></tr>
<tr><td>教师活动 3
素材：东城区一模第 28 题
要求：[任务 3]请写出四种难溶电解质的沉淀溶解平衡。
[任务 4]请预测完成实验目的的探究步骤。
[任务 5]修改试卷，品评反思。
总结：完善问题解决的步骤和方法。
[师]通过含有相同金属元素的物质，拆解实验目的为：(1)探究 $BaCO_3$ 和 $BaSO_4$ 之间的转化；(2)探究 AgCl 和 AgI 之间的转化。
同学对于实验目的的预测是拆分解决问题，同时考虑到问题间也有联系。
溶解度相差大的盐，将溶解度小的盐转化为溶解度大的盐观察不到现象。
利用资料信息，拆分 Ag^+ 和 I^-，通过 I^- 浓度的变化引起电压表读数的变化，判断沉淀转化的发生。
回应分析试题的设问角度，除拆分完成相关内容，还要统筹研究的内容，得出结论。</td>
<td>学生活动 3
小组讨论、交流。迁移应用从实验原理入手解决问题的方法，修改试卷。对照标准答案，关注答题的精准性。
[生 1] 完成四种难溶电解质的沉淀溶解平衡的化学用语，推测含有相同金属元素的盐存在转化。
[生 2]溶解度相近的盐相互转化容易，相差大的盐单向转化容易。
[生 3]
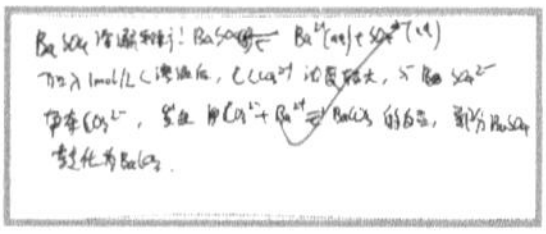
通过争夺，体现溶解度相近的盐相互转化容易，溶解度小的盐向溶解度大的盐转化困难。
[生 4] 实验Ⅳ是对照实验，说明 Cl^- 没有在电极上放电。
[生 5] I^- 浓度正比于电压表读数的变化，判断沉淀转化的发生。
[生 6]
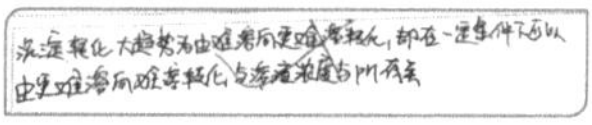
还需要说出，溶解度的差别越大，由溶解度小的沉淀转化为溶解度较大的沉淀越难实现。</td></tr>
<tr><td colspan="2">设计意图：
迁移应用从实验原理入手解决问题的方法，使人们对试题有整体性认识。通过自我修改试卷，对试题的布局和设问有了进一步了解。对照标准答案，关注答题的精准性，再次提升解决问题的能力和信心。
评价角度：
通过对东城区一模第 28 题解题过程的引导，学生能够对实验目的进行比对拆分，提升点是能够体会实验目的中的不同和联系；进一步落实实验现象的证据推理过程；在得出实验结论的过程中，体会实验实施过程的拆分和统筹。
通过示范、引导与训练，提升学生的化学学科核心能力，即基本实验与科学探究能力、信息处理理解能力。</td></tr>
</table>

续表

板书设计

变被动做题为主动思考

——以海淀区一模第 28 题、东城区一模第 28 题为例

目的

↓

原理　　物质 → 变化

　　　（微粒）（反应）

方案

（试剂、装置、操作）

↓

现象

↓

结论

教学反思

1. 针对学情，学生对于实验试题的整体把控能力弱，在考试的时候，急于做题。因而在拿到试题的时候，应稍作停顿，利用学科知识分析试题考查的内容。而后在做题的过程中，将陌生复杂的问题拆分为简单的问题解决，再整合。

2. 通过讨论和交流，师生共同感受问题解决的步骤和方法，提升学生的化学学科核心能力，即基本实验与科学探究能力、信息处理理解能力。

3. 通过小分统计数据，设计课堂教学应从实验目的出发，主动思考可能探究的内容，找到切入点，体会解决问题的过程。在讲评试卷的过程中，还原一个真实的“做事”过程，并适时加以评价，解决问题。

附件

2019 年海淀区一模 28.（16 分）某实验小组对 $FeCl_3$ 分别与 Na_2SO_3、$NaHSO_3$ 的反应进行探究。

【甲同学的实验】

<table>
<tr><th>装置</th><th>编号</th><th>试剂 X</th><th>实验现象</th></tr>
<tr><td rowspan="2">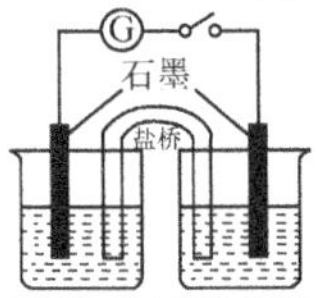

1 mol·L^{-1} FeCl$_3$溶液 (pH≈1)　1 mol·L^{-1} 试剂X</td><td>Ⅰ</td><td>Na_2SO_3 溶液（pH≈9）</td><td>闭合开关后灵敏电流计指针发生偏转</td></tr>
<tr><td>Ⅱ</td><td>$NaHSO_3$ 溶液（pH≈5）</td><td>闭合开关后灵敏电流计指针未发生偏转</td></tr>
</table>

（1）配制 $FeCl_3$ 溶液时，先将 $FeCl_3$ 溶于浓盐酸，再稀释至指定浓度。结合化学用语说明浓盐酸的作用：________。

（2）甲同学探究实验 Ⅰ 的电极产物。

①取少量 Na_2SO_3 溶液电极附近的混合液，加入________，产生白色沉淀，证明产生了 SO_4^{2-}。

②该同学又设计实验探究另一电极的产物，其实验方案为________。

续表

(3)实验Ⅰ中负极的电极反应式为________。

【乙同学的实验】

乙同学进一步探究 $FeCl_3$ 溶液与 $NaHSO_3$ 溶液能否发生反应，设计、完成实验并记录如下。

装置	编号	反应时间	实验现象
	Ⅲ	0～1 min	产生红色沉淀，有刺激性气味的气体
		1～30 min	沉淀迅速溶解形成红色溶液，随后溶液逐渐变为橙色，之后几乎无色
		30 min 后	与空气接触部分的上层溶液又变为浅红色，随后逐渐变为浅橙色

(4)乙同学认为刺激性气味的气体产生的原因有两种可能，用离子方程式表示②的可能的原因。

①$Fe^{3+}+3HSO_3^- \rightleftharpoons Fe(OH)_3+3SO_2$；②________。

(5)查阅资料：溶液中 Fe^{3+}、SO_3^{2-}、OH^- 三种微粒会形成红色配合物并存在如下转化：

$$\underset{(红色)}{HOFeO\overset{+4}{S}O_2} \rightleftharpoons \underset{(橙色)}{HOFeO\overset{+5}{S}O_2} \xrightarrow{O_2} Fe^{2+}+SO_4^{2-}$$

从反应速率和化学平衡两个角度解释 1～30 min 的实验现象：________。

(6)解释 30 min 后上层溶液又变为浅红色的可能的原因：__________。

【实验反思】

(7)分别对比Ⅰ和Ⅱ、Ⅱ和Ⅲ，$FeCl_3$ 能否与 Na_2SO_3 或 $NaHSO_3$ 发生氧化还原反应和________有关(写出两条)。

2019 年东城区一模 28.(15 分)某小组同学探究物质的溶解度大小与沉淀转化方向之间的关系。

已知：

物质	$BaSO_4$	$BaCO_3$	AgI	AgCl
1.5×10^{-4}	溶解度/g(20℃)	2.4×10^{-4}	1.4×10^{-3}	3.0×10^{-7}

(1)探究 $BaCO_3$ 和 $BaSO_4$ 之间的转化。

实验操作：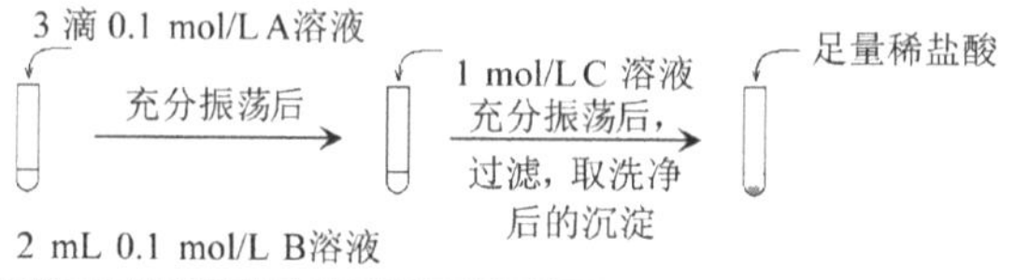

	试剂 A	试剂 B	试剂 C	加入盐酸后的现象
实验Ⅰ	$BaCl_2$	Na_2CO_3	Na_2SO_4	……
实验Ⅱ		Na_2SO_4	Na_2CO_3	有少量气泡产生，沉淀部分溶解

续表

①实验Ⅰ说明 $BaCO_3$ 全部转化为 $BaSO_4$，依据的现象是加入盐酸后，________。

②实验Ⅱ中加入稀盐酸后发生反应的离子方程式是________。

③实验Ⅱ说明沉淀发生了部分转化，结合 $BaSO_4$ 的沉淀溶解平衡解释原因：________________。

(2)探究 AgCl 和 AgI 之间的转化。

实验Ⅲ：

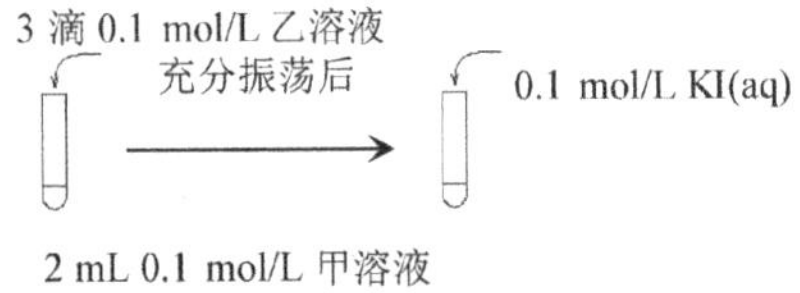

实验Ⅳ：在试管中进行溶液间的反应时，同学们无法观察到 AgI 是否转化为 AgCl，于是又设计了如下实验(电压表读数：$a>c>b>0$)。

装置	步骤	电压表读数
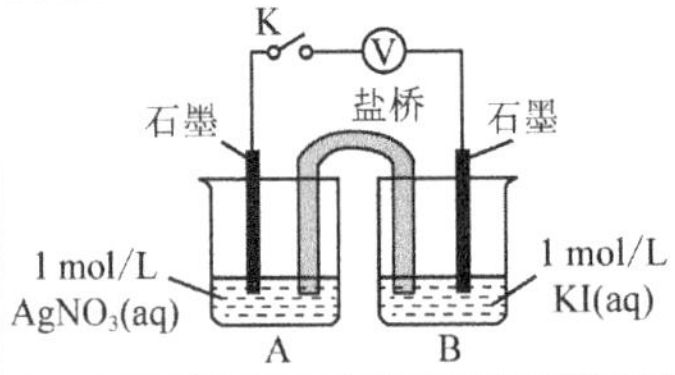	ⅰ. 如图连接装置并加入试剂，闭合 K	a
	ⅱ. 向 B 中滴入 $AgNO_3$(aq)，至沉淀完全	b
	ⅲ. 再向 B 中投入一定量的 NaCl (s)	c
	ⅳ. 重复ⅰ，再向 B 中加入与ⅲ等量的 NaCl(s)	a

注：其他条件不变时，参与原电池反应的氧化剂(或还原剂)的氧化性(或还原性)越强，原电池的电压越大；离子的氧化性(或还原性)强弱与其浓度有关。

①实验Ⅲ证明了 AgCl 转化为 AgI，甲溶液可以是________(填序号)。

a. $AgNO_3$ 溶液　　b. NaCl 溶液　　c. KI 溶液

②在实验Ⅳ的步骤ⅰ中，B 中石墨上的电极反应式是__________。

③结合信息，解释实验Ⅳ中 $b<a$ 的原因：________________________。

④实验Ⅳ的现象能说明 AgI 转化为 AgCl，理由是________________________。

(3)综合实验Ⅰ～Ⅳ，可得出结论：________。

二、 专题突破课

考试后仅通过 1～2 课时的测后讲评课不能全面、深入地解决学生的薄弱问题，还需要设计专题针对学习难点进行突破。专题突破课的主要作用是依据考试评价中发现的班级共性问题，分析归纳出具体问题，进行专题的分析讲解，凸显解决此类专题的知识与技能基础及一般思路和方法，并选择典型试题进行强化训练。

专题突破课一般包括三个环节。环节一，回顾考试中的典型试题，分类列出学生的作答，分析具体错例和错因。环节二，分析典型试题所代表的专题特点，包括知识与技能基础、能力类型等，归纳出一般解题思路和方法。环节三，变式训练，指导学生应用以上解题策略解决本专题中的变式试题。

【教学案例 3】初中化学“无明显实验现象”专题突破课教学设计。

教学目标
1. 通过回顾无明显现象反应发生的证明过程，了解从定性的角度证明无明显现象反应发生的方法。 2. 通过分析 NaOH 溶液和稀盐酸反应发生的证明过程，了解如何确定反应后溶液中溶质的组成，体会从定量的角度证明无明显现象反应发生，进一步证明反应发生的一般思路和方法。 3. 通过分析 NaOH 溶液和稀盐酸反应发生的证明过程，自我反思、自我提高。

教学过程			
教学环节	教师活动	学生活动	设计意图
环节一 从定性的角度认识无明显现象反应的发生	【活动 1】从定性的角度认识无明显现象反应的发生。 【回顾】 学过的无明显现象的反应有哪些？证明无明显现象反应发生的一般思路是什么？ 【板书记录】 【问】 1. 用图示的形式表达证明氢氧化钠溶液与稀盐酸反应发生的实验设计思路。 2. 如果换一套装置，会看到什么实验现象？能否证明该反应的发生？依据是什么？ 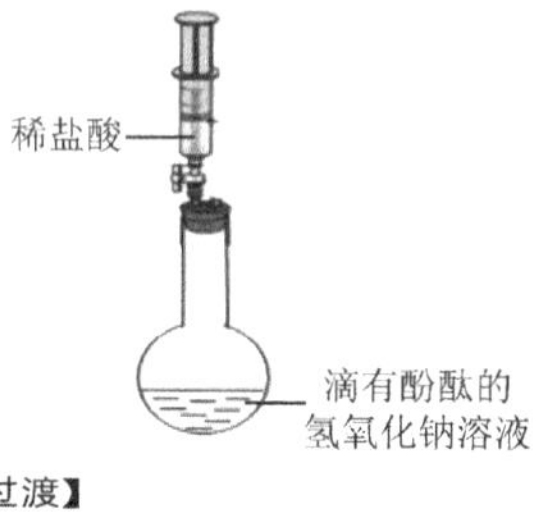 【过渡】 还有什么办法能证明该反应的发生？	小结：无明显现象的反应可以通过证明有新物质生成或反应物减少来设计实验。试剂要根据待证明物质的性质进行选择，能看到明显的实验现象。 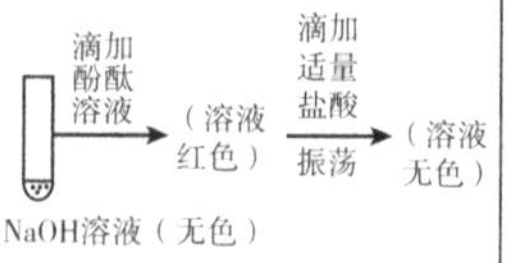 分析回答。 pH 试纸。	总结证明无明显现象反应发生的一般思路。从定性的角度认识证明氢氧化钠溶液与稀盐酸反应发生的方法。

续表

教学过程			
教学环节	教师活动	学生活动	设计意图
环节二 从定量的角度认识无明显现象反应的发生	【活动 2】从定量的角度认识无明显现象反应的发生。 【布置任务 1】 画出该实验过程随时间的推移，pH 的变化曲线。若觉得有多种情况，也可以画多条曲线。 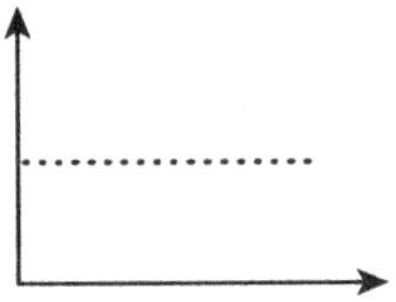	画出 pH 的变化曲线(稀盐酸过量、恰好完全反应)，解释曲线的起点、趋势。	
	【问】 pH 的变化是单一的氢氧化钠和稀盐酸发生化学反应导致的吗？ 画出氢氧化钠溶液稀释的 pH 曲线图。 【过渡】 实际的 pH 变化曲线和我们预想的一致吗？ 【介绍】 用 pH 传感器探究盐酸和氢氧化钠的反应时，记录下来的 pH 曲线如图所示。 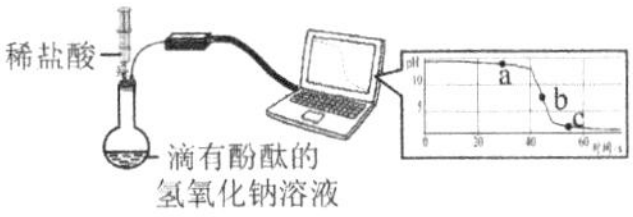	稀盐酸溶液中有水，反应生成了水，还有氢氧化钠溶液的稀释原因。 解释曲线的起点、趋势。	培养学生多角度思考、分析问题。从定量的角度认识证明氢氧化钠溶液与稀盐酸反应发生的方法。
	【问】 1. 这属于我们刚才分析的哪种情况？ 2. a 点溶质的组成是________；具备哪些性质？ b 点溶质的组成是________； c 点溶质的组成是________；具备哪些性质？ 【布置任务 2】 同学们之前做过这个题，错误率很高，经过我们的分析，再来做这道题，看看有没有一些新的感受。	思考分析，回答。	通过化学反应、对 pH 曲线上点的分析确定溶液中溶质的组成。

续表

教学过程			
教学环节	教师活动	学生活动	设计意图
	1.(2018 年房山区一模)实验小组用 pH 传感器探究盐酸和氢氧化钠的反应。测定结果如图所示。 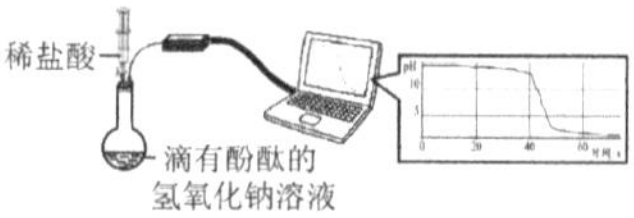 (1)盐酸和氢氧化钠反应的化学方程式为________。 (2)向烧瓶中缓慢注入稀盐酸，能说明盐酸与氢氧化钠发生化学反应的现象是__________________。 (3)60 s 时，烧瓶内溶液中的溶质有________。	作答，与之前做的对比，反思，修改答案。	自我反思、自我提高。
	【问】 第二问的关键词是什么？	读题，提取关键词。	
	【介绍】 我将同学们上次做的答案汇总了一下，统计了回答占比较大的几个答案。例如，溶液由红色变为无色，有 47.56%的同学写的这个答案，那么这些答案对不对，为什么？我们找写出这些答案的同学分析一下原因。		
	【展示答案】 (2)①红色溶液变为无色； ②pH 逐渐减小； ③pH 减小到 7 以下； ④红色溶液变为无色，pH 减小到 7 以下； ⑤烧瓶中无明显现象，一段时间后 pH 为 7； ⑥红色溶液变为无色，pH 由碱性变为酸性。	学生分析自己写出的答案，有困惑的可以找同学帮忙。	培养学生分析表达的能力。
	【过渡】pH 曲线上能体现出哪些信息？		
	【展示答案】 (3)①HCl； ②HCl、NaCl； ③HCl、NaCl、酚酞；	学生分析，选择正确答案。	进一步加深对确定溶液中溶质组成的分析。

续表

教学过程			
教学环节	教师活动	学生活动	设计意图
	④HCl、NaCl、H_2O； ⑤NaCl； ⑥NaOH、NaCl。 【梳理】氢氧化钠溶液和稀盐酸这个无明显现象的反应通过碱性的NaOH消失来证明。可以从我们熟悉的定性的角度来认识，如借助指示剂。可以从定量的角度来认识，如pH变化，这样更直观。 【板书记录】 【活动3】从定量的角度解决无明显现象反应的问题。 2.(2017年北京市中考第20题、2018年大兴区一模第12题)实验小组用传感器探究稀氢氧化钠溶液与稀盐酸反应过程中温度和pH的变化。测定结果如图所示。 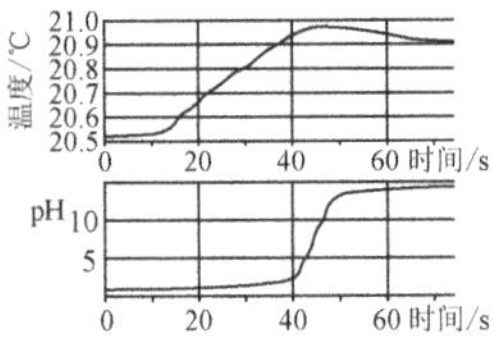 【问】 (1)实验的滴加顺序是__________。 (2)点 a、b、c 分别是pH曲线上的三个点，依据以下所给信息找到点 a、b、c 的位置。 若将锌粒放入 a 点溶液中，会产生大量气体，则 a 点位置________； 若取 b 点溶液滴加紫色石蕊溶液，溶液仍为紫色，则 b 点位置____； 若取 c 点溶液滴加无色酚酞溶液，溶液变红，则 c 点位置________。 (3)溶液温度升高是氢氧化钠溶于水放热导致的吗？	解决问题，分析展示。	体会从定量的角度解决无明显现象反应的问题。 设置成开放性的问题，外显学生思考，分析问题的过程。

续表

教学过程			
教学环节	教师活动	学生活动	设计意图
环节三 总结归纳	【问】 通过本节课你学到了什么？ 【总结】 我们可以从定性的、定量的角度去解决很多问题，但是要发现这些问题的核心是对反应的分析认识，而定性或定量的现象是反应的一种体现形式。 【完善板书】	学生表达。	培养学生总结表达的能力。

板书设计

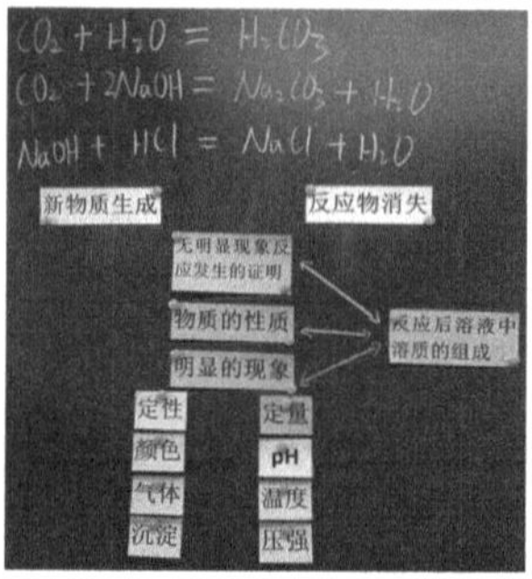

【教学案例 4】高中化学“工业流程”专题突破课教学设计。

指导思想与理论依据
工业生产是经济的命脉，在中学化学中的各个章节都有渗透，以简单的工业生产为背景，考查化学实验的核心知识、实验操作的基本技能以及理论联系实际的应用是近几年高考中的重要题型。这类题型承载着发展学生“科学探究与创新意识”“科学态度与社会责任”的化学学科核心素养的任务，因此本节课通过归纳总结，探讨归因，力图通过典型的习题分析引导学生体会与寻找这一类问题解决的路径，并体会和总结解决这类问题的一般过程，从而能够更有信心地应对工业流程问题的解决。
教学目标
(1)通过典型问题的解决过程，能够找出这类问题的共性，总结问题解决的一般路径，准确理解题目内涵，归纳出有层次、有梯度、有方法、有程序地解决这类问题的步骤和方法。 (2)前期在解决问题的过程中，将程序与方法的总结与归纳融于其中；后期学生能够主动运用程序与方法较顺利地解决这类问题，达成本节课学习的目标。 (3)期待学生对于这类问题的解决过程的经历与体验，不断树立对于解决这类问题的自信心。 (4)通过不断总结与归纳这类问题解决的方法(如陈述与表达的方法等)，提升语言表达能力，更有信心地完成高考要求层次的这类问题的解决任务。

续表

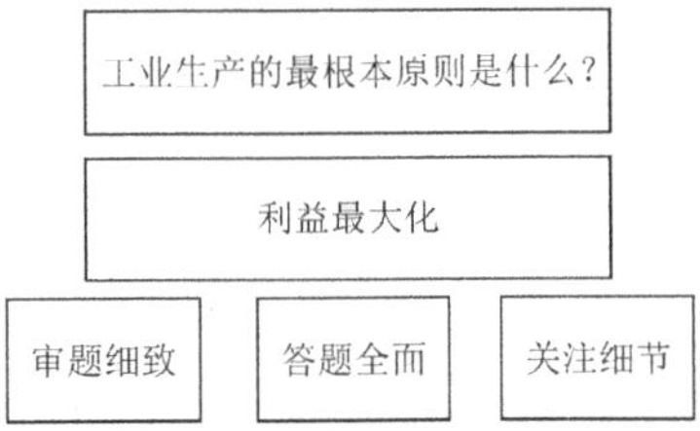

变被动接受为主动思考，轻松拿高分

教学背景分析

教学内容：

(1)工业流程题目对于学生而言，就是“看着会，做不对”，拿不到、拿不全应拿的分数。一方面是对工业生产的基本知识不够熟悉，实验的核心知识和基本操作不过关；另一方面是在将实验室的简单实验扩大规模到工业生产的过程中，针对经济因素对实验本身的制约学生考虑不周全。

(2)本节课更加突出了寻找规律，归纳总结，故而不是单纯的试卷讲评、习题课，从而希望学生能够变被动接受为主动思考，提高拿高分的把握。

学生情况：

(1)示范校普通班学生。

(2)知识方面：高三二轮复习已经结束，基本掌握了课本上常见的简单工业生产的知识背景和实验的基本要求。

(3)能力及素养方面：在应对高考各类题时，易埋头题海，不见反思，所以经常出现对于本来会的题目，不能准确解答的情况。

教学方式：资料分析、归纳总结、知识梳理。

教学手段：

(1)分析各区模拟题，寻找规律，引发学生思考。

(2)详解典型例题，引导学生思维的规范性，归纳这一类题的解题策略。

技术准备：多媒体(演示文稿)。

教学过程概述(文字描述)

[环节 1]工业生产的原则

[提问]如果你是企业的领导，在工业生产中，你需要考虑的问题是什么？

[展示]学生的答案：成本低、无污染、产率高、操作简便等。

[分析]师生共同分析 2015 年海淀、西城、门头沟、石景山四区的一模题中的工业流程题，一起探讨做工业流程题首先要考虑的因素是什么，基于什么原则考虑。

[归纳]工业生产的最根本原则：利益最大化。

药品：便宜
装置：简单
操作：方便

环境友好：
- 不污染环境
- 不引入新杂质
- 排除环境干扰

【设计意图】让学生明确应该在这样的大原则下去考虑所有的工业流程题。

续表

[环节 2]审题需要关注的内容

[例题 1](海淀区一模第 26 题)硼泥主要由 MgO 和 SiO_2 组成，含有少量 Fe_2O_3、FeO、Al_2O_3 等杂质。用硼泥生产氢氧化镁的工艺流程如下图所示。

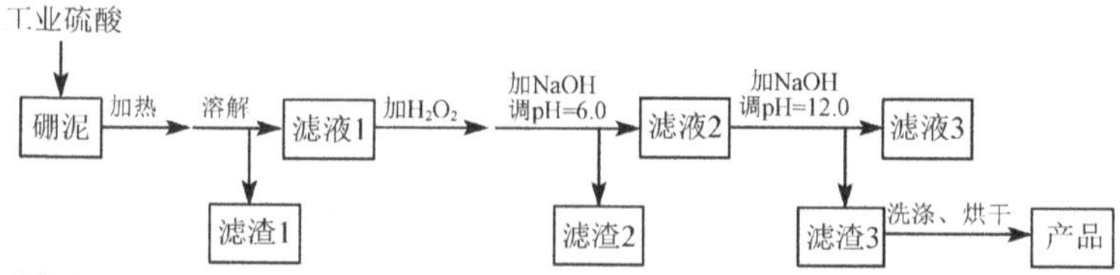

已知某些氢氧化物沉淀的 pH 如下表所示。

氢氧化物	开始沉淀时的 pH	完全沉淀时的 pH
$Mg(OH)_2$	9.3	10.8
$Fe(OH)_2$	7.6	9.6
$Fe(OH)_3$	2.7	3.7
$Al(OH)_3$	3.7	4.7

[讨论]学生交流讨论自己在审题的时候注意到了什么。

[展示]学生讨论结果，归结起来有以下几类。

①明确每一步的目的，有同学在题目上进行了标注。

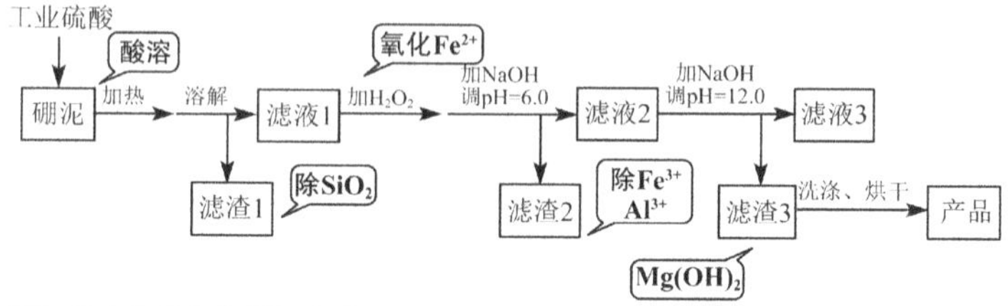

②进入体系和转出体系的物质都有什么。

③信息的应用。

④看问题。

⑤其他。

针对学生的发言展示，师生共同归纳出对于工业流程题在审题环境上需要关注的细节。

[交流归纳]

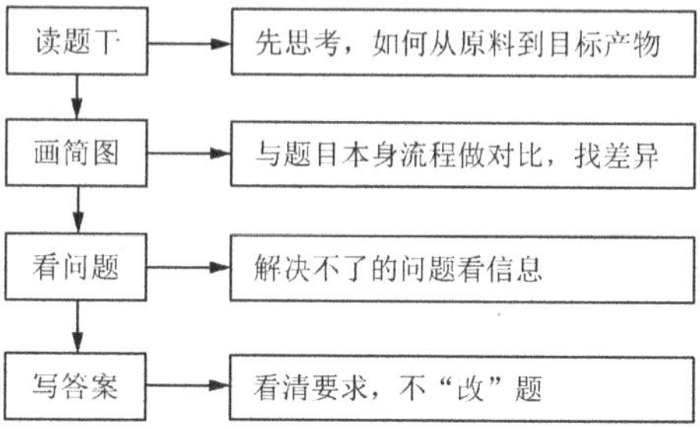

续表

【设计意图】引导学生变被动接受为主动思考，不被题目牵着鼻子走，有自己对题目的理解与想法。

[环节 3]通过几个简单练习，引导学生思考答题时如何拿到更多的分数

学生间相互讨论后师生共同归纳总结。

1. 滤液、滤渣、气体成分是什么？(追根溯源求写全)

2. 加入某试剂或进行某操作的目的是什么？(全局)

[练习]学生练习后归纳总结

某矿渣的成分为 Cu_2O、Al_2O_3、Fe_2O_3、SiO_2，工业上用该矿渣获取铜和胆矾的操作如下。

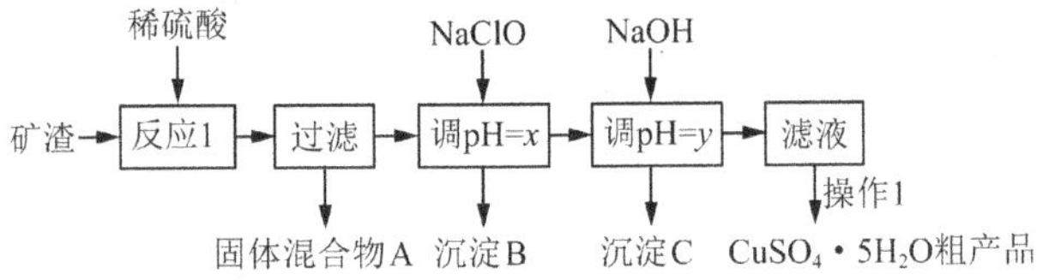

已知：①$Cu_2O+2H^+ = Cu+Cu^{2+}+H_2O$。

②部分阳离子以氢氧化物形式沉淀时溶液的 pH 见下表。

沉淀物	$Cu(OH)_2$	$Al(OH)_3$	$Fe(OH)_3$	$Fe(OH)_2$
开始沉淀时的 pH	5.4	4.0	2.7	5.8
沉淀完全时的 pH	6.7	5.2	3.7	8.8

(1)固体混合物 A 中的成分是 SiO_2、Cu。

(2)加入 NaClO 的作用是①氧化 Fe^{2+}；②调 pH 以除去 Fe^{3+}。

【设计意图】通过练习 1 引导学生关注每一步加入试剂的目的是什么，出入体系的成分是什么。

3. 某步骤选用的试剂是什么？为什么？(如酸的选择)

[练习]学生练习后归纳总结

工业上从海水中提取溴的流程如下。

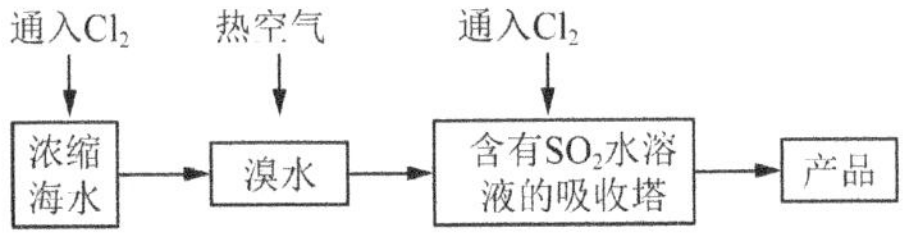

为何需要两次通入氯气：对溴元素进行富集。

4. 从溶液中获得某晶体的操作是什么？(8+6 字真言：溶解、过滤、蒸发、干燥；浓缩、冷却、过滤)

5. 要计算某物质含量，应测量的数据是什么？(定量)

6. 运用什么原理解释？(如氧化还原/平衡理论)

[练习]学生练习后归纳总结

1862 年，比利时化学家索尔维发明了氨碱法制碱。1926 年，我国化学家侯德榜创立了更为先进的侯德榜制碱法，也叫联合制碱法。两种制碱的生产流程如下图所示。

续表

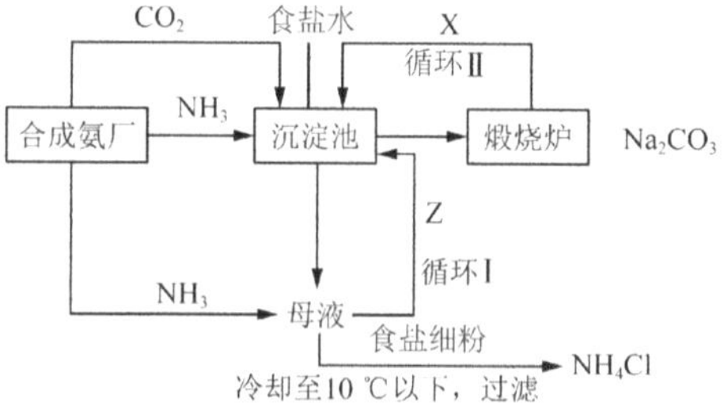

循环Ⅱ中的 X 的化学式为 $\underline{CO_2}$。

7. 流程中可以循环使用的物质是什么？（箭头、反应）

8. 控制某条件的原因是什么？（如水浴加热、趁热过滤等）

[练习]学生练习后归纳总结

苯甲酸的重结晶实验

将 1 g 粗苯甲酸加入 100 mL 的烧杯中，再加入 50 mL 蒸馏水，在石棉网上边搅拌边加热，使粗苯甲酸溶解，全溶后再加入少量蒸馏水，然后趁热过滤……

趁热过滤的目的是：减少苯甲酸的损失（温度低，苯甲酸结晶，会留在滤纸上）。

【设计意图】通过几个简单练习让学生体会，题目设计的所有问题都是在利益最大化的原则指导下完成的，题目内容会变，但都是工业生产结合实验的基本知识和基本技能，自己要学会以不变应万变。

[环节 4]教师归纳总结：在解决工业流程题时除了仔细审题，认真答题，还需要注意以下一些细节，有时候，细节是非常重要的拿分点

[小结][注]1. 新信息：承认、必用。

有些新信息和我们平时所学也许有出入，但不要质疑，题目中的信息是经过科学数据论证的，可以放心应用，而且新信息是一定有用的。

2. 看表格，在控制变量的前提下对比横、纵数据的异同。

在工业合成氨反应中，不同条件下的氨气的体积分数如下。

温度	15.2 MPa	20.3 MPa	30.4 MPa
400 ℃	32.8%	38.8%	48.2%
450 ℃	22.4%	27.5%	35.9%
500 ℃	14.9%	18.8%	25.8%

根据表中数据，得出的结论是＿＿＿＿＿＿＿＿＿＿＿＿＿＿＿＿＿＿＿＿。

①在温度相同时，压强越大，平衡体系中氨气的百分含量越高。

②在压强相同时，温度越高，平衡体系中氨气的百分含量越低。

3. 答现象，从内容和位置两个角度回答。

(1)内容。

固：溶解、变小、颜色改变、表面有气泡、浑浊、析出晶体

续表

液：颜色改变、液面上升(下降)、液体进入导管(倒吸)、试管内壁有小泡、白雾、喷泉

气：气泡、表面有气泡、导管口有气体逸出、气体体积改变→压强改变→形变

热：容器表面变冷(变热)

形变：气球体积膨胀(缩小)

(2)要答出位置和过程。

4. 答作用：答直接作用＋根本目的。

5. 答作用：要写出 1、2、3，用短句。

[练习][2014 年四川卷]污染物的有效去除和资源的充分利用是化学造福人类的重要研究课题。某研究小组利用软锰矿(主要成分为 MnO_2，另含有少量铁、铝、铜、镍等金属化合物)作为脱硫剂，通过如下简化流程既能脱除燃煤尾气中的 SO_2，又能制得电池材料 MnO_2(反应条件已省略)。

请回答下列问题：

(1)上述流程脱硫实现了________(选填下列字母编号)。

A. 废弃物的综合利用　　B. 白色污染的减少　　C. 酸雨的减少

(2)用 $MnCO_3$ 能除去溶液中的 Al^{3+} 和 Fe^{3+}，其原因是________________________。

(3)已知：25 ℃、101 kPa 时，

$Mn(s)+O_2(g)=MnO_2(s)\quad \Delta H=-520\ kJ/mol$

$S(s)+O_2(g)=SO_2(g)\quad \Delta H=-297\ kJ/mol$

$Mn(s)+S(s)+2O_2(g)=MnSO_4(s)$

$\Delta H=-1065\ kJ/mol$

SO_2 与 MnO_2 反应生成无水 $MnSO_4$ 的热化方程式是____________。

(4)MnO_2 可作为超级电容器材料。用惰性电极电解 $MnSO_4$ 溶液可制得 MnO_2，其阳极的电极反应式是____________。

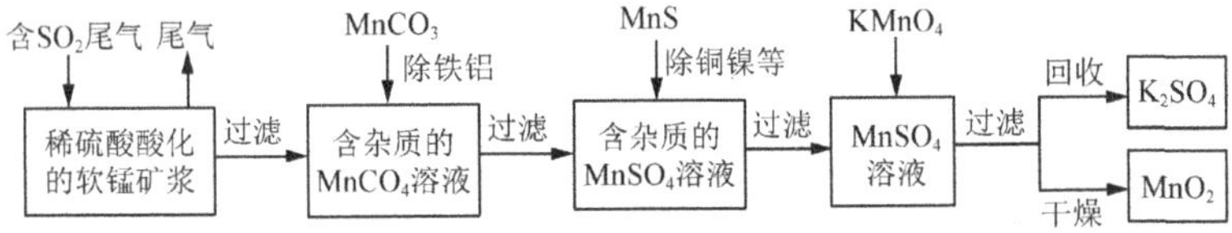

(5)MnO_2 是碱性锌锰电池的正极材料。碱性锌锰电池放电时，正极的电极反应式是____________。

(6)假设脱除的 SO_2 只与软锰矿浆中的 MnO_2 反应。按照图示流程，将 $a\ m^3$(标准状况)含 SO_2 的体积分数为 $b\%$的尾气通入矿浆，若 SO_2 的脱除率为 89.6%，最终得到 MnO_2 的质量为 c kg，则除去铁、铝、铜、镍等杂质时，所引入的锰元素相当于 MnO_2 ________ kg。

[附录]工业流程题的核心：分离提纯

分离提纯
- →物理性质
  - 溶解性：过滤、结晶、盐析、吹出、萃取分液
  - 熔沸点：冷凝、升华、分馏
- →化学性质
  - 氧化还原：常见氧化剂、还原剂(关注 H_2O_2)
  - 加热分解：热稳定性差的盐或氢氧化物
  - 通电电解：放电顺序、电渗析
  - 浸出：酸溶(除 SiO_2)、碱溶(除 Al 及其化合物)
  - 沉淀：加沉淀剂、调 pH、双水解、沉淀转化

续表

【板书】一、工业生产的最根本原则：利益最大化

原料　富集⟶除杂⟶转化及制备⟶目标产物

药品：便宜　　　环境　不污染环境
装置：简单　　　友好　不引入新杂质
操作：方便　　　　　　排除环境干扰

二、审题需要关注的内容

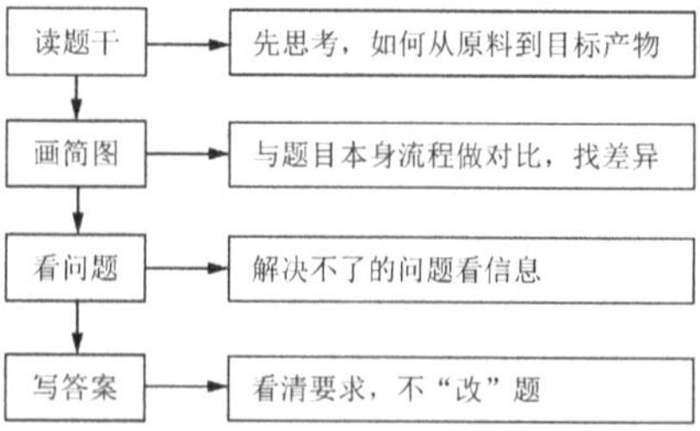

三、[注]1. 新信息：承认、必用。

2. 看表格，在控制变量的前提下对比横、纵数据的异同。

3. 答现象，从内容和位置两个角度回答。

4. 答作用：答直接作用＋根本目的。

5. 答作用：要写出 1、2、3，用短句。

学习效果评价设计

评价方式

1. 习题。

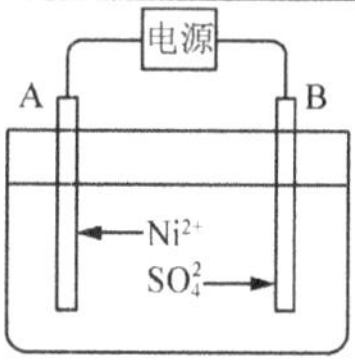

某 NiO 的废料中有 FeO、CuO、Al_2O_3、MgO、SiO_2 等杂质，用此废料提取 $NiSO_4$ 和 Ni 的流程如下。

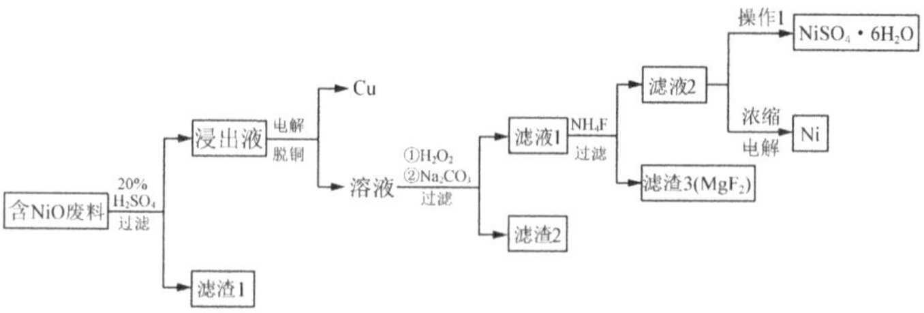

已知：有关金属离子生成氢氧化物沉淀所需的 pH 如下图所示。

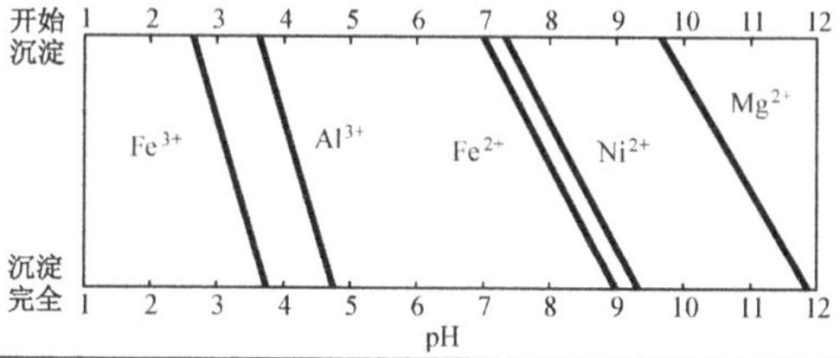

续表

(1)滤渣 1 的主要成分为________。

(2)电解脱铜：金属铜在________极析出。

(3)①用离子方程式解释加入 H_2O_2 的作用：________。

②加 Na_2CO_3 调节溶液的 pH 至 5，则滤渣 2 的主要成分为________。

(4)从滤液 2 中获得 $NiSO_4 \cdot 6H_2O$ 的实验操作是________、过滤、洗涤、干燥。

(5)电解浓缩后的滤液 2 可获得金属镍，其基本反应原理示意图如下：

①A 极的电极反应式为________和 $2H^+ + 2e^- = H_2\uparrow$。

②B 极附近 pH 会________(填“增大”“减小”或“不变”)；用平衡移动原理解释 B 极附近 pH 变化的原因：__________。

③若一段时间后，在 A、B 两极均收集到 11.2 L 气体(标准状况下)，理论上能得到 Ni ________ g。

2. 调查问卷。

通过本节课的学习，你的收获是什么?

3. 小组合作完成作业。

归纳书上学过的所有工业生产及可作为工业生产的知识背景。

教学反思

1. 在分析学生试卷的时候经常会发现，很多明明可以到手的分数学生却拿不到，因而我试图分析学生的问题出在哪里。经过多次和学生沟通交流、分析学生的试卷和揣摩出题者的出题意图，发现了学生的问题：被动做题，被题目牵着鼻子走，因而在考试时头脑中的知识不能被准确提取。所以我设计了这样一节课，目的是想帮助学生规避陷阱，拿到应该到手的分数。以前在上试卷讲评课时，我也基本上就题讲题。但通过这次备课，后面再遇到类似的题型，我要有意识地训练学生分析问题，如何不被题目牵着鼻子走。经过一段时间的训练，我所带班级的学生拿到这一类题就能知道从哪里入手，如何拿到最高分，相当一部分学生对这样的题目已经能够拿到满分。

2. 本节课上完之后进行问卷调研：通过本节课的学习，你的收获是什么?

30%的学生：能够清晰理解题目意图，可以看出出题者的出题意图。

10%的学生：答题的时候有意识地去看信息，以前只是闷头做，不会了就放弃。

20%的学生：审题时会从头看到尾，之前是看一问答一问。

10%的学生：如果自己是出题者，会考学生什么，对比题目本身，找差异。

10%的学生：对实验基本操作比较明确。

10%的学生：对工业生产的基本知识还不是很熟悉。

5%的学生：对这类题已经可以拿到满分。

5%的学生：其他。

3. 通过本节课及后期的专项训练，对于我所带的两个班的学生，高考结束后，我又进行了一次访问调查，绝大多数学生都对工业流程题很有把握，拿到了应拿的分数。这一届的高考中我所带的两个班中一共有 9 名学生高考总分超过了 600，其中理综成绩很突出，化学做出了应有的贡献。

三、课外巩固与指导

除了利用课堂教学做好测后讲评和专题突破之外，还应加强课外巩固和个别指导。课外巩固使用的试题应与教学诊断结果相匹配，这是课上教学的延伸。专题突破课后的练习重在与课上试题的关系，强调解题思路和方法的再应用。

个别指导应注意灵活的组织形式和多样化的学习方式，提高学生的参与效率。例如，可将学生分成不同类型的学习群体，充分利用自习、补课、上网等时间和方式进行小群体指导和训练，组织学生互助。利用视频实验等加强学生对实验的理解，利用多样化的小测验弥补学生基础知识的漏洞。

主要参考文献

[1]黄冬芳，李伏刚．义务教育阶段学业标准与评价：初中化学[M]．北京：北京师范大学出版社，2017.

[2]教育部基础教育课程教材专家工作委员会．普通高中化学课程标准(2017 年版)解读[M]．北京：高等教育出版社，2018.

[3]李广洲，任红艳．化学教学测量与评价[M]．北京：科学出版社，2014.

[4]王后雄，李佳．化学教育测量与评价[M]．北京：北京大学出版社，2013.

[5]周青，单旭峰，王军翔．化学教育测量与评价[M]．北京：科学出版，2006.

[6]刘凯钊．基于素养培养的高中化学命题研究[M]．长春：东北师范大学出版社，2019.

[7]唐力．化学试题编制原理与技术[M]．广州：广东教育出版社，2015.

[8]洛林・W．安德森等．布卢姆教育目标分类学修订版(完整版)——分类学视野下的学与教及其测评[M]．蒋小平，张琴美，罗晶晶，译．北京：外语教学与研究出版社，2009.

[9]胡中锋，李方．教育测量与评价[M]．广州：广东高等教育出版社，2000.

[10]刘知新．化学教育测量和评价[M]．南宁：广西教育出版社，1996.

[11]吴钢．现代教育评价教程[M]．北京：北京大学出版社，2008.

[12]约翰・B．彼格斯，凯文・F．科利斯．学习质量评价：SOLO 分类理论(可观察的学习成果结构)[M]．高凌飚，张洪岩，译．北京：人民教育出版社，2010.

[13]中华人民共和国教育部．义务教育化学课程标准(2011 年版)[M]．北京：北京师范大学出版社，2012.

[14]中华人民共和国教育部．普通高中化学课程标准(2017 年版 2020 年修订)[M]．北京：人民教育出版社，2020.